儒家文化 与企业创新

理 论 与 实 证 研 究

李万利 徐细雄 ◎ 著

中国财经出版传媒集团

 经济科学出版社
Economic Science Press

图书在版编目（CIP）数据

儒家文化与企业创新：理论与实证研究/李万利，
徐细雄著. —北京：经济科学出版社，2022.6
ISBN 978 - 7 - 5218 - 3728 - 5

Ⅰ. ①儒⋯　Ⅱ. ①李⋯ ②徐⋯　Ⅲ. ①儒家 - 传统
文化 - 影响 - 企业创新 - 研究　Ⅳ. ①F273.1

中国版本图书馆 CIP 数据核字（2022）第 103095 号

责任编辑：杨　洋　卢玥丞
责任校对：王肖楠
责任印制：王世伟

儒家文化与企业创新：理论与实证研究
李万利　徐细雄　著
经济科学出版社出版、发行　新华书店经销
社址：北京市海淀区阜成路甲 28 号　邮编：100142
总编部电话：010 - 88191217　发行部电话：010 - 88191522
网址：www. esp. com. cn
电子邮箱：esp@ esp. com. cn
天猫网店：经济科学出版社旗舰店
网址：http：//jjkxcbs. tmall. com
北京季蜂印刷有限公司印装
710 × 1000　16 开　15.00 印张　210000 字
2022 年 7 月第 1 版　2022 年 7 月第 1 次印刷
ISBN 978 - 7 - 5218 - 3728 - 5　定价：57.00 元
（图书出现印装问题，本社负责调换。电话：010 - 88191510）
（版权所有　侵权必究　打击盗版　举报热线：010 - 88191661
QQ：2242791300　营销中心电话：010 - 88191537
电子邮箱：dbts@ esp. com. cn）

资 助 项 目

　　国家自然科学基金重点项目《制度环境、公司财务政策选择和动态演化研究》[71232004]；国家自然科学基金面上项目《儒家文化、隐性规范与企业创新：基于认知烙印与伦理约束双重视角的研究》[71972017]；国家自然科学基金青年项目《商业银行网点扩张与企业信贷可得性：基于竞争效应和距离效应双重视角的研究》[72002068]。

前　言

　　创新是人类文明进步的灵魂，也是一个国家兴旺发达的不竭源泉。根据《国家中长期科学和技术发展规划纲要（2006—2020 年）》，提高自主创新能力、建设创新型国家是我国发展战略的核心和提升综合国力的关键。党的十九大报告进一步做出"推动高质量发展"的重大战略部署，指出我国经济已由高速增长阶段转向高质量发展阶段。然而，创新型国家建设和高质量发展目标的实现不仅需要顶层设计，更需要微观基础。企业是最基本也是最重要的市场供给主体，是推动创新创造的主力军。因此，唯有激发企业创新活力、提高企业技术创新效率，才能增强高质量发展的微观基础。目前，学术界已从知识产权保护、融资约束、公司治理、政策环境和高管个体特质等多个视角考察了影响企业创新的关键因素，产生了许多有价值的成果。然而，这些研究大都基于契约经济学视角考察企业创新面临的宏观制度约束或微观动力机制，而忽视了社会文化等隐性价值规范对创新主体决策偏好和策略选择可能产生的作用。文化可以通过嵌入高管认知与思维模式的方式潜移默化地融入决策过程，并最终体现在企业策略选择和经营后果之中。

　　对中国社会而言，儒家思想是影响最为广泛和深远的传统文化符号。长久以来，针对儒家文化究竟是促进还是抑制技术创新这一问题一直存在严重的分歧和争议。一方面，儒家文化内嵌的中庸思想、等级观念、重本抑末、重道轻技等价值规范可能会抑制信息交流和思想碰撞，扼杀个性价值和创新思维，从而不利于技术创新。另一方面，中华传统文化也蕴含革故鼎新的变革精神、厚德载物的宽容精神、无为而治的自由精神、自强不息的进取精神、不尽信书的怀疑精神和道法自然的科学精神，这些都有利于激发创新变革。否则，如何解释从汉代到明代中国能够在技术发明领域长期领跑于世界？又如何解释同样深受儒家文化影响的日本、韩国和新加坡等亚洲国家造就的现代科技发展和经济腾飞的奇迹？

那么，儒家传统文化对当代企业创新究竟有何影响？在实现创新型国家建设和高质量发展战略目标中，儒家文化又具有怎样的时代价值和功能？针对这些问题，本书立足于现实制度背景，突破传统的制度和契约理论框架，综合运用典籍解读、理论分析和实证检验方法，从非正式制度视角系统考察了儒家传统文化及其隐性价值规范对当代企业技术创新的影响效应及作用机理。在此基础上，综合形成正式制度和非正式制度双重视角的企业创新决策二元分析范式和理论框架，揭示了不同制度和组织情境下儒家文化对企业创新行为的异质性影响，并进一步检验了儒家文化对企业创新效率及经营绩效的作用效果。

具体而言，本书主要研究内容如下所示。

第一，本书突破传统的制度和契约理论框架，基于非正式制度视角构建了"儒家文化、隐性规范与企业创新"理论分析框架，并分别从促进效应和桎梏效应两个竞争性视角，系统阐释了儒家传统文化对当代企业创新的影响效应及内在机理。实证结果表明，儒家文化对企业创新具有显著的"促进效应"，即企业受到儒家文化的影响程度越强，其研发投入和专利产出水平均显著越高。进一步的机制检验表明，儒家文化主要通过缓解企业代理冲突、提高企业人力资本投资水平和降低企业专利侵权风险三条渠道影响企业创新。这意味着，长期受儒家文化熏陶留存的"尊知重教"的认知烙印有利于塑造企业高管的人才观，提升企业人力资本投资水平，从而为技术创新提供坚实的人才储备和智力支持；同时，儒家文化的隐性伦理约束也有助于缓解企业内部代理冲突并降低外部专利侵权风险，进而为创新营造良好的内部治理和外部市场环境。

第二，本书结合中国特殊的法律制度和产权制度情境及全球化浪潮下多元文化融合与碰撞的国际背景，综合形成正式制度和非正式制度双重视角的企业创新决策二元分析范式和理论框架，考察了法律环境、产权性质及外来文化冲击对儒家文化与企业创新之间关系的调节作用。研究发现，企业所在地区的法律环境越不完善，儒家文化对企业创新的促进作用越明显，表明非正式制度的儒家文化与正式制度的法律环境在促进企业创新方面存在相互替代关系。同时，相较于国有企业，儒家文化对企业创新的促进作用在民营企业中表现更强；而在全球化浪潮下，外来文化冲击则会削弱儒家文化对企业创新的影响效果。

第三，本书基于企业行为理论、前景理论和产业组织理论，将企业组织情境纳入"儒家文化与企业创新"分析框架，考察业绩反馈压力和市场竞争威胁对儒家文化与企业创新之间关系的调节作用。研究发现，企业面临的业绩期望落差越大或市场竞争越激烈，儒家文化对企业创新的影响效应就越弱，即业绩反馈压力和市场竞争威胁削弱了儒家文化对企业创新行为的影响效果。且当企业拥有的冗余资源越充足时，两者的弱化作用表现越明显。这意味着，当企业面临的业绩反馈压力和市场竞争威胁较大时，经营者可能会更加积极主动地突破现有制度和文化框架，激发战略变革或冒险创新动力。

第四，本书沿袭"研发投入—专利产出—成果转化"的逻辑链条，将儒家文化、研发投入、专利产出及企业绩效纳入统一分析框架，综合考察了儒家文化对企业创新效率及经营绩效的影响。研究发现，企业受到儒家文化的影响程度越强，其创新投入产出效率越高。同时，企业受到儒家文化的影响程度越强，专利产出对未来经营绩效的提升作用也越大，表明儒家文化能够显著提高技术创新成果的转化效率，增强专利技术对企业经营绩效的边际贡献。进一步运用中介效应检验发现，儒家文化最终能够提高企业绩效，且部分是通过促进企业创新渠道实现的。

总体而言，本书从微观企业层面深化了对儒家文化经济后果的理论认知，有助于加强对企业创新赖以依存的文化土壤及其力量逻辑的理解，并为"文化与金融"国际前沿文献贡献了东方文化情境的独特知识和经验证据。同时，通过探讨新兴市场国家正式制度与传统文化两种不同力量对企业创新的影响效应及交互作用，也为全面理解儒家传统文化的当代经济价值提供了一个真实场景。此外，在实践层面上，本书首次揭示了儒家文化促进企业创新的理论逻辑和经验证据。这不仅能够在一定程度上纠正部分学者对儒家文化价值的消极认知偏见，还为弘扬和发挥中华优秀传统文化在实现创新型国家建设和高质量发展战略目标中的积极作用提供了重要的理论依据和政策参考。

目 录
CONTENTS

第一章

绪　论

首先，本章从现实经济问题和已有理论研究基础出发，提出本书所要研究的关键问题，并详细阐述本书潜在的理论价值与现实意义。其次，系统介绍本书的主要研究内容、研究思路以及所采用的研究方法。最后，提炼出本书的研究特色和创新点。

第一节　研究背景与问题提出

改革开放以来，中国经济经历了40多年的持续高速增长，国内生产总值（GDP）规模由1978年的3678.7亿元增长至2021年的1143670亿元，经济总量扩大了310倍，年均名义增长速度约14.28%[①]。当前，中国已成为仅次于美国的世界第二大经济体，同时也是全球第一制造业大国和最大的货物贸易国。然而，中国经济40多年的高速增长主要依靠要素驱动和投资驱动，是以严重的资源浪费和生态破坏等为代价换来的，其突出特点是"快而不优、大而不强"。由此导致我国经济发展整体质量不高、效益不好，且产品多处于产业链低端，附加值和技术创新水平低下。随着我国经济发展进入新常态，传统的竞争优势不断削弱，原有的依靠要素驱动和投

---

① 资料来源：国家统计局《中国统计年鉴》。

资驱动的规模速度型增长已难以为继。因此，我国经济增长方式必须由原来的要素驱动和投资驱动转向创新驱动。

创新是人类文明进步的灵魂，也是一个国家兴旺发达的不竭源泉。根据《国家中长期科学和技术发展规划纲要（2006—2020年)》，提高自主创新能力、建设创新型国家是我国发展战略的核心和提高综合国力的关键。党的十九大报告进一步做出"推动高质量发展"的重大战略部署，指出我国经济已由高速增长阶段转向高质量发展阶段。然而，创新型国家建设和高质量发展战略目标的实现不仅需要顶层设计，更需要微观经济基础作为支撑。企业是最基本也是最重要的市场供给主体，是推动创新创造的主力军。因此，唯有激发企业创新活力、提高企业技术创新效率，才能激活高质量发展的微观基础（刘俏，2018）。

创新一直以来都是经济金融、企业管理与公司治理等领域关注的热点话题。现有研究从知识产权保护（Moser，2005；吴超鹏和唐菂，2016；黎文靖等，2021）、薪酬契约（Manso，2011；Chang et al.，2015；孔东民等，2017；顾海峰和朱慧萍，2021）、公司治理（Aghion et al.，2013；Balsmeier et al.，2017；石晓军和王骜然，2017；朱冰等，2018；郑志刚等，2021）、产权性质（李春涛和宋敏，2010；李文贵和余明贵，2015；曹春方和张超，2020）、融资约束（Brown et al.，2013；鞠晓生等，2013；张璇等，2017；蔡庆丰等，2020）、高管个体特质（Sunder et al.，2017；Yuan and Wen，2018；虞义华等，2018；姜爱华和费堃桀，2021）、金融发展水平（Hsu et al.，2014）、政府补贴（Gorg and Strobl，2007；张杰等，2021）、产业政策（黎文靖和郑曼妮，2016；Mukherjee et al.，2017）等多个角度探讨了影响企业创新的关键因素，产生了许多有价值的成果。

然而，这些研究大多基于制度和契约视角考察影响企业创新的宏观制度约束和微观激励机制，忽视了社会文化等隐性价值规范对创新主体行为偏好和策略选择产生的影响（Huang et al.，2016；Chen et al.，2017；徐细雄和李万利，2019）。高阶梯队理论认为，企业决策行为在很大程度上映射了高管人员的个体认知和价值偏好，而高管个体的价值认知系统则明显受到其早期成长环境和文化土壤的塑造（Hambrick and Mason，1984；

Hambrick，2007；徐细雄等，2020）。烙印理论也强调，高管人员的早期成长经历和文化熏陶会在其价值认知系统中留存鲜明的印记，并将持续深刻地影响个体和组织行为（Marquis and Tilcsik，2013；Marquis and Qiao，2018）。由此可见，文化可以通过嵌入高管认知与思维模式的方式潜移默化地融入决策过程，并最终体现在企业策略选择和经营后果之中。近年兴起的"文化与金融"领域研究也表明，除了制度和经济因素外，文化这类非正式制度因素也会对微观企业决策行为产生重要影响（Li et al.，2013；Kiridaran et al.，2014；Zingales，2015；李万利等，2021）。特别是对于中国这样一个市场机制尚不健全、制度环境仍需完善，历史文化却源远流长的新兴国家，文化因素可能发挥了更为重要的作用（Allen et al.，2005；陈冬华等，2013）。

文化是一个国家和民族的灵魂，它对社会经济发展有着重大且深远的影响。党的十八大以来，以习近平同志为核心的党中央高度重视传统文化的传承发展①，明确提出要将中华优秀传统文化提升为"中华民族的基因"，并转化为实现中华民族伟大复兴的强大精神力量。对中国社会而言，儒家思想是影响最为广泛和深远的传统文化符号。它是中国哲学思想和价值观中最持久、最重要的力量，也是长期以来个体和组织普遍尊崇的道德规范与行动指南（Ip，2009）。杜维明（2003）认为，儒家传统不但塑造着中国企业精神，而且是中国现代化进程中的重要精神支柱，对社会经济发展的各个方面都具有重要影响。傅和徐（Fu and Tsui，2003）指出，中国企业家价值观中普遍渗透着儒家思想，并在经营决策中得到反映和体现。

---

① 纵观习近平总书记历次重要讲话和署名文章，总能体会出他对中国传统文化怀有浓厚感情，尤其重视儒学思想的传承与发展。例如，2013 年 11 月 26 日，习近平总书记考察山东曲阜孔子研究院时指出，中华民族伟大复兴要以中华文化发展繁荣为条件。2014 年 2 月 24 日，习近平总书记主持中共中央政治局集体学习时强调，要深入挖掘和阐发中华优秀传统文化讲仁爱、重民本、守诚信、崇正义、尚和合、求大同的时代价值，使中华优秀传统文化成为社会主义核心价值观的重要源泉。2014 年 9 月 24 日，习近平总书记在纪念孔子诞生 2565 周年国际学术研讨会及国际儒学联合会第五届会员大会上强调，要多从儒家思想中寻求解决现实难题的办法。另据 2015 年人民日报出版社出版的《习近平用典》遴选了习近平使用频率高、影响深远的 135 则典故，其中引用《论语》11 次、《礼记》6 次、《孟子》4 次、《荀子》3 次，《尚书》《二程集》等儒学经典也被多次引用。

就技术创新而言，中国曾经长时期引领人类文明的演化，但工业革命时期，西方国家在科技创新领域居于世界前列。社会文化植根于人的思维活动与决策过程，因此会对经济活动的方方面面产生影响。这导致部分人将近代中国的科技衰落归因为传统儒家文化对创新思想的束缚和禁锢（李承宗和彭福扬，2003；陈志武，2007）。有学者强调，儒家文化内嵌的中庸思想、等级观念、集体主义等价值规范会对技术创新产生负面影响。比如，中庸思想可能导致公司规避高风险的创新行动和资源投入；等级观念与服从文化抑制了信息交流和思想碰撞，进而阻碍企业创新（蔡洪滨，2013）；集体主义与和谐文化观念也可能扼杀个性价值和创新思维（Li et al.，2013；Chen et al.，2017）。

需要强调的是，中华传统文化固然存在一些妨碍创新的因素，如重本抑末、重道轻技、鼓励和谐胜于鼓励竞争等，但它也有着深沉的创新禀赋。先人们早就提出"周虽旧邦，其命维新"① "天行健，君子以自强不息"② "苟日新，日日新，又日新"③ 等创新思想。可见，中华传统文化本就蕴含革故鼎新的变革精神、厚德载物的宽容精神、无为而治的自由精神、不尽信书的怀疑精神以及道法自然的科学精神。否则，如何解释中国从汉代到明代能够在技术发明领域长期领跑世界④？又如何解释同样深受儒家文化影响的日本、韩国和新加坡等亚洲国家造就的现代科技发展和经济腾飞的奇迹⑤？事实上，近年来中国企业创新能力也取得了长足发展。《2018 年全球创新指数（GII）》报告显示，中国国家创新指数已攀升至全球第 17 位，成为唯一位列创新经济体的中等收入国家。高铁、大数据、移

---

① 诗经·大雅·文王//程俊英译著. 诗经［M］. 上海：上海古籍出版社，1985：487.
② 周易·易经//王辉编译. 周易（经典）［M］. 西安：三秦出版社，2007：5.
③ 礼记·大学//王文锦译解. 礼记译解［M］. 北京：中华书局，2016：807.
④ 恩格斯在《自然辩证法》中列举了约 34 项中世纪（344～1453 年）伟大发明，其中 50% 以上源自中国。李约瑟在《中国科学技术史》中也提到"中国古代的发明和发现明显超过同时代的欧洲，15 世纪以前更是如此""在 3～13 世纪，中国保持一个让西方人望尘莫及的科学知识水平"。特别是中国古代四大发明，对促进世界科技和文明发展起到了巨大推动作用。
⑤ 卡恩（Kahn，1979）提出后儒家假说，将儒家意识形态视为推动亚洲四个发展迅速的经济体经济腾飞的主要原因。杜维明（2003）也认为，儒家文化对东亚国家现代化进程具有非常重要的影响，是公司创造财富的重要精神力量。

动支付等新兴技术甚至开始领跑世界。

那么，儒家文化到底对当代企业技术创新有何影响？在创新型国家建设和高质量发展进程中，儒家文化又具有怎样的时代价值和功能？针对这些问题，本书将从非正式制度视角系统考察儒家传统文化及其隐性价值规范对当代企业创新的影响效应及作用机理。具体而言，本书重点回答以下几个关键问题：首先，儒家传统文化对当代企业技术创新究竟产生何种影响，促进还是抑制？其背后的作用机理和传导路径是什么？其次，作为一种非正式制度因素，儒家文化对企业创新的影响效果是否还会受到外部制度环境（法律制度环境、产权性质、外来文化冲击）和内部组织情境（业绩反馈压力、市场竞争威胁）的调节作用影响？最后，儒家文化是否还会对企业创新（投入产出）效率及经营绩效产生作用？

第二节　理论价值与现实意义

理解中国转型制度情境下的经济管理问题，若仅局限于近代以来所接纳、吸收和改良的西方分析范式和各类正式制度，而忽略数千年历史传承中缓慢形成且影响深远的传统文化等非正式制度，是不够的（Allen et al.，2005；Pistor and Xu，2005；陈冬华等，2013）。因此，在中国转型当下，法律体系和市场机制日臻完善但依然欠缺的同时，从非正式制度视角出发，探寻企业创新的社会规范与文化基础，具有重要的理论价值和现实意义。

本书的理论价值主要体现在以下三个方面。

第一，深化了对企业创新行为赖以依存的文化土壤及其力量逻辑的理解，丰富了企业创新主题的研究文献。创新一直都是学术界关注的热点问题，但现有研究大都基于制度和契约视角考察企业创新活动面临的宏观制度约束及微观激励机制（Manso，2011；Aghion et al.，2013；Hsu et al.，2014；吴超鹏和唐菂，2016；孔东民等，2017；曹春方和张超，2020；张杰等，2021；郑志刚等，2021），忽视了社会文化等隐性价值规范对创新主体行为偏好和策略选择产生的影响。本书突破传统的制度和契约理论框架，从非正式制度视角系统考察儒家文化及其隐性价值规范对创新主体决策偏好和策略选择的影响效应，并利用中国独特的历史数据实证揭示了儒家文化促进企业创新的内在机理和作用渠道。与此同时，本书还综合形成了正式制度和非正式制度双重视角的企业创新决策二元分析范式和理论框架，揭示了不同制度和组织情境下儒家文化对企业创新行为的异质性影响及边际作用条件。这不仅深化了对创新行为赖以依存的文化土壤及其力量逻辑的理解，也增强了对新兴市场国家企业创新决定因素的理论认知。

第二，拓展了儒家伦理价值的研究范式，并从微观企业层面深化了对儒家文化经济后果的理论认知。儒家文化对中国社会的影响是广泛且深远的，其在中国社会非正式制度体系中扮演着非常重要的角色。然而，已有的儒家伦理价值研究大都基于哲学和社会学层面展开，且大都采用规范分析范式，学术界对儒家文化在组织管理与公司决策中可能存在的影响明显关注不足。本书将实证科学方法与儒家思想有机结合，基于认知烙印和伦理约束的双重视角构建了"儒家文化、隐性规范与企业创新"理论分析框架，并通过古代书院（儒家文化传播载体）分布密度来定量测度儒家文化强度，利用 A 股上市公司数据实证揭示了儒家传统文化对当代企业创新行为的影响效应及作用机理。这不仅拓展了儒家思想的研究范式，也从微观企业层面深化了对儒家文化现代商业价值的理论认知，因此也为儒学研究做出了一定贡献。

第三，对近年兴起的"文化与金融"国际前沿文献做出了有益补充，并贡献了来自东方文化情境的独特知识和经验证据。在新制度经济学分析范式中，文化这类非正式制度处于第一层次，它对个体和企业行为具有重要约束，且对处于第二层次的正式制度产生作用（Williamson，2000）。近年来，金融经济学领域正经历一场"文化革新"，越来越多的学者开始尝试从非正式制度视角考察文化因素在微观企业层面的作用效果（Li et al.，2013；Zingales，2015）。但这些研究大都聚焦西方文化情境并使用跨国样本比较不同国家文化特征对公司行为的影响，少数运用特定国家数据开展的研究也主要针对宗教这类特殊的西方文化符号，对东方传统文化的关注明显不足。不同于西方国家，中国社会儒家思想才是影响最为广泛和深远的传统文化符号。本书采用单一国家样本考察儒家传统文化对当代企业创新行为的影响，这不仅有利于控制不同国家间制度差异对实证结论的干扰，更能清晰地分离出儒家文化的作用，也为"文化与金融"国际前沿文献贡献了来自东方文化情境的独特知识和经验证据。

本书的现实意义主要体现在以下两个方面。

第一，纠正了部分学者对儒家文化价值的消极认知偏见。儒家思想是中国传统文化的主体和精髓，杜维明先生（2013）在《儒学第三期发展前景》中指出，儒学发展的重要瓶颈在于"面对科学主义的挑战，暴露出很多缺陷"。长久以来，人们关于儒家传统对现代技术创新的影响究竟是积极的还是消极的这一问题一直存在争议，两种观点均缺乏严谨的理论逻辑与经验证据的支持。本书通过对儒家经典解读和现代企业创新理论剖析，首次揭示并提供了儒家传统文化促进当代企业创新的理论逻辑和经验证据，发现儒家文化对企业创新具有积极的促进作用。这一定程度上纠正了部分学者对儒家文化价值的消极认知偏见，启示了我们不应片面否定儒家传统文化的经济价值和合法性，而应更全面、理性和客观地评价儒家文化对现代经济活动所产生的影响，以更好地实现新时代儒家传统文化的传承与创新。

第二，为弘扬和发挥优秀传统文化在实现创新驱动战略和高质量发展目标中的积极作用提供了理论依据和政策借鉴。党的十九大报告指出，要"深入挖掘中华优秀传统文化蕴含的思想观念、人文精神、道德规范，结合时代要求继承创新，让中华文化展现出永久魅力和时代风采"[1]。习近平总书记也在多个场合强调"我们要坚持道路自信、理论自信、制度自信，最根本的还有一个文化自信"[2]，要多从中华优秀传统文化，尤其是儒家思想中寻求解决现实难题的办法。本书的实证结果发现了儒家文化对企业创新具有积极的促进作用，这为充分发挥中华优秀传统文化在实现创新型国家建设和高质量发展战略目标中的时代价值和独特功能提供了理论依据和政策参考。

---

① 习近平：决胜全面建成小康社会 夺取新时代中国特色社会主义伟大胜利——在中国共产党第十九次全国代表大会上的报告［EB/OL］. 新华社，2017 – 10 – 27.

② 习近平在庆祝中国共产党成立95周年大会上的讲话（全文）［EB/OL］. 中国新闻网，2016 – 07 – 01.

因此，要进一步增强文化自信，高度重视中华优秀传统文化的传承与发展，认真汲取和传承中华优秀传统文化的思想精华和道德精髓，多从中华优秀传统文化中寻求解决实际问题的办法。同时，在现代经济管理实践中，应将西方管理理论与中华优秀传统文化所蕴含的商业智慧有机契合起来，充分发挥中华优秀传统文化在构建现代商业文明中的时代价值与治理功能。

第三节　研究思路与研究方法

一、研究思路

本书基于我国特殊制度和文化情境，将儒家传统嵌入"文化与金融"国际前沿文献。综合运用典籍解读、理论分析和实证检验方法，从非正式制度视角系统考察了儒家传统文化及其隐性价值规范对当代企业创新行为的影响效应和机理。在此基础上，综合形成正式制度和非正式制度双重视角的企业创新决策二元分析范式及理论框架，揭示了不同制度和组织情境下儒家文化对企业创新行为的异质性影响，并进一步检验了儒家文化对企业创新效率及经营绩效的作用效果。遵循这一逻辑链条，具体研究思路如下。

首先，创新一直是经济金融、企业管理与公司治理等领域研究的热点话题。但迄今为止，学术界对企业创新赖以依存的文化土壤及其力量逻辑的理解明显不足。文化通过嵌入高管认知与思维模式的方式潜移默化地融入决策过程，并最终体现在企业策略选择和经营后果之中。对中国社会而言，儒家文化是影响最为广泛和深远的非正式制度因素。但长久以来，针对儒家文化究竟是促进还是抑制创新这一问题一直存在严重分歧和争议，双方均缺乏严谨的理论剖析和经验证据。基于此，本书将突破传统的制度和契约理论框架，把宏观层面的地域文化特征与微观层面的企业创新决策有机结合。通过儒家经典解读和现代企业创新理论剖析，基于认知烙印和伦理约束双重视角构建"儒家文化、隐性规范与企业创新"的理论分析框架，并分别从促进效应和桎梏效应两个维度深入阐释儒家文化对企业创新的影响效应及内在机理。在此基础上，运用实证检验方法来揭示儒家文化对企业创新的真实影响及潜在作用渠道。

其次，在新制度经济学分析范式中，正式制度和非正式制度作为制度体系的两个重要组成部分，对个体与组织的行为决策都会产生重要影响。因此，作为一种非正式制度因素，儒家文化对企业创新的作用效果可能还会受到外部制度环境的影响。基于此，本书将正式制度与非正式制度相互融合，综合形成正式制度和非正式制度双重视角的企业创新决策二元分析范式和理论框架，以探讨儒家隐性规范与正式制度约束两种不同力量对企业创新行为的交互影响。具体来讲，在中国转型当下，法律体系和市场机制日臻完善但依然欠缺的同时，非正式制度的儒家伦理与正式制度的法律环境在促进企业创新方面究竟存在怎样的关系？二者之间是互补关系，还是替代关系？另外，我国是一个"新兴加转轨"双重制度特征的经济体，拥有特殊的产权制度背景，儒家文化对企业创新的影响效应是否会因企业产权性质的不同而有所区别？此外，全球化浪潮下人才跨国流动与企业参与国际竞争同样引发了多元文化的融合与碰撞，儒家传统对企业创新的影响效应是否还会受到外来文化冲击的影响？

再次，企业创新活动不仅受制于外部制度环境和文化因素的约束，同样也会受到企业内部组织情境的影响。根据企业行为理论、前景理论和产业组织理论，当企业面临严重的业绩反馈压力和市场竞争威胁时，经营者可能会更加积极主动地突破现有制度和文化框架，激发战略变革或冒险创新动力。基于此，本书将企业组织情境纳入"儒家文化与企业创新"的分析框架，深入考察业绩反馈压力和市场竞争威胁对儒家文化与企业创新之间关系的调节作用，以揭示不同组织情境下儒家文化对企业创新行为的异质性影响，从而更加全面地理解儒家文化的创新效果及其边际作用条件。在此基础上，本书还将进一步检验不同资源冗余状态下，业绩反馈压力和市场竞争威胁对儒家文化与企业创新之间关系的调节作用是否存在显著差异。

最后，企业完整的创新活动包括研发投入、创新产出及成果转化三个方面。创新型国家的建设不仅注重创新资源的投入，更注重创新资源的利用效率及创新成果的转化。基于此，本书将沿袭"研发投入—专利产出—

成果转化"的逻辑链条，把儒家文化、研发投入、专利产出及企业绩效纳入统一分析框架，综合考察儒家文化对企业创新效率及经营绩效的影响。具体而言，不同于以往文献仅从研发投入或专利产出等单一维度来考察企业创新活动的某一环节，本书将从整体综合考察儒家文化对企业创新投入产出效率的影响。同时，本书还将进一步考察儒家文化是否能够提高技术创新成果的转化效率，增强专利技术对企业经营绩效的边际贡献。此外，本书还将利用中介效应模型检验儒家文化、企业创新与经营绩效三者之间的关系，以揭示儒家文化是否会通过创新渠道最终提升企业绩效。

二、研究方法

本书涉及多学科交叉研究，将结合儒学、新制度经济学和企业创新管理等相关学科的基础理论，综合运用历史典籍解读、规范研究、实证研究与比较分析相结合的方法，从认知烙印和伦理约束双重视角系统考察儒家传统文化对当代企业创新的影响效应及作用机理，并深刻揭示不同制度与组织情境下儒家文化对企业创新的边际作用效果。运用的研究方法主要包括：

（1）规范研究方法。首先，通过对国内外现有关于企业创新影响因素、文化与企业决策、儒家文化经济后果等相关研究文献进行全面回顾和系统梳理，找到现有文献的研究局限与不足之处。在此基础上，结合我国特殊的制度和文化背景，提出本书所要研究的关键核心问题及其研究意义。其次，将新制度经济学理论、代理理论、烙印理论、高阶梯队理论及文化冲突理论等作为理论基础，规范分析儒家传统文化对当代企业创新行为的内在作用机理，构建"儒家文化、隐性规范与企业创新"理论分析框架，并提出研究假设。最后，归纳总结研究结论，并提出相关政策建议及未来可能的研究方向。

（2）实证研究方法。本书第四章至第七章主要采用实证研究方法。首先，借鉴已有相关研究，构建各章计量模型。其次，选取沪深两市 A 股上市公司 2007～2017 年年度数据为初始样本来源，利用 WIND 数据库、CSMAR 数据库、中国国家知识产权局（SIPO）专利数据库及手工收集整理获得的特有数据，运用描述性统计分析、T 值检验和 Wilcoxon 秩和检验、相关系数分析、多元线性回归分析及工具变量两阶段回归分析等多种计量检验方法，对各章理论模型和研究假设进行实证检验，从而为本书研究结论提供经验证据支持。

（3）比较分析方法。针对儒家传统文化对当代企业创新行为的影响效应，本书并未简单停留在对二者之间关系的静态截面分析，而是进一步运用比较分析方法，将非正式制度的儒家文化与正式制度环境相互融合，形成正式制度和非正式制度双重视角的企业创新决策二元分析范式，以揭示不同制度环境（法律环境、产权性质、全球化浪潮）和组织情境（业绩反馈压力、市场竞争威胁）下儒家文化对企业创新的异质性影响及其边际作用条件。

第四节　研究内容与技术路线

一、研究内容

本书通过对已有相关文献的全面回顾和系统梳理，基于我国特殊制度背景和文化情境，将宏观层面的地域文化特征与微观层面的企业创新决策有机结合。通过对儒家经典解读和现代企业创新理论剖析，构建儒家文化影响企业创新的理论框架，并从认知烙印和伦理约束双重视角揭示了儒家文化对企业创新的影响效应及作用机理。在此基础上，进一步将传统文化与正式制度相互融合，综合形成正式制度和非正式制度双重视角的企业创新决策二元分析范式和理论框架，探讨了不同制度与组织情境下儒家文化对企业创新行为的异质性影响。此外，本书并未停留在对企业研发投入或专利产出等单一维度的考察，还综合检验了儒家文化对企业创新效率及经营绩效的影响。全书共八章，各章节具体研究内容如下：

第一章，绪论。本章节将从我国经济发展现状、创新型国家目标建设和高质量发展重大战略目标等制度背景和现实经济问题出发，结合已有研究文献，提出本书所要研究的关键问题，并详细阐明本书选题的理论价值和现实意义。然后，概括介绍本书的研究思路、研究方法、主要研究内容以及逻辑框架。最后，提炼出本研究可能存在的研究贡献和创新点。

第二章，文献回顾与述评。本章将根据本书的研究目的与研究内容，重点对企业创新的影响因素研究、文化对企业决策的影响效应研究以及儒家文化的经济后果研究等三方面文献进行全面回顾和系统梳理。在此基础上，对以往研究进行文献述评，从而总结和归纳出该领域现有研究存在的局限与不足，以及有待进一步拓展和完善的地方。

第三章，理论基础与制度背景。本章将重点介绍新制度经济学理论、代理理论、高阶梯队理论、烙印理论及文化冲突理论等与本书紧密相关的基础理论。然后，结合我国特殊的制度和文化背景，详细论述我国企业创新的整体现状及其发展演变趋势，以及儒家传统文化的演化过程。

第四章，儒家文化与企业创新：机理分析与实证检验。首先，本章将通过对儒家经典的解读和现代企业创新理论的剖析，构建"儒家文化、隐性规范与企业创新"的理论分析框架，并从认知烙印和伦理约束双重视角揭示儒家传统文化对当代企业创新的影响效应及内在机理，进而提出儒家文化影响企业创新的竞争性理论假说：促进效应假说和桎梏效应假说。其次，采用描述性统计分析、单变量组间差异分析、相关性分析及多元回归分析等多种计量方法，实证检验儒家传统文化对当代企业创新的真实影响。最后，从企业代理冲突、企业人力资本投资和知识产权侵权风险三个方面构建实证模型，逐一对上述三个潜在影响渠道进行实证检验。

第五章，儒家文化与企业创新：制度环境的调节作用。首先，本章将基于非正式制度理论，实证检验非正式制度的儒家文化与正式制度的法律制度在促进企业创新方面的相互关系，是相互依赖的互补关系，还是彼此竞争的替代关系。其次，基于我国特殊的产权制度背景，实证检验儒家文化对企业创新的影响效应在国有企业和民营企业之间是否存在显著差异。最后，根据文化冲突理论，基于全球化浪潮下人才跨国流动与企业参与国际竞争引发的多元文化融合与碰撞的国际背景，实证检验儒家文化对我国企业创新行为的作用效果是否还会受到外来文化冲击的影响。

第六章，儒家文化与企业创新：组织情境的调节作用。本章将根据企业行为理论、前景理论和产业组织理论，将企业组织情境纳入分析框架。首先，实证检验历史（或行业）期望落差导致的业绩反馈压力对儒家文化与企业创新二者之间关系的调节作用。其次，实证检验市场竞争威胁对儒家文化与企业创新之间关系的调节作用。在此基础上，进一步考察不同资源冗余状态下，业绩反馈压力和市场竞争威胁对儒家文化与企业创新之间关系的冲击是否存在显著差异。

第七章，儒家文化对企业创新效率及经营绩效的影响研究。本章将沿袭"研发投入—专利产出—成果转化"的逻辑链条，把儒家文化、研发投入、专利产出及企业绩效纳入统一分析框架下，综合考察儒家文化对企业创新（投入产出）效率及创新业绩提升功能的影响。进一步利用中介效应模型，检验儒家文化、企业创新与经营绩效三者之间的关系，以探索儒家文化是否会通过创新渠道对企业绩效起到价值提升功能。最后，检验在不同法律环境和产权性质的企业中，儒家文化对企业创新效率及经营绩效的影响是否存在明显不同。

第八章，结论与启示。首先，本章将对本书的研究结论进行高度概括总结。其次，根据研究结论提出相关研究启示和政策建议。最后，讨论本书存在的研究局限和不足之处，并指出未来可能的研究方向。

二、研究框架

本书将遵循"观察现象—提炼问题—理论探索—实证检验"的研究逻辑，首先，基于我国特殊的制度和文化情境及现有研究文献，将创新研究嵌入"文化与金融"国际前沿文献，确定本书研究主题"儒家文化与企业创新"。其次，在此基础上，通过对儒家经典的解读和现代企业创新理论的剖析，基于认知烙印和伦理约束双重视角构建"儒家文化、隐性规范与企业创新"理论分析框架，并从促进效应和桎梏效应两个维度实证揭示儒家文化对企业创新的影响效应及传导机理。进一步通过引入外部制度环境（法律环境、产权性质、全球化浪潮）、内部组织特征（业绩反馈压力、市场竞争威胁）等动态情境因素，探讨不同情境下儒家文化对企业创新作用效果的异质性影响，以全面理解儒家文化的创新效果及其边际作用条件。最后，综合考察儒家文化的经济后果，即儒家文化对企业创新效率和创新业绩提升功能的影响，及其是否通过创新渠道改善了企业绩效。本书的整体研究框架如图 1.1 所示。

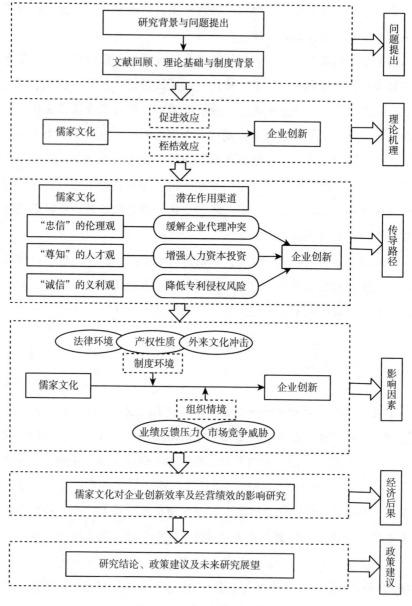

图 1.1　本书的研究框架

第五节　研究特色与创新之处

相比以往研究，本书的研究特色及创新之处主要体现在以下几个方面。

第一，本书突破传统的制度和契约理论框架，从非正式制度视角揭示了儒家文化对企业创新的影响效应及作用机理，发现儒家文化对企业创新具有显著的促进效应，且主要通过缓解企业代理冲突、提高人力资本投资水平和降低专利侵权风险三条渠道影响企业创新。已有创新文献大多基于契约视角考察影响企业创新的宏观制度约束或微观激励机制，但对企业创新赖以依存的文化土壤及其力量逻辑的理解和关注却明显不足。为弥补现有文献可能存在的研究空白，本书基于我国特殊制度和文化情境，将宏观层面的地域文化特征与微观层面的企业创新决策有机结合。通过对儒家经典解读和现代企业创新理论剖析，构建了儒家文化影响企业创新的理论框架，并从认知烙印和伦理约束双重视角揭示了儒家文化对企业创新的影响效应及作用机理。实证研究发现，儒家文化对企业创新具有明显的促进效应，即企业受到儒家文化的影响程度越强，其专利产出水平显著越高。进一步渠道研究表明，儒家文化主要通过缓解企业代理冲突、提高企业人力资本投资水平和降低企业专利侵权风险三条路径影响企业创新。即儒家文化能够通过认知烙印提高企业人力资本投资水平，并通过伦理约束缓解企业代理冲突、降低专利侵权风险，进而对企业创新产生促进作用。本书不仅深化了对企业创新赖以依存的文化土壤及其力量逻辑的理解，也从微观企业层面拓展了对儒家文化经济后果的理论认知，纠正了部分学者对儒家文化价值的消极认知偏见。在实践层面上，本书的研究也为弘扬和发挥中华优秀传统文化在实现创新驱动战略和高质量发展目标中的积极作用提供了必要的理论依据和政策借鉴。

第二，本书将正式制度与非正式制度相互融合，探讨了儒家传统与正式制度两种不同约束力量对企业创新行为的交互作用，发现儒家文化对企业创新的作用效果受到外部制度环境的调节影响，即在法律环境较不完善、外来文化冲击较弱地区及民营企业中表现更突出。企业创新活动不仅会受到传统文化等社会价值规范的隐性影响，同时也会受到法律等外部制度环境的显性约束。在新制度经济学分析范式中，正式制度和非正式制度作为制度体系的两个重要组成部分，对个体与组织行为都会产生重要影响。基于此，本书结合中国特殊的法律和产权制度情境及全球化浪潮下多元文化融合与碰撞的国际背景，综合形成正式制度和非正式制度双重视角的企业创新决策二元分析范式和理论框架，探讨了法律环境、产权性质及外来文化冲击对儒家文化与企业创新之间关系的调节作用。实证结果表明，非正式制度的儒家文化和正式制度的法律环境在促进企业创新方面存在相互替代关系，即企业所在地区法律制度环境越不完善，儒家文化促进企业创新的积极效果表现越明显。进一步研究表明，儒家文化对企业创新的影响效应会因产权性质不同而有所区别，相对于国有企业，其在民营企业中的作用更强。而在全球化浪潮下，外来文化冲击显著削弱了儒家文化对我国企业创新的影响效果。上述研究不仅深化了对新兴市场国家正式制度与传统文化两种不同力量创新影响效应及交互关系的理解，也为全面理解儒家传统文化的当代创新价值提供了一个真实场景。

第三，本书将企业内部组织情境嵌入"儒家文化与企业创新"分析框架，考察了不同组织情境下儒家文化对企业创新行为的异质性影响，发现企业面临的业绩反馈压力和市场竞争威胁越大，儒家文化对企业创新的影响效应越弱。企业创新活动不仅受制于外部制度环境和文化因素的约束，还会受到企业内部组织情境的影响。根据企业行为理论、前景理论和产业组织理论，当企业面临严重的业绩反馈压力和市场竞争威胁时，经营者可能会更加积极主动地突破现有制度和文化框架，激发战略变革或冒险创新动力。基于此，本书进一步将企业内部组织情境纳入分析框架，考察了业绩反馈压力和市场竞争威胁对儒家文化与企业创新二者之间关系的调节作用。实证结果发现，企业面临的历史期望落差或行业期望落差越大，儒家文化对企业创新的影响效应越弱；与此类似，企业面临的产品市场竞争越激烈，儒家文化对企业创新的影响效果也越弱，这表明业绩反馈压力和市场竞争威胁削弱了儒家文化对企业创新的作用效果。拓展性检验发现，企业拥有的冗余资源越充足，两者的弱化作用表现越强。以上研究不仅有助于全面理解儒家文化的创新效果及其边际作用条件，也进一步深化了对企业创新决定因素的理论认知。

第四，沿袭"研发投入—专利产出—成果转化"的逻辑链条，综合考察了儒家文化对企业创新效率及经营绩效的影响，发现儒家文化能够显著提高企业创新效率，并通过创新渠道对企业绩效起到价值提升功能。企业完整的创新活动包括研发投入、专利产出及成果转化三个方面，但以往文献大都仅从研发投入或专利产出等单一维度来考察企业创新的某一环节，难以反映创新活动的全貌。相较而言，本书将儒家文化、研发投入、专利产出及企业绩效纳入统一分析框架，综合考察了儒家文化对企业创新效率及经营业绩的影响。实证研究发现，企业受到儒家文化的影响程度越强，创新投入产出效率越高；且企业受到儒家文化的影响程度越强，专利产出对未来经营绩效的提升作用越大。这意味着，儒家文化不仅仅能够促进企业的创新投入意愿和专利产出水平，还能够显著提高企业创新资源的利用效率，增强专利技术对企业经营绩效的边际贡献。进一步中介效应检验表明，儒家文化最终能够提高企业绩效，且部分是通过创新渠道实现的。上述研究不仅加深了对儒家文化影响企业整个创新过程作用效果的理解，也拓展了企业创新主题的研究视角，并为有效缓解我国技术创新领域面临的"高投入低产出"及成果转化效率低下等难题提供一定的启示和政策参考。

第二章

文献回顾与述评

本章将根据本书的研究目的与研究内容，重点对企业创新的影响因素研究、文化对企业决策的影响效应研究及儒家文化的经济后果研究等三方面文献进行全面回顾和系统梳理，并在此基础上进行文献述评。

第一节　企业创新的影响因素研究

创新的本质是一种创造性破坏，是生产要素和资源的重新组合。企业创新具有高风险、高投入、长周期和异质性等特征（Hirshleifer et al.，2012）。创新是企业构建核心竞争力并由此获取高额回报的重要手段，也是促进一个国家或地区经济可持续发展的重要动力，因此一直是经济金融、企业管理与公司治理等领域研究的热点话题。现有文献主要从知识产权保护、政策环境、融资约束、公司治理及高管个体特质等多个视角探讨了影响企业创新的关键因素。

一、知识产权保护与企业创新

制度会显著影响企业的战略选择及其结果，是企业创新活力的重要来源（Sheng et al.，2013）。制度体系直接决定了企业创新收益的独占机制，即企业可以从创新中获得多少经济租金。莫泽（Moser，2005）强调，法律保护对企业创新战略选择产生了重要影响，出台了专利法的国家，企业创新种类明显更多。安东等（Anton et al.，2006）实证研究发现，较弱的专利保护力度会增加专利技术被模仿或剽窃的概率，这会严重降低企业创新热情，进而降低企业创新投入。陈和普蒂塔农（Chen and Puttitanun，2005）利用 64 个发展中国家的一组数据证实了知识产权保护对企业创新的积极影响。纳加维和斯特罗齐（Naghavi and Strozzi，2015）从海外移民视角研究发现，知识产权保护可以为海外移民创造良好的环境，促使科技知识通过移民网络回流，激发母国企业创新。方等（Fang et al.，2017）也研究表明，相比于知识产权保护程度较薄弱的地区，专利存量的增加在知识产权保护程度较健全的地区显著更高。类似地，卢武弦（Roh et al.，2021）从 2014~2016 年韩国制造业的数据研究中同样发现，企业的知识产权可以显著影响开放式创新、绿色流程创新和绿色产品创新。

国内学者也发现了类似的证据。例如，史宇鹏和顾全林（2013）的研究表明，知识产权保护对企业创新具有显著的激励作用，且在非国有企业和产品市场竞争激烈的行业中，这种激励效应更强。吴超鹏等（2016）发现，政府加强知识产权保护执法力度可以显著增加企业研发投资和专利产出，且减少研发溢出损失和缓解外部融资约束是加强知识产权保护促进企业创新的两条重要途径。王海成和吕铁（2016）利用广东省知识产权案件"三审合一"准自然试验发现，"三审合一"知识产权审判机制改革提升了知识产权司法保护强度，进而对企业创新投资产生显著的持续促进作用。近来，黎文靖等（2021）利用北上广 2014 年试点知识产权法院的准自然实验对知识产权司法保护强化对公司创新的影响进行了评估，发现知识产权法院对专利的引用价值、应用价值及市场价值均存在显著的提升作用，设立知识产权法院有益于长效激励机制的形成。何欢浪等（2022）考察了官方媒体关于知识产权保护的宣传对中国企业创新的影响发现，官方媒体宣传知识产权保护显著促进了企业专利数量的增加与专利质量的提升，且官方媒体宣传能更好地激励政府治理或经济环境相对较弱地区企业的创新。

　　此外，潘越等（2015）从诉讼风险和司法地方保护主义角度考察了外部司法环境不确定性对企业创新活动的影响机制。结果表明，资金类诉讼对企业创新活动具有负向抑制作用，而产品类诉讼却对企业创新活动具有正向激励作用。该研究还发现司法地方保护主义会干扰公司诉讼的结果，从而对企业创新活动产生负面影响。胡凯和吴清（2018）研究表明，知识产权保护可以有效缓解 R&D 税收激励政策失灵，从而提高专利产出效率。他们认为，提高知识产权保护水平是营商环境优化的重要内容。夏后学等（2019）进一步考察了营商环境对企业市场创新的影响，发现营商环境优化显著影响了企业寻租与市场创新的关系，对企业创新具有积极作用。此外，毛其淋（2019）采用双重差分模型系统评估了外资进入对本土企业创新的影响，发现外资进入显著提高了企业创新程度，而知识产权保护则强化了外资进入对本土企业创新的促进作用。柯东昌和李连华（2020）利用我国中小板和创业板上市公司年报中披露研发（R&D）投入金额的经验数据研究发现，管理者权力对企业 R&D 投入强度有显著的促进作用，然而法律环境的优良程度对此效应存在显著的抑制影响。

二、政策环境与企业创新

　　作为一种准公共物品，创新活动成果存在明显的正外部性。为了应对市场失灵，各国政府通常会运用财政补贴或税收政策，鼓励企业增加创新研发投入（Gorg and Strobl，2007）。欧盟统计局（Eurostat）发布报告显示，1995~2005 年美国创新研发投入中源于政府补贴的比重高达 30%；同期欧盟更是高达 35%，日本也达到 18.5%[①]。克莱尔（Kleer，2010）研究发现，政府的创新补贴是对企业目前研发能力的一种肯定，有助于吸引更多的外部投资者，增强企业的研发投资。但戈尔格和斯特罗布尔（Gorg and Strobl，2007）利用爱尔兰共和国制造业工厂数据研究表明，政府的小额补贴有助于增加私人研发投资，而过多的补贴支持却可能会挤占私人研发投资。

---

　　① 资料来源：欧盟统计局官网。

哈德和胡辛格（Hud and Hussinger，2015）还考察了在经济危机期间公共研发补贴对德国中小企业研发的影响，发现研发补贴总体上对中小企业创新具有积极作用，但同时也存在一定的挤出效应。慕克吉等（Mukherjee et al.，2017）进一步利用美国各州数据考察了税收政策的影响。他们发现，税率上升将会抑制企业风险承担的意愿，从而弱化创新激励，最终降低企业研发投资和新产品产出。类似地，阿克西吉特等（Akcigit et al.，2021）考察了20世纪美国公司税和个人税对创新的影响后发现，高税收对创新数量和创新区位均具有显著的负向影响。此外，卡莱尔（Calel，2020）的研究虽然表明欧洲碳市场鼓励受监管公司更多的低碳专利申请和研发支出，但这主要是促使企业采用现有的污染控制技术，对创新几乎没有影响。

与此相仿，国内学者胡凯和吴清（2018）检验了中国研发税收激励的专利效应，发现 R & D 税收激励显著增加了企业额外研发支出，但对企业专利产出并未产生直接效应。朱金生和朱华（2021）研究发现，政府补贴更易对企业创新产生激励作用，只有在补贴强度超过阈值的情况下，政府补贴才能促使不同企业均选择创新，而产品市场竞争弱化了政府补贴对企业创新的促进作用。刘诗源等（2020）从生命周期视角研究税收激励对企业创新的影响，结果表明税收激励会显著促进企业研发投入，而这一作用集中体现在成熟期的民营企业、制造业企业与高科技企业之中。然而，韩凤芹和陈亚平（2021）以高新技术企业15%的税收优惠政策为例，实证分析了税收优惠支持对企业技术创新的效应。结果发现，税收优惠并没有明显提升企业开展突破性创新的意愿。在区分了企业生命周期后，余典范和王佳希（2022）发现政府补贴对成长期企业的创新具有显著的激励效果，而对成熟期和衰退期企业的创新无显著正向影响。

国内学者还考察了政府产业政策和财政补贴对企业创新的影响。其中，陆国庆等（2014）和杨洋等（2015）均发现，政府对战略性新兴产业的创新补贴对企业创新绩效具有显著的促进作用。孙鲲鹏等（2021）研究发现，在政府人才政策影响下公司研发人员的招聘数量显著上升，而政策补贴力度越大、门槛越低，这一效果越显著，可见人才政策的出台促进了企业创新。王宛秋和邢悦（2021）进一步研究发现，通过降低金融错配对研发投入的抑制作用，财政补贴间接发挥出对企业研发投入的激励作用。然而，章元等（2018）利用中关村高新技术企业数据考察了政府补贴对企业自主创新的影响发现，政府补贴存在挤出效应，虽然能够刺激企业购买新技术，但对自主创新却具有抑制作用。类似地，肖文和林高榜（2014）认为，政府直接和间接支持并不利于企业技术创新效率的提升。黎文靖和郑曼妮（2016）也发现，受国家产业政策鼓励的公司，专利申请数量显著增加，但这只是非发明专利显著增加，意味着，在这一政策鼓励下，企业更多追求"数量"而忽略了创新"质量"。张杰等（2015）还通过理论模型构建分析了政府补贴对企业研发投入的影响效应和作用机理，发现政府补贴对中小企业研发投入并未表现出显著的促进效应。此外，陈红等（2019）从生命周期和行业角度考察了税收优惠与政府补助对企业创新的影响，发现税收优惠有助于制造业成熟期企业的开发性与探索性创新活动，而政府补助则激励了制造业与服务业成长期企业的开发性创新活动，以及制造业成熟期企业的探索性创新活动。张杰（2021）研究了政府创新补贴、高新技术企业减税、研发加计扣除三种政府创新政策对中国企业私人性质创新投入的激励效应，发现政府创新补贴政策对企业私人性质创新投入造成挤出效应，而高新技术企业减税政策和研发加计扣除政策对私人创新投入产生挤入效应。吴伟伟和张天一（2021）则基于信号理论分析了研发补贴、非研发补贴对新创企业创新产出的非对称影响，发现研发补贴对新创企业创新产出具有倒"U"型影响，非研发补贴对新创企业创新产出发挥了积极作用。

三、融资约束与企业创新

创新活动需要大量的资金投入，因而也受到企业财务状况和融资约束的影响。布朗等（Brown et al.，2013）探讨了法与资本市场发展对企业创新活动的影响。他们利用来自32个国家的跨国企业样本发现，完善的投资者保护制度和股票市场融资通道显著提升了企业 R&D 投资水平。阿查里亚和许（Acharya and Xu，2017）也认为，股票市场筹资活动有助于缓解企业财务约束，进而促进企业创新。徐等（Hsu et al.，2014）考察了金融发展水平对企业创新的影响，发现发达的金融市场环境能够帮助企业获得更多的股权融资和债务融资，从而提高企业创新。阿塔纳索夫（Atanassov，2016）进一步比较了股权和债券等公开融资方式和银行信贷这类私有融资方式对企业创新的影响，发现公开融资方式增强了创新失败容忍度，进而提高企业创新效率。克里格等（Krieger et al.，2022）研究发现，风险规避会导致制药公司在突破性创新方面投资不足，而公司净资产的增加能够缓解企业融资约束，因而对这一效应具有抑制作用。此外，阿莫尔等（Amore et al.，2013）考察了美国州际银行放松管制对企业创新的影响，发现州际银行放松管制有助于企业获得更多债务融资，从而显著提高企业创新水平。马拉默德和曾琪（Malamud and Zucchi，2019）通过构建创新驱动增长的内生模型，发现融资约束的存在降低了新创新活动的开展，但可以促进已创新活动的效率。然而，吉伦等（Geelen et al.，2021）却认为债务还可能存在刺激企业创新的效应，其研究发现在创新型企业中债务对于企业创新的促进作用超过了抑制作用，始终占据主导地位。

国内学者张劲帆等（2017）考察了 IPO 对企业创新的影响。结果表明，IPO 通过缓解企业融资约束、促进企业创新人才队伍建设等渠道显著提高了创新效率。鞠晓生等（2013）发现，营运资本对缓冲企业创新投资波动具有重要作用，企业受到的融资约束越严重，营运资本对创新的平滑作用越突出。张璇等（2017）利用世界银行调查数据发现，融资约束显著抑制了企业创新，信贷寻租则进一步恶化了融资约束的消极作用，且在中小企业、民营企业和资本密集型企业中表现尤为突出。陈文哲等（2021）探析了可转债对企业创新的影响机制和作用效果后发现，缓解创新项目融资约束是可转债促进企业创新的途径之一。江轩宇等（2021）探讨了债务结构优化对企业创新的影响，发现债券融资与企业创新之间显著正相关，且债券融资主要能够通过降低整体债务融资成本、延长整体债务期限等方式促进创新。然而，蔡庆丰等（2020）研究表明，信贷资源可得性的提升可能通过加剧企业过度投资从而会对企业的研发投入产生显著的抑制效应，且这一效应在国有企业与大企业中更为突出。马晶梅等（2020）也研究表明，融资约束不仅没有抑制我国企业开展创新活动，反而促进了企业参与创新的积极性。

陈思等（2017）进一步研究了风险投资（VC）对企业创新的影响，发现 VC 的进入显著提高了被投企业专利申请数量，且 VC 投资期限越长，对企业创新活动的促进作用越强。翟胜宝等（2018）还考察了银行关联对企业创新的影响，发现银行关联可以通过扩大贷款规模、延长贷款期限等方式为企业创新提供资金支持，从而提高企业创新水平。此外，王永钦等（2018）从僵尸企业视角进行了考察，发现僵尸企业加剧了资源约束、扭曲信贷配置，最终对正常企业的创新能力产生了挤出效应。余明桂等（2019）从融资约束视角研究了国有企业民营化对企业创新的影响，发现在金融水平较低的地区，国有企业民营化后面临融资约束而抑制了企业创新。罗宏和秦际栋（2019）也研究表明，国有股权参股能够显著增加家族企业在创新活动中的资源投入，进而提高家族企业创新水平。此外，王靖宇和张宏亮（2020）以 2007 年《中华人民共和国物权法》的实施为外生事件，检验了《中华人民共和国物权法》通过强化对债权人的保护及扩大抵押品范围而扩大企业债务融资规模后对企业创新效率的影响，结果发现债务融资提高了我国上市公司的创新效率。

四、公司治理与企业创新

许多学者还强调，合理的薪酬机制设计是提高企业创新能力的有效途径（Manso，2011）。埃德尔和曼索（Ederer and Manso，2013）比较了不同薪酬激励模式对企业创新的影响差异并通过实验研究发现，相较于固定工资和标准业绩薪酬体系，容忍早期失败和注重长期回报的激励模式更有利于激发创新活动。常等（Chang et al.，2015）发现，股票期权计划显著增强了员工风险承担意愿，进而促进企业创新。周铭山和张倩倩（2016）从中国特定制度情境出发，研究了高管政治晋升激励对企业创新的影响。结果显示，政治晋升激励的存在显著促进了国有企业 CEO 对有效创新的关注，提高了企业创新效率。类似地，孔东民等（2017）利用中国上市公司数据发现，管理层与员工之间的薪酬距离对企业创新产出具有正向影响，这支持了锦标赛理论观点。顾海峰和朱慧萍（2021）也研究发现，高管薪酬差距的扩大会显著提升企业创新投资水平，且高管薪酬差距对企业创新的积极作用在高管过度自信的企业、知识产权保护水平高的地区的企业与非国有企业中表现更加明显。

进一步，赵奇锋和王永中（2019）则检验了薪酬差距对发明家员工的激励作用，发现薪酬差距扩大增强了发明家员工的晋升激励，促进了发明家员工增加创新投入并改善其研发创新效率。杨薇和孔东民（2019）基于员工不同教育程度考察了薪酬差距对企业内部人力资本结构的影响效应。结果表明，薪酬差距提高了本科以上学历员工比例，人力资本结构在薪酬差距影响企业创新过程中发挥了显著的中介效应。然而，亚纳多里和崔（Yanadori and Cui，2013）利用美国高科技企业数据发现，研发团队成员之间的薪酬差距与企业专利数量显著负相关，这与公平理论观点一致。此外，徐悦等（2018）从高管薪酬粘性角度研究发现，高管薪酬粘性一定程度上相当于薪酬制定者容忍管理层创新失败的一种制度安排，对管理层从事冒险活动适当包容或奖励有助于提高企业的创新投资水平和创新效率。周冬华等（2019）还发现，给予员工持股激励同样能够显著提高企业创新水平。然而，高岭等（2020）从纵向和横向两个维度研究雇员薪酬溢价对企业创新的影响后发现，普通雇员相对企业内部管理层的纵向薪酬溢价对于企业创新存在抑制作用，而普通雇员相对其同行的横向薪酬溢价则对企业创新存在促进作用。

另外，完善公司治理机制以加强对管理者的监督，是激发企业创新的另一条重要途径。阿吉翁等（Aghion et al.，2013）探讨了机构投资者在创新治理中的积极作用，研究发现，机构投资者持股对企业创新投入和创新产出均能够产生积极的促进效应。梁等（Luong et al.，2017）则利用26个非美国经济体的公司层面数据研究了境外机构投资者对企业创新的影响，发现境外机构投资者对经理人创新失败更为包容，同时能够对创新过程积极监督，从而促进了高创新经济体的知识溢出效应，最终提高了企业创新效率。李文贵和余明桂（2015）基于混合所有制改革背景探讨了股权结构对民营企业创新活动的影响。结果表明，非国有股权比例与民营企业创新活动显著正相关；且区分非国有股权类型，法人和个人持股比例更高的民营化企业创新性更强，而集体和外资持股比例对民营化企业创新影响则不显著。许金花等（2021）从企业内部章程的角度考察了公司控制权防御对上市公司创新的影响，发现公司控制权防御主要通过管理者堑壕假说来影响企业创新，对于企业创新具有显著抑制作用。巴尔斯迈尔等（Balsmeier et al.，2017）还考察了董事会独立性对企业创新的影响，发现董事会独立性越强，企业专利申请数量和专利被引用率越高。在此基础上，塞纳等（Sena et al.，2018）的研究表明，董事会独立性能够显著降低腐败对创新的负面影响，且董事会独立性越强，研发投资越多，专利产出价值也越高。石晓军和王鹜然（2017）进一步借助美国上市的全球互联网企业数据，探讨了双层股权制度这种新兴公司治理机制的创新效应，发现双层股权制度对企业的创新具有显著的促进作用，并且这一作用发挥依赖于企业属地的市场环境特征。郑志刚等（2021）也研究表明，双重股权结构在总体上对中概股企业创新投入存在显著的促进作用。此外，曹春方和张超（2020）从产权权利束分割视角，以中央企业分红权激励改革（148号文）为标准探讨了分红权激励改革对国企创新的影响，结果发现分红权激励改革显著提升了试点央企的创新水平，而这种提升作用主要通过改善预期、强化监督以及提高员工风险承担意愿等机制来实现。

此外，还有一些学者关注了分析师及媒体等外部治理机制对企业创新的影响。比如，杨道广等（2017）考察了媒体治理与企业创新之间的关系。他们发现，来自媒体负面报道的压力会导致企业或经理人更加谨慎，从而放弃风险大但价值也高的创新投资项目。权小锋和尹洪英（2017）采用双重差分模型检验了卖空机制对企业创新行为的影响，发现融资融券制度安排能够显著促进企业专利产出。郝项超等（2018）则表明，融券制度显著提高了企业创新数量和质量，而融资制度却降低了创新数量和质量。进一步，朱冰等（2018）的研究表明，多个大股东导致的过度监督问题严重抑制了企业创新，且其他大股东的数量越多、相对于控股股东的持股比例越高，对创新的负向影响越大。郭等（Guo et al.，2019）研究了分析师对企业创新战略实施和产出的影响，发现金融分析师的增加导致企业削减研发费用，并增加了对创新企业的并购以及风险投资。

五、高管个体特质与企业创新

沿袭高阶梯队理论（upper echelons theory），大量文献探讨了高管团队结构和个体特质对企业创新决策的影响效应。霍夫曼和赫加蒂（Huffman and Hegarty，1993）强调，高管专业知识对企业组织结构创新具有明显的促进作用，而且这两者间关系还受到社会文化调节。赫什莱弗等（Hirshleifer et al.，2012）重点关注高管过度自信人格特征对企业创新行为的影响。他们发现，首席执行官（CEO）过度自信有助于更好地捕捉创造性机会，具体表现为过度自信CEO领导企业的研发投资显著更高，获得专利数量也更多。罗思平和于永达（2012）则发现，具有海外教育或工作经历的企业高管能够显著提高本土企业技术创新能力。袁和温（Yuan and Wen，2018）也研究表明，具有国外管理经验的高管对企业创新具有显著促进作用。而聂等（Nie et al.，2022）基于中国239家制造业企业的样本研究发现，谦卑型CEO促进了企业利用式创新和探索性创新，自恋型CEO则削弱了企业利用式创新。桑德等（Sunder et al.，2017）进一步发现，酷爱飞行的CEO具有追求新颖感觉的人格特质，这强化了他们的风险承担意愿，进而显著提高了所领导企业的专利产出水平和创新效率。伯尼莱等（Bernile et al.，2018）还发现，董事会成员背景多样化（包括性别、年龄、民族、教育等）与企业风险承担紧密相关，多样性特征越明显的企业研发投资水平显著越高，且创新效率更高。类似地，加尔布雷斯（Galbreath，2019）研究发现，随着管理层女性领导者的增加，出口强度对企业绿色创新的影响显著增强。哈卡莫和克莱纳（Hacamo and Kleiner，2022）通过分析64万美国工人的就业历史发现，与自愿创业者相比，劳动力市场困境导致的被迫创业者创办的公司更有可能进行创新。

近年来，国内学者也开始关注高管个体特征对企业创新可能产生的影响。比如，虞义华等（2018）手工收集了中国制造业上市公司高管发明家背景数据，发现董事长和总经理的发明家经历对企业研发投入、创新产出及创新效率均有显著促进作用。类似地，李亚飞等（2022）通过将董事长的研究与开发工作经历作为技术型企业家的表征研究发现，技术型企业家显著促进了企业创新产出，而提高企业的创新补贴强度和 R&D 投入强度是技术型企业家促进企业创新产出的两条途径。彭花等（2022）也研究表明，企业家精神和工匠精神对创新绩效具有显著正向影响，而知识管理能力是二者发挥作用的中介变量。此外，胡国柳等（2019）基于管理者风险容忍视角考察了董事高管责任保险对企业自主创新的影响。研究表明，董事及高级经理人员责任保险（D&O 保险）提高了管理者风险容忍程度，进而推动了企业自主创新行为。阳镇等（2022）研究发现，企业家职业经历多样性对于企业创新意愿与创新投入均存在显著的促进作用，而且企业家体制内职业多样性与跨界职业经历对企业创新投入影响更为明显。王会娟等（2020）的研究表明，私募股权投资管理人与企业高管的校友关系会促进被投资企业的创新投入。姜爱华和费堃桀（2021）实证检验了政府采购对企业创新的影响，结果发现企业高管的政府任职经历会削弱政府采购对于企业创新的促进作用。祝振铎等（2021）还基于父爱主义理论对父子共治企业的创新决策进行探讨，结果表明，父子共治对于家族企业的创新投资发挥了显著促进作用，且上述效应在两代亲缘关系越近、二代年龄越小及二代具有丰富社会资本时更为突出。

第二节　文化对企业决策行为的影响效应研究

不同国家间的社会文化往往存在显著差异，因此其社会组织或个体的认知观念、价值取向和行为偏好也截然不同（Hofstede，1980）。在经济全球一体化迅猛发展的今天，跨国资本与人才流动日益频繁，这也导致不同类型文化间的相互融合与碰撞。因此，了解文化多样性及其对经济与管理实践问题的影响至关重要。霍夫斯泰德（Hofstede，1980）将文化定义为"使思维、情感和行为方式区别于其他群体的集体心智模式"。诺思（North，1990）则将文化界定为"通过教育或模仿方式将知识、价值观或其他影响行为的因素在代际之间进行的传承"。不管秉承何种定义，其共识在于文化包含一套持久的信念或价值观，它影响着个体的感知、偏好、决策和行为。随后，霍夫斯泰德（Hofstede，2005）将文化内涵划分为四个维度：个人主义、不确定性规避、权力距离和男性主义。施瓦茨（Schwartz，2004）将文化特征概括为三个层面：保守主义、和谐主义和平等主义。斯图尔扎和威廉姆森（Stulza and Williamson，2003）认为文化至少通过三条路径对经济活动产生影响：首先，一个国家的主导价值取决于其文化特征；其次，文化影响正式制度的形成和演化；最后，文化影响资源配置。沿袭这些思路，近年来学者们从多个角度考察了文化因素对微观企业行为的影响效应。

一、文化与投资者保护

历史文化、风俗习惯及宗教信仰等非正式价值规范对经济行为会产生重要约束。艾伦等（Allen et al.，2005）指出，尽管中国的市场机制尚不健全、法律等制度体系仍需完善，但中国经济在过去几十年里依然取得高速发展，其中商业文化和社会规范发挥了关键作用。斯图尔扎和威廉姆森（Stulza and Williamson，2003）发现，一个国家的主流文化比语言、贸易开放度、人均收入和法律制度起源等更能解释债权人权利保护的差异。詹内蒂和亚菲（Giannetti and Yafeh，2012）认为，缔约方的文化距离可能导致谈判摩擦，进而增加缔约成本。他们发现，债务人和债权人之间的文化距离显著影响了贷款规模和贷款利率。库伊斯等（Guiso et al.，2013）的研究表明，一个家庭在抵押贷款上的策略性违约倾向不仅受到经济基础的影响，还会受到道德和公平文化的影响。霍尔德内斯（Holderness，2017）还发现，随着一个国家平均主义文化的增强，其上市公司所有权集中度明显提升；而且一旦考虑平均主义后，其他文化特征（包括信任和宗教）或投资者保护与所有权集中度之间的因果关系将不再存在。

库伊斯等（Guiso et al.，2008）将信任文化视为影响股票市场参与的一个重要文化特质，并发现民众信任度越高，股票市场参与程度越高。克莱因和威廉姆斯（Cline and Williamson，2016）也表明，人际信任对正式监管制度约束具有替代效应，二者都对投资者利益保护具有积极作用。与之一致，李等（Li et al.，2017）使用中国上市公司 2001～2015 年数据实证发现，总部设立在社会信任度较高地区的公司股价崩盘风险明显更小。这一结果在国有企业、外部监管较弱企业及高风险承担企业表现尤为明显。此外，汉德利和安格斯特（Handley and Angst，2015）考察了契约治理和关系治理两种模式对供应商机会主义行动的影响，并嵌入了国家文化特征的调节效应。结果表明，在个人主义和低不确定规避文化情境下，契约治理模式更加有效；而在集体主义和高不确定规避社会中，关系治理模式更加有效。党等（Dang et al.，2019）进一步研究发现，在个人主义文化特征的国家，人们往往更容易形成过度自信和过于乐观的个体特质，从而会加剧公司股价的崩盘风险。类似地，卡伦和方（Callen and Fang，2015）、曾爱民和魏志华（2017）的研究也表明，宗教对股价崩盘风险产生抑制作用，且在公司治理机制和投资者法律保护较弱的情况下，宗教对股价崩盘的抑制作用表现更突出。

二、文化与企业财务决策

文化对个体认知和行为偏好具有重要影响，这能在企业风险决策中得到反映。例如，李等（Li et al.，2013）使用 35 个国家企业层面数据并采用分层线性建模方法实证发现，个体主义文化对公司风险承担具有积极影响，不确定性规避与和谐主义文化则对公司风险承担产生消极作用。与之类似，基里达兰等（Kiridaran et al.，2014）采用跨国银行样本考察不同国家文化特征如何影响会计稳健性和银行风险承担。结果表明，个体主义文化与会计稳健性（风险承担）显著负（正）相关；不确定性规避则与会计稳健性（风险承担）显著正（负）相关。为了更好地控制不同国家经济、政治和制度环境的影响，清晰分离出文化因素的作用，赵龙凯等（2014）以来自 35 个国家共 4911 个在中国注册的合资企业为样本实证发现，出资国文化特征中的和谐主义与不确定性规避会显著降低企业风险，而个体主义则显著增加企业风险。同时，出资国与中国的文化差异显著降低合资企业风险。此外，阿什拉夫等（Ashraf et al.，2016）的研究也表明，在高个人主义、低不确定性规避及低权力距离文化特征的国家，银行风险承担水平显著更高。

不同文化情境下的风险偏好会直接传导到企业财务决策之中。崔等（Chui et al.，2002）发现，文化影响公司资本结构，传统主义和掌控主义文化特征更强的国家，企业债务比例更低。郑等（Zheng et al.，2012）利用40个国家1991~2006年114723个企业年度观测样本实证发现，在高不确定性规避、高集体主义、高权力距离和高男性主义文化特征的国家，企业更倾向于发行短期债务。菲德穆克和雅各布（Fidrmuc and Jacob，2010）运用跨国数据检验了国家文化对股利政策的影响，发现个体主义越强、权力距离越小、不确定性规避越低的国家，企业股利发放水平显著越高。陈等（Chen et al.，2015）则考察了文化因素在解释不同国家企业现金持有差异中的作用，发现个体主义和不确定性规避显著影响了公司持有现金的预防性动机。公司现金持有水平与个体主义显著负相关，与不确定性规避显著正相关。同时，个体主义对企业资本支出、并购和股票回购显著正相关，而不确定性规避则与之显著负相关。埃尔·古勒和郑（El Ghoul and Zheng，2016）还检验了国家文化特征对商业信用的影响。他们发现，控制其他因素后，具有较高集体主义、权力距离、不确定性规避和男性主义文化特征国家的供应商倾向于为客户提供更多的商业信用。陈等（Chen et al.，2017）进一步分析跨国数据发现，高个人主义和低不确定性规避文化特征的国家，企业专利产出水平显著更高，R&D投资转化为创新成果的效率也明显更强。埃尔·古勒等（EI Ghoul et al.，2019）则研究表明，集体主义得分较高的国家，公司高杠杆成本显著更低，且在产品专业化程度较高和财务状况较好的企业中更显著。他们还发现，集体主义文化特征的国家，高杠杆公司更容易留住员工，且可以从供应商那里获得更多商业信用。此外，布罗切特等（Brochet et al.，2019）还考察了管理者文化背景是否影响其与资本市场参与者的沟通方式，发现具有个人主义种族文化背景的管理者更倾向于使用乐观语调并以第一人称表达自己的观点，即会用更多积极和自我参照的语调进行表达。但当管理者后天受到其他种族文化的熏陶时，其原生文化对个体信息披露的影响会被削弱。

近来还有一些学者考察了方言这一地域文化对企业财务决策的影响。潘越等（2017）的研究表明，方言文化的多样性对企业创新具有显著地促进作用，且在人口流入较多、包容性更好及知识产权保护水平越高的地区更加突显。李路等（2018）也发现，收购方与目标方方言差异越小，收购方所进行的并购绩效越好；且当非正式制度发挥互补作用及信息不对称程度相对严重时，上述作用更为明显，而普通话普及程度在一定程度上也削弱了这种作用。

三、文化与公司治理

作为一种社会规范和非正式制度，文化也会对公司治理行为产生重要的隐性约束。蔡洪滨等（2008）采用案例研究方法揭示了地域文化、商人信念对我国明清时期徽商和晋商商帮治理模式选择及演化的影响。德巴克等（DeBacker et al. , 2015）考察了文化规范和法律执行两种不同机制对公司偷漏税等违法行为的治理效应。蔡等（Cai et al. , 2016）发现，国家层面的制度与文化因素比企业特征更能够解释企业社会责任表现出的差异。人均收入、公民自由度和政治权利较高，那么呈现和谐与自治文化特征的国家的企业社会责任表现相对更好。赵龙凯等（2016）进一步检验了国家文化特征与公司盈余管理之间的关系，发现出资国个体主义文化更强的合资企业更多地倾向于进行向上和向下盈余管理，出资国不确定性规避更强的合资企业则更多地进行向下盈余管理，且上述影响在外资绝对控股公司中更显著。格里芬等（Griffin et al. , 2017）考察了国家文化对公司治理的影响，发现个人主义与公司治理水平显著正相关，而不确定性规避与公司治理水平显著负相关，且在投资者法律保护较好的国家，上述关系更加明显。厄本（Urban, 2019）研究还发现，CEO 权力会弱化公司治理效率。在等级文化越严重的国家，表现不佳的 CEO 被公司解雇的可能性更低。

杜等（Du et al. , 2017）考察了中国古代会馆文化对公司代理冲突的影响，发现会馆文化能够有效降低管理层与股东之间的代理冲突，且在市场化水平较低的地区，两者之间的负相关关系更加显著。董等（Dong et al.，2018）还检验了社会信任对公司违规行为的影响，发现社会信任能够有效抑制公司的违规现象发生，且媒体报道越多，社会信任的抑制作用越明显。

第三节　儒家文化的经济后果研究

自1979年卡恩（Kahn）提出"后儒家假说"，指出儒家意识形态是受儒家文化影响亚洲国家实现现代科技与经济腾飞的主要推动因素以来，海内外学者就儒家思想及其对企业经济管理的影响展开了深入研究。杜维明（2003）强调，儒家传统文化在东亚国家的现代化进程中发挥着重要作用，是现代企业创造财富的强大精神力量。然而，韦伯（Weber，1951）认为，儒家文化主要包括集体主义导向的生活观念和以适应世界为核心原则的处世观念，并指出在资本积累和财富创造中这些观念不会发挥积极地作用，因此儒家文化对公司绩效的影响可能是消极的。

一、儒家文化对社会经济发展的影响

早期文献主要从宏观层面探讨了儒家文化在社会治理和经济发展中的价值。其中，郭庆旺等（2007）考察了儒家传统文化信念对人力资本积累和家庭养老保障的影响，模型分析表明，儒家传统文化信念通过将父代养老保障与后代人力资本积累紧密联系在一起，促进了人力资本积累和养老保障。冯晨等（2019）则探究了不同制度差异下人力资本积累的影响机制，研究发现，儒家文化传承的代际优势对长期人力资本积累发挥着至关重要的作用。宫和马（Kung and Ma，2014）指出，儒家文化强调服从与和谐主义，他们利用清代饥荒年间农民起义数据实证发现，儒家文化具有缓解社会冲突的积极作用。叶德珠（2008）运用行为经济学双曲线贴现模型探究儒家思想影响消费的作用机制。他认为，儒家文化的"崇俭黜奢"

思想使中国消费者在奢侈品消费时产生负罪感，导致持续性的消费拖延及消费不足，最终从内因视角解释了中国高储蓄、低消费之谜的发生机制。李金波和聂辉华（2011）还研究了儒家孝道思想对社会经济增长的影响机制。他们认为，在信贷市场极其缺乏的古代，作为一种特殊的代际契约履约机制，孝道思想能有效缓解代际契约中的证实和承诺等治理难题，从而以增加储蓄的方式促进古代社会经济的增长。贾俊雪等（2011）进一步考察了儒家文化信念对社会保障的经济增长效应影响和作用机理。结果表明，社会保障对长期经济增长具有抑制作用，儒家文化信念则有助于遏制社会保障对经济增长特别是长期经济增长的不利影响。此外，陈颐（2017）研究了儒家文化对普惠金融实践效果的影响，发现儒家文化的秉承与践行在一定程度上削弱了普惠金融惠及的可能性。同时，儒家文化嵌入以"孝"为特征的家文化之中会弱化经济收入对普惠金融的积极影响。

二、儒家文化对员工个体行为的影响

儒家文化价值研究文献还在员工个体层面展开。其中，杨国枢和郑伯勋（1987）对传统儒家文化价值观的维度及其内容进行了界定，他们发现具有较强儒家传统价值观的员工，对工作本身、工作环境、工作报偿及同事关系都抱有较高的期望。王庆娟和张金成（2012）指出，儒家传统价值观本质上是一种以关系和谐为核心的儒家关系导向，能够较好地预测员工的组织公民行为。杨（Yang，2012）探讨了三种思想体系（儒家传统、社会主义和资本主义）、文化价值观和信仰对管理哲学及实践的影响，发现中国当代组织行为与管理实践是上述三种文化力量的综合反映。何轩（2009）考察了儒家中庸思想在互动公平和员工沉默行为关系中的作用，研究表明，互动公平和员工沉默行为的关系的确受到中庸思维的显著影响。潘和孙（Pan and Sun，2017）则从自我规制角度考察了儒家中庸思想对员工适应性绩效的影响机制。他们利用中国企业62个团队361名员工的两轮调查数据实证发现，中庸思想对员工认知适应性和情绪控制都具有直接影响，并通过它们间接影响适应性绩效；工作复杂度则对上述关系产生调节作用。康等（Kang et al.，2017）发现儒家文化中的四个维度特征（仁、义、忠、关系）对员工情绪动机和规范动机产生积极作用，进而影响了员工加班行为。

三、儒家文化对企业决策的影响

随着该领域研究的深入，近年来有学者尝试实证检验儒家文化对公司治理与经营绩效的影响效应。例如，古志辉（2015）运用2002～2012年沪深两市上市公司数据实证发现，儒家伦理可以降低企业代理成本，提高代理效率；但公司参与国际市场竞争会削弱儒家伦理的边际贡献。与之相仿的，杜（Du，2015）利用2001～2011年中国A股上市公司数据实证发现，儒家文化对商业伦理也产生重要影响，有利于缓解控股股东对中小投资者的利益攫取。潘越等（2020）的研究也表明，儒家文化的节约意识和道德约束，对高管在职消费具有显著的抑制作用。淦未宇等（2020）还发现，企业所在地区受到儒家文化的影响越强，其员工权益受到的保障越好，且上述效应在司法保护较弱的地区表现更突出。程博等（2016）进一步将传统儒家思想嵌于内部控制质量分析框架，并从自律机制角度检验了儒家文化与内部控制的关系。结果表明，儒家文化能够改善信息环境、强化合约履行，提升内部控制质量；这一现象在信息不对称程度高的公司中表现更明显。类似地，徐等（Xu et al.，2019）和徐细雄等（2020）还发现，作为正式制度的一种隐性替代治理机制，儒家文化还能够对公司股价崩盘风险产生有效抑制，且在公司治理机制较弱和外部信息环境较差的情况下，儒家文化对股价崩盘风险的抑制作用表现更明显。杨等（Yang et al.，2022）也表明，儒家文化对企业的盈余操纵行为具有显著抑制作用，且作为一种替代性治理机制，上述效应在公司治理水平较差、机构投资者和金融分析师关注较少的企业中表现更明显。此外，吉恩等（Jin et al.，2022）的研究发现，儒家文化中的中庸主义、集体主义和父权主义的核心价值观会显著降低CEO薪酬水平，缩小CEO的薪酬差距，但其会加剧性别之间的薪资差距。

近来，一些学者还关注了儒家文化对企业投资和融资决策等行为的影响。例如，金智等（2017）以2001～2013年中国A股上市公司为样本考察了儒家传统对公司风险承担的影响。实证结果表明，公司受儒家传统影响越大，风险承担水平越低，且这种关系在市场化程度高、对外开放程度高的地区及民营公司中相对较弱。陈等（Chen et al.，2019）的研究发现，儒家文化能够显著提高公司投资效率，其主要表现为对过度投资的抑制作用而非缓解投资不足，且上述效应在对外开放度较低的地区表现更突显。徐细雄和李万利（2019）进一步研究发现，儒家文化对企业技术创新具有显著的促进作用，而外来文化冲击会削弱儒家文化对企业创新的影响效果。此外，李等（Li et al.，2020）的研究发现，儒家的诚信理念和注重关系的文化对商业信用等非正规金融使用具有显著促进作用，尤其对于民营企业和金融发展水平较不发达的地区，儒家文化对商业信用的积极影响作用更强。李万利等（2021）还发现，儒家文化是导致中国企业"高持现"的重要文化内因，且受儒家文化影响的企业"高持现"能够有助于缓解金融危机等带来的不利冲击。

第四节　文献述评

通过对以往文献的回顾和梳理可以发现，创新一直以来都是学术界关注的热点研究话题，且越来越多的学者近年来也开始关注文化等非正式制度因素对微观企业决策与治理行为的影响效应。虽然以往研究产生的成果有一定价值，但总体来讲，该领域研究仍然存在诸多局限和不足，有待进一步拓展和完善。具体而言，主要表现在以下方面。

首先，迄今为止，考察文化因素对微观企业决策的影响效应研究尚处于起步阶段。近年随着"文化与金融"领域研究的兴起，越来越多的学者开始尝试从非正式制度视角实证考察文化因素对微观企业决策行为的影响效果（Li et al.，2013；Zingales，2015；Brochet et al.，2019）。然而，以往研究大都集中在西方情境并使用跨国样本比较不同国家文化特征对企业行为的影响。但不同国家间除了文化特征不同外，经营环境和制度特征也存在很大差异，导致实证结论不可避免地会受到国家层面其他制度因素的干扰。少数运用特定国家数据展开的研究也主要聚焦宗教这类西方文化符号（Hilary and Hui，2009；Mcguire et al.，2012），缺乏对东方传统文化价值规范的考察。不同于西方国家，中国社会儒家思想才是影响最为广泛和深远的文化符号。正因如此，本书聚焦了东方独特的文化情境，采用中国单一国家上市公司数据实证考察儒家传统文化对当代企业创新行为的影响效应。这不仅有利于控制不同国家制度差异对实证结论的干扰，更能清晰地分离出儒家文化的作用；同时也有助于拓展和丰富"文化与金融"国际前沿文献，并贡献来自东方文化场景的独特知识和经验证据。

其次，长期以来，很多学者从哲学、伦理学和政治学的视角对中国儒家文化展开研究，且大都采用规范分析范式。杜维明先生2013年在《儒学第三期发展前景》中指出：儒学发展的重要瓶颈在于面对科学主义的挑战，暴露出很多缺陷。近年来，少数学者开始将实证科学方法与儒家思想有机结合，揭示了儒家文化在缓解代理冲突、改善公司投资效率和抑制股价崩盘风险等方面的积极价值（Du，2015；古志辉，2015；Chen et al.，2019；Xu et al.，2019）。但迄今为止，尚未有研究考察儒家文化对企业创新行为产生的可能影响。儒家思想中蕴含丰富的创新变革思想，这可能会塑造企业家对创新变革的认知烙印，形成特有的风险态度和创新偏好。同时，作为一种非正式制度因素，儒家传统及其伦理约束也对维系市场经济的道德和伦理基础发挥重要的替代性治理价值，这有利于为企业创新活动营造良好的制度环境。因此，深入探究和实证检验儒家文化及其隐性价值规范对企业创新的影响效应和传导机理，不仅能够拓展儒家文化经济后果的研究范畴，也有利于更全面、理性和客观地认知儒家文化的当代影响，并为当今社会儒家文化传承和创新，更好地发挥儒家积极价值、避免单一消极影响提供必要的思路和借鉴。

最后，现有文献大都基于公司层面和制度视角考察影响企业创新的宏观制度约束及微观激励机制，忽视了社会文化等隐性价值规范对创新主体行为偏好可能产生的作用。儒家文化是中国哲学思想和价值观中最持久、最重要的力量，也是个体和组织普遍尊崇的道德规范和行动指南（Ip，2009）。在中国经济转型的当下，法律体系和市场机制日臻完善但依然欠缺的同时，从非正式制度视角出发，探寻企业创新的社会规范与文化基础具有重要的理论价值和现实意义（陈冬华等，2013）。这不仅有利于拓展对企业创新决定因素的理论认知，深化对企业创新行为赖以依存的文化土壤及其力量逻辑的理解，也能够为弘扬和发挥优秀传统文化在实现创新驱动战略和高质量发展目标中的积极作用提供重要的理论依据和政策借鉴。

第三章

理论基础与制度背景

本章将重点介绍新制度经济学理论、代理理论、高阶梯队理论、烙印理论和文化冲突理论等与本书研究内容紧密相关的基础理论。然后，系统论述我国企业创新整体现状及其发展趋势，以及儒家文化的形成与发展演变过程。

第一节　理论基础

一、新制度经济学理论

20世纪70年代，随着凯恩斯经济学对经济现象逐渐失去解释力，制度在经济运行中的重要作用再次受到了经济学家的重视，新制度经济学（new institutional economics）由此兴起。"新制度经济学"一词最早由威廉姆森在1975年提出，其通过将制度纳入经济分析中，以减少新古典经济学中某些脱离现实的假设。新制度经济学逻辑起点是科斯提出的交易费用理论。在资源配置过程中往往存在着利益冲突和交易摩擦，导致资源配置未能实现最优。制度作为规范政治、经济及社会秩序的整体规则，构建了生产和分配等经济活动的基本准则，其对个体和组织特定行为模式和关系发挥着指导、约束和支配作用。因此，制度安排在减少不确定性、降低交易费用、契约执行和产权保护等方面起着决定性作用。在新制度经济学分析范式中，制度包括非正式制度和正式制度两个部分。其中，文化传统、宗教信仰、风俗习惯和意识形态等这类非正式制度处于第一层次，主要通过隐性社会规范和伦理约束影响人们道德观念和价值取向，进而对经济活动产生影响。非正式制度的形成往往是无意识地、潜移默化地融入人们的思想意识，对人们的行为产生非正式的约束。而处于第二层次的政策、法律、法规与监管等正式制度，则往往是通过规则制定直接对经济活动产生约束和影响。不同层次制度的演化过程和机制是有差异的，彼此之间既存在相互联系又存在相互制约（Williamson，2000）。一方面，一个社会的文化传统、宗教信仰和风俗习惯等非正式制度是正式制度形成的基础和前提，对正式制度的制定和执行具有重要影响；另一方面，正式制度又会反作用于非正式制度的演变。

诺思（North，1990）强调，正式制度和非正式制度作为制度体系的两个重要组成部分，对人们的行为决策都会产生重要影响。虽然法律等正式制度体系的构建与执行对社会经济发展具有重要推动作用，但一个国家经历长期历史沉淀下来的文化传统、宗教信仰和风俗习惯等各类非正式制度至少部分构成了正式制度生长及发挥作用的土壤，平行地推动着社会的演进。特别是对于中国这样一个市场机制尚不健全、制度环境仍需完善，历史文化却源远流长的新兴国家，文化因素可能发挥了更为重要的作用（Allen et al.，2005；Pistor and Xu，2005；陈冬华等，2013）。近年兴起的"文化与金融"领域研究也表明，除了制度和经济因素外，文化这类非正式制度因素也会对微观企业决策行为产生重要影响（Li et al.，2013；Kiridaran et al.，2014；Zingales，2015）。

二、代理理论

现代企业的典型特征是所有权和经营权逐渐分离，不持有或较少持有公司股份的经理人控制着企业的资源配置权，但却不享有剩余索取权。由此，股东和经理人之间形成了一种委托代理关系（Berle and Means，

1932)。传统的金融理论强调，经理人的首要目标是实现股东财富最大化或公司价值最大化。然而，詹森和麦克林（Jensen and Meckling，1976）认为股东和经理人之间的委托代理关系可能会导致代理冲突，由此引发委托代理问题。这是因为在两权分离状态下，经理人拥有经营权却没有所有权，其努力经营所创造的经济收益归股东所有，但自身却要承担经营失败的风险。此时，经理人和股东的利益存在不一致，拥有信息优势的经理人，在其决策过程中可能会为了获取私人收益而偏离股东价值最大化目标。

根据代理理论观点，在缺乏有效监督和激励的情况下，经理人热衷于享受平静安逸的生活，因而更倾向选择能够在短期内提升经营绩效的稳健投资项目，并减少周期长、风险高，但却有利于长远价值提升的创新研发项目（Jensen，1986；Holmstrom，1989；Francis and Smith，1995）。为了解决经理人与股东之间的代理冲突，企业往往通过优化薪酬制度或完善公司治理机制等手段来加强对经理人的激励和监督，从而降低经理人的自利行为，激发其创新动力，进而积极开展创新研发活动（Manso，2011；Lin et al.，2011；He and Tian，2013；鲁桐和党印，2014；石晓军和王骜然，2017）。然而，由于现实中存在的契约不完备性和信息不对称，企业仅依靠一系列的制度和契约设计来约束和规范经理人行为很难完全消除两者之间的代理冲突。

三、高阶梯队理论

高阶梯队理论（upper echelons theory）最早由汉姆布瑞克和曼森（Hambrick and Mason，1984）提出，随后在组织行为、公司财务与公司治理等领域得到了广泛应用。该理论认为，以往对于企业决策行为的研究过多聚焦在制度、经济等外在因素，而忽视了人的因素。实际上，企业战略选择和决策制定不仅会受到外部制度环境和市场环境及企业内部经营和治理状况的影响，还会受到高管团队成员认知能力、价值取向及行为特征等影响。汉姆布瑞克和曼森（Hambrick and Mason，1984）、汉姆布瑞克（Hambrick，2007）基于对企业高层管理人员在决策过程中的个体差异化分析指出，高层管理团队成员（top management team）在企业战略选择和决策制定过程中扮演核心角色，高管团队成员的人口学背景特征（如年龄、性别、教育背景、职业经历等）将对企业决策和经营业绩等产生重要影响。

就企业创新决策而言，现有文献基于高阶梯队理论研究发现，高管过度自信的人格特征、首席执行官（CEO）酷爱飞行的个人爱好、董事长和总经理的发明家背景、高管海外经历及董事会成员多样化（如性别、年龄、教育背景）等对企业创新行为会产生重要影响（Hirshleifer et al.，2012；Sunder et al.，2017；Bernile et al.，2018；Yuan and Wen，2018；罗思平和于永达，2012；虞义华等，2018）。根据社会学方面的研究，人们的价值取向、思维模式和行为偏好会深受其所在社会文化氛围的影响（Hofstede，1980）。由此可见，企业高管人员的价值取向、个体认知和行为偏好将在很大程度上受其成长环境和文化土壤的塑造，并会在企业创新决策中予以体现和反映（Hambrick and Mason，1984）。

四、烙印理论

根源于生物学的烙印理论（imprinting theory）认为，个体或组织在其发展过程中会存在若干个环境敏感阶段，这些阶段的环境特征将对个体或组织产生重要影响——使得个体或组织形成与该环境特征相匹配的"印记"。这种被打上环境特征的烙印会对个体或组织行为产生持续性影响且不会轻易消失（Marquis and Tilcsik，2013；Marquis and Qiao，2018）。该理论最早源于1873年英国动物学家斯伯丁德（Spaldingde），他发现刚孵化出的家禽会先天性地跟随所看到的第一个动物移动。这种现象被德国生物学家洛伦兹（Lorenz，1937）定义为烙印。

此后，烙印理论在组织管理领域得到了广泛应用，重点围绕组织烙印的形成机制及对组织行为的影响。如组织创立时期所面临的环境特征对组织后续发展所产生的持续影响（Kimberly，1975；Marquis，2003；Burton and Beckman，2007；Mathias et al.，2015）。近年来一些学者开始关注企业家个体"被烙印"的过程，进而考察了这种烙印对企业决策行为的影响。例如，戴维奇等（2016）基于烙印理论发现，民营企业家的"体制内"经历通过发展能力烙印和认知烙印，会促使其在发展过程中选择介入房地产业务来"赚快钱"。杜勇等（2018）研究认为，CEO 海外经历是一个被烙印的过程，这种经历会使得 CEO 形成与海外环境特征相匹配的认知烙印和能力烙印，从而会影响企业财务行为。

社会学研究表明，一个社会的文化理念深刻地烙印在社会成员的思维方式和行为规范中，直接影响着人们的经济行为（Hofstede，1980）。由此可见，无论是高管个体还是企业组织，其行为偏好和策略选择都将深受其所处社会文化的影响，体现出所在社会文化特征的深刻烙印。特别地，本书认为，长期受儒家文化熏陶的高管个体和企业组织将被打上独特的儒家文化认知烙印，且这种文化烙印会在企业创新决策中得以体现和反映。

五、文化冲突理论

不同国家和地区间社会文化往往存在显著差异，因此其社会组织或个体的认知观念、价值取向和行为偏好也可能有所不同（Hofstede，1980）。文化冲突理论（culture conflict theory）认为，文化冲突可被视为是不同行为规范从一个文化区域或复合体迁移至另一个文化区域或复合体的过程。在一个社会中，人们往往将符合其所在社会行为规范的行为看作正常行为，将违背其所在社会行为规范的行为视作异常或不当行为。当不同文化区域相互接触、碰撞或某一个文化区域的成员迁移到另一个文化群体中时，双方会受到对方文化价值观、行为规范或风俗习惯的影响，从而引发文化冲突（Sellin，1938；亨廷顿，2010）。

在经济全球一体化迅猛发展的今天，跨国资本与人才流动日益频繁，引发了不同类型文化间的相互融合与碰撞。根据文化冲突理论，当两种或两种以上文化发生碰撞时，会出现相互竞争或对抗的状态。其结果要么是两种不同文化之间相互融合，要么是一方替代另一方。无论哪种结果，本土文化的影响力都将不可避免地会被削弱（Sellin，1938；亨廷顿，2010）。近年来，一些实证研究表明，出资国与东道国之间的文化冲突会对跨国投资及企业风险水平产生重要影响（Siegel et al.，2011；赵龙凯等，2014），而地区对外开放度及高管海外经历导致的外来文化冲击也会一定程度削弱本土文化对企业决策行为的影响（金智等，2017；柳光强和孔高文，2018；Chen et al.，2019）。当管理者后天受到其他文化熏陶时，其原生文化的影响也会被显著削弱（Brochet et al.，2019）。

第二节　制度背景

一、我国企业创新整体现状及其发展趋势

改革开放40年来，我国经济增长迅猛，取得了举世瞩目的成就。然而长期以来，我国经济的高速增长主要依靠要素驱动和投资驱动，以高投入、高消耗和高产出的发展模式为主，在创新方面的国际竞争力并不强。由此导致的我国产业结构存在失衡、资源浪费严重、创新能力不足等问题，制约着我国经济持续高速发展。从全球产业链分工状态来看，中国企业大多处于产业链低端。制造业大而不强，自主创新能力严重缺乏。随着我国经济发展进入新常态，传统的竞争优势不断削弱，原有的依靠要素和投资驱动的规模速度型增长已难以为继。因此，我国经济增长方式必须由原来的要素驱动与投资驱动转向创新驱动。

创新是引领发展的第一动力，是建设现代化经济体系的战略支撑。根据《国家中长期科学和技术发展规划纲要（2006—2020年)》，提高自主创新能力、建设创新型国家是我国发展战略的核心和提高综合国力的关键。党的十九大报告进一步做出"推动高质量发展"的重大战略部署，指出我国经济已由高速增长阶段转向高质量发展阶段。在国家自主创新体系建设战略指导下，近年来我国创新研发投入逐年攀升。如图3.1所示，我国研究与试验发展经费（R&D）已由2001年的1042.5亿元增长到2020年

的 24393.1 亿元，年均增长速度 18.04%，其绝对投入量仅次于美国居世界第二位。与此同时，研发投入强度（研发费用占国内生产总值的比重）也由 2000 年的 0.90% 上升至 2020 年的 2.40%，已达到中等发达国家水平。但这与美国（3.10%）、日本（3.20%）、韩国（4.60%）等发达国家相比，仍存在较大差距。特别是我国规模以上企业 R&D 经费投入占主营业务收入的比例仅为 1.41%。根据发达国家经验，这一比重通常达到 5.00% 以上时才具有较强的竞争力。

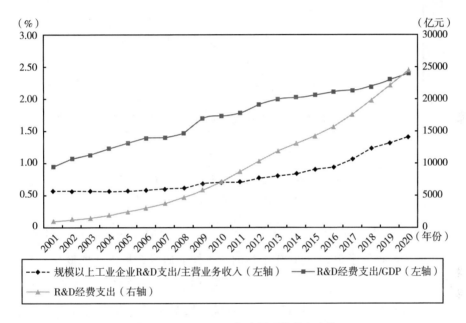

图 3.1　2001～2020 年中国研发投入变化

资料来源：《2020 年全国科技经费投入统计公报》。

图 3.2 进一步展示了 2001～2020 年我国专利授权数量的变化。可以看到，近年来我国专利数量高速增长，已由 2001 年的 11.43 万件增长到 2020 年的 363.9 万件。但从发明专利情况来看，2020 年我国发明专利为 53 万件，仅占专利授权总量的 14.6%。此外，根据全球领先的专业信息服务提供商科睿唯安（原汤森路透知识产权与科技事业部）发布的《2022 年度全球百强创新机构》报告，中国仅有 TCL、华为、阿里巴巴、蚂蚁集团、京东方等 5 家企业上榜，而日本则有 35 家企业入围位居世界第一。这

意味着我国专利申请和授权数量虽然迅猛增长，但专利质量仍然不高，创新能力依然不强。

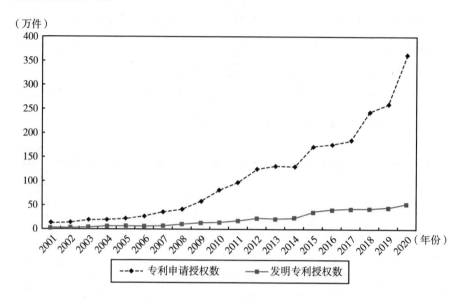

图 3.2　2001～2020 年中国专利产出变化趋势图
资料来源：国家知识产权局网站和各年度知识产权统计年报。

我国创新活动主体大致分为三类：企业、政府属研究机构、高等学校。图 3.3 报告了 2001～2020 年各创新主体的研发费用占比的变化趋势。可以看到，企业研发费用占比最大，且呈现逐年上升趋势；而政府和高校占比相对较小，且略有下降趋势。特别地，根据《2020 年全国科技经费投入统计公报》，各类企业研发经费支出 18673.8 亿元，比上年增长 10.4%，占全国研发经费总额的 76.6%，对全国增长的贡献达 77.9%，拉动作用进一步增强；政府属研究机构研发经费支出 3408.8 亿元，比上年增长 10.6%，占全国研发经费总额的 14%；高等学校经费支出 1882.5 亿元，比上年增长 4.8%，占研发经费总额的 7.7%。由此可见，企业作为最重要的市场主体，是推动创新创造的主力军。事实上，在近现代历史上，绝大部分重大技术革新都发生在企业里。因此，在创新型国家建设进程中，需要不断强化企业创新主体地位和主导作用。

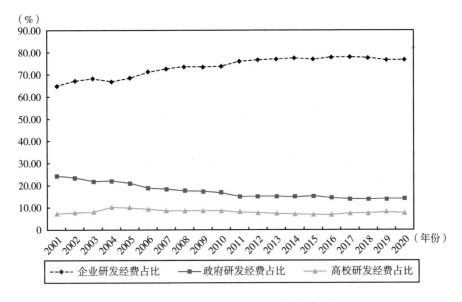

图 3.3 2001～2020 年各主体研发费用占比

资料来源：《2020 年全国科技经费投入统计公报》。

综合以上分析可以发现，改革开放 40 多年来，中国经济高速增长取得了举世瞩目的成就，但创新能力不足一直广受诟病。在创新型国家建设和高质量发展战略目标的指导下，虽然近年我国研发投入快速增长，自主创新能力得到了较大改善，但整体上依然面临创新动力不足、创新投入较少等亟待解决的现实困境（中国企业家调查系统，2015）。创新型国家建设和高质量发展目标的实现不仅需要顶层设计，更需要微观基础。企业是最基本也是最重要的市场供给主体，是推动创新创造的主力军，唯有激发企业创新活力、提升创新效率，才能激活高质量发展的微观基础（刘俏，2018）。因此，如何激发企业创新动力、提高企业竞争力，已成为政府部门、实务界和学术界关注的重要理论和实践问题。

二、儒家文化的形成与发展演变过程

理解中国转型制度情境下的经济管理问题，若仅局限于近代以来所接纳、吸收和改良的西方分析范式和各种正式制度，而忽略数千年历史传承中缓慢形成且影响深远的文化传统等非正式制度，应该是不够的（Allen et al.，2005；Pistor and Xu，2005；陈冬华等，2013）。对中国社会而言，儒家文化是影响最为深远的非正式制度因素。作为中国传统文化的主体思想，儒家文化是中国哲学思想和价值观中持久、重要的力量，也是个体和组织普遍尊崇的道德规范与行动指南（杜维明，2013；Ip，2009）。

儒家学说最早由春秋末期著名思想家孔子（公元前 551～前 479 年）在总结和概括夏、商、周三代"敬德保民"等思想基础上创建，后经由战国时期孟子和荀子等继承和发展，逐渐形成的完整思想体系（李金波和聂辉华，2011）。它是以重视人的生存价值意义，强调人与人之间的友爱合作，用"仁"为核心建立起的一种教育、文化和学术思想派别。从儒家学说的整个发展历程来看，儒学的形成与演变大致可归纳为"三盛三衰"六个阶段（吴光，2015）。

第一个阶段为儒学的形成与发展阶段，介于春秋末至战国末 200 余年间，代表人物主要有孔子、孟子及荀子等。孔子和孟子等在总结和继承了殷周"孝""礼"等思想的基础上，提出了"仁"的思想，从而创建了一套以"仁"为本体、以"礼"为外在规范的"仁学"思想体系，由此形成儒家学派。第二个阶段为儒学发展衰退阶段，从战国末到汉武帝执政前，在此期间，儒学经过先秦时期"百家争鸣"，在秦始皇焚书坑儒后遭受重创，及至西汉初期，藏书禁令解除后儒学才得以开始逐渐复兴。第三个阶段从汉武帝执政至三国，为儒学发展的第二个兴盛时期。两汉时期，汉武帝采纳了董仲舒"春秋大一统""罢黜百家，独尊儒术"的建议①，儒家思想由此开始处于"独尊"地位，逐渐成为封建社会占统治地位的正统思想和中国传统文化的基础（张维迎，2013）。汉代儒学融合了法家和道家的三纲及尊卑思想，提出了"君为臣纲，父为子纲，夫为妻纲"和"仁、义、礼、智、信"的"三纲五常"核心价值理念②。自此，儒家

---

① 汉书·董仲舒传//杨树达著.汉书窥管（下册）[M]．上海：上海古籍出版社，1984：436．其原文为："罢黜百家，表扬六经。"

② 春秋繁露//程郁注译.春秋繁露 [M]．长沙：岳麓书社，2019：95．

"三纲五常"核心要义与封建王权相结合，建立了一套社会伦理道德行为规范，成为了统治阶级维系社会秩序的重要工具（任继愈，1980）。第四阶段为魏晋时期至唐代，虽然魏晋时期至唐代政权基本仍以儒家思想为主导，"三纲五常"等道德行为规范对整个社会文化生活依然具有重要影响。但此间玄学（道教和佛教）一度盛行，对儒学发展造成了较大冲击。第五阶段为宋代至清代，是儒学发展的第三个兴盛时期。其间涌现出许多儒家思想和儒学派别，如程颢和程颐兄弟二人的洛学、朱熹的理学、王安石的新学、阳明心学和明清实学等（张君劢，2006；杜维明，2012）。第六阶段为清代末期至当代，是传统儒学衰落和现代新儒学重建兴起的时期。伴随清末封建君主制度的崩塌，儒学在各种外来新思潮的冲击和批判下逐渐走向衰落但儒学在古今之争和中西之争中也酝酿出了思想创新。"五四运动"之后出现了梁漱溟和徐复观等现代新儒学。

从对儒学的整个形成和发展过程回顾可以看到，儒家思想历经 2000 多年的历史洗礼，始终保持旺盛的生命力，且一直占据社会思想的主导地位。长久以来，儒家思想在中国社会都有其深厚的土壤，成为百姓"日用而不知"的纲常伦理（许纪霖，2014）。虽然近代中国经历了巨大历史变迁，儒家思想一度遭受了西方外来文化的冲击，但它对中国社会产生的深远影响却从未被否定。即便在新文化运动时期，也有着救出孔夫子之说。时至今日，人们日常遵循的行为准则和社会规范无不充满着儒家传统的深刻烙印，如群体本位的价值取向、义利兼顾的行为规范、诚实守信的伦理准则、克勤克俭的生活信条、自强不息的进取精神等。党的十八大以来，以习近平同志为核心的党中央高度重视中华传统文化（尤其重视儒学思想）的传承与发展，明确提出要将中华优秀传统文化提升为"中华民族的基因"，并转化为实现中华民族伟大复兴的强大精神力量；并强调要深入挖掘和阐发中华优秀传统文化讲仁爱、重民本、守诚信、崇正义、尚和合、求大同的时代价值，使中华优秀传统文化成为社会主义核心价值观的重要源泉。2014 年 9 月 24 日，习近平总书记在纪念孔子诞生 2565 周年国际学术研讨会及国际儒学联合会第五届会员大会上强调，中华优秀传统文化中蕴藏着解决当代人类面临难题的重要启示，要多从儒家经典中寻找解决现实难题的办法①。

作为中华优秀传统文化的主体和精髓，儒家文化也蕴含有丰富的经济管理伦理思想。自 1979 年卡恩提出"后儒家假说"，指出儒家意识形态是亚洲四个发展迅速的经济体实现现代科技与经济腾飞的主要推动因素以来，海内外学者就儒家思想及其对企业经济管理的影响展开了深入研究。杜维明（2003）强调，儒家传统文化在东亚国家的现代化进程中发挥着重要作用，是现代企业创造财富的强大精神力量。而韦伯（Weber，1951）认为儒家文化主要包括集体主义导向的生活观念和以适应世界为核心原则的处世观念，并指出在资本积累和财富创造中这些观念不会发挥积极作用，因此儒家文化对公司绩效的影响可能是消极的。针对这些争议，杜维明先生 2013 年在《儒学第三期发展前景》中指出：儒学发展的重要瓶颈在于"面对科学主义的挑战，暴露出很多缺陷"。遗憾的是，已有儒家伦理价值研究主要基于哲学和社会学层面展开，且大都是采用规范分析范式，学术界对儒家文化在组织管理与企业决策中可能存在影响的关注明显不足。因此，更深入地探究儒家传统的当代价值，特别是从微观层面揭示儒家文化在激发企业创新、助力高质量发展中的独特角色和功能具有重要的理论价值和现实意义。

---

① 习近平：在纪念孔子诞辰 2565 周年国际学术研讨会暨国际儒学联合会第五届会员大会开幕会上的讲话 [EB/OL]. 人民网－人民日报，2014－09－25.

第四章

儒家文化与企业创新：
机理分析与实证检验

创新一直都是经济金融、企业管理与公司治理等领域研究的热点话题，但现有研究大多基于制度逻辑探究影响企业创新的宏观制度约束或微观机制设计，对企业创新赖以依存的文化土壤及其力量逻辑的理解和关注却明显不足。本章将突破传统制度和契约理论框架，结合新制度经济学理论、高阶梯队理论和烙印理论，通过儒学经典解读和现代企业创新理论剖析，基于认知烙印和伦理约束双重视角构建"儒家文化、隐性规范与企业创新"的理论分析框架，系统考察儒家文化及其隐性价值规范对当代企业创新行为的影响效应及传导机理。本章研究不仅有助于深化对创新行为赖以依存的文化土壤及其力量逻辑的理解，也能够从微观企业层面深化对儒家文化现代商业价值的理论认知，同时还能够为"文化与金融"主题国际前沿文献贡献来自东方文化情境的经验证据。

第一节 "李约瑟难题" 再思考

中国曾经长时期引领人类文明的演化，在公元前 1 世纪至公元 16 世纪中叶，中国在科技、文化、经济等方面一直远超同时期其他国家，处于世界领先水平（林毅夫，2007；蔡昉，2015）。例如，中国古代的四大发明，火药、指南针和造纸术曾对欧洲产生重大影响，冶炼技术也比欧洲国家超前，印刷术更早于欧洲 400 年。恩格斯在《自然辩证法》中列举了约 34 项中世纪（344～1453 年）伟大发明，其中 50% 以上源自中国①。李约瑟（Joseph Needham）在《中国科学技术史》（*Science and Civilization in China*，1954）中也提到"中国古代的发明和发现明显超过同时代的欧洲，15 世纪以前更是如此""在 3～13 世纪，中国保持一个让西方人望尘莫及的科学知识水平"②。而在经济发展方面，唐代中国经济占到了世界 GDP 总量的 58%，宋朝时期甚至达到了 60% 以上。即使在 16 世纪工业革命之后直至 18 世纪初之前，中国的经济总量仍然居于世界前列。根据麦迪逊（Maddison，1998）的估计，在 1700 年，中国的 GDP 占世界 GDP 总量的 23%，与整个欧洲 GDP 相当，在 1820 年更是接近世界 GDP 总量的 1/3（姚洋，2003）。然而令人难以理解的是，工业革命并没有率先发生在中国，而是在欧洲。且在之后，中国科技和经济迅速被西方国家全面超越（林毅夫，2007）。这就是著名的"李约瑟难题"，一直备受国内外经济史研究者的热讨。

针对"李约瑟难题"，一些研究者将中国近代几百年落后于西方国家的根源归咎于中国特有的文化和制度。而李约瑟在研究中国科学技术史时的核心观点也同样如此，只有认真分析东西方文化，对其作一种真正的滴定（titration），才能最终回答这个问题。毫无疑问，思想和哲学上的许多因素都起了各自的作用，但肯定也有社会经济方面的重要原因需要加以研究（李约瑟，2016）。但是，孙冠臣（2020）指出，部分学者在探究"李约瑟难题"时往往会陷入一个怪圈，即他们"不是深刻分析西方文化传统与中国人文传统的不同，并正视这种差异性；而是试图努力地分析和挖掘中国人文体系的缺陷，即分析中国传统制度和传统文化的种种不足，作为解释没有率先产生现代科学的原因和根据"。事实上，"李约瑟难题"本身是在跨文化比较过程中提出的，重点应在于分析它们之间的异同，从而更

① 恩格斯. 自然辩证法 [M]. 于光远等译，北京：人民出版社，1984.
② 李约瑟. 中国科学技术史 [M]. 中国科学技术史翻译小组译. 北京：科学出版社，1975.

好地理解中国文明体系（孙冠臣，2020）。

特别地，长期以来一些学者往往将中国儒家传统文化视作中国科技发明落后的阻力，认为儒家所倡导的价值理念和社会规范不适合发展科技和经济。比如有学者指出，儒家思想倡导的等级观念与服从文化可能会抑制信息交流和思想碰撞，进而阻碍创新（蔡洪滨，2013），集体主义与和谐文化观念也会扼杀个性价值和创新思维（Chen et al. ，2017）。然而，将儒家传统文化视为根本原因，存在一些明显的悖论。比如，汉代到明代中国为何能够在技术发明领域长期领跑世界？又为何同样深受儒家文化影响的日本等亚洲国家和经济体能够造就现代科技发展和经济腾飞的奇迹？特别地，卡恩（Kahn，1979）还明确指出，儒家意识形态是受儒家思想影响的亚洲国家实现现代科技与经济腾飞的主要推动因素。事实上，中华传统文化固然存在一些妨碍创新的因素，如重本抑末、重道轻技、鼓励和谐胜于鼓励竞争等，但其内在也有着深沉的创新禀赋。先人早就提出"周虽旧邦，其命维新"①"天行健，君子以自强不息"②"苟日新，日日新，又日新"③等创新思想。可见，中华传统文化本就蕴含革故鼎新的变革精神、厚德载物的宽容精神、无为而治的自由精神、不尽信书的怀疑精神和道法自然的科学精神。

那么，儒家传统文化对当代企业技术创新究竟有何影响？在创新型国家建设和高质量发展进程中，儒家传统又具有怎样的时代价值和功能？针对长久以来儒家文化究竟是促进还是抑制技术创新这一问题存在的严重分歧和争议，本章将区别于先前哲学和社会学层面关于儒家伦理价值展开的研究，试图将实证科学方法与儒家思想有机结合，综合运用典籍解读、理论分析和实证检验方法，系统考察儒家传统文化对当代企业创新行为的影响效应及作用机理，以便提供严谨的理论剖析和经验证据支持。

---

① 诗经·大雅·文王//程俊英译著. 诗经［M］. 上海：上海古籍出版社，1985：487.
② 周易·易经//王辉编译. 周易（经典）［M］. 西安：三秦出版社，2007：5.
③ 礼记·大学//王文锦译解. 礼记译解［M］. 北京：中华书局，2016：807.

第二节　理论分析与研究假设

一、儒家文化影响企业创新的机理分析

社会学研究表明，一个社会的文化理念会深刻烙印在社会成员的思维方式和行为规范之中，直接影响着人们的经济行为（Hofstede，1980；金智等，2017）。同时，文化通过塑造人们的行为信念和价值判断，主导着社会正式制度的形成和演化，进而影响社会经济活动的方方面面（Stulz and Williamson，2003）。结合新制度经济学、高阶梯队理论和烙印理论，通过儒学经典解读和现代企业创新理论剖析，本书构建了"儒家文化、隐性规范与企业创新"的机理框架（见图4.1）。具体而言，本书认为儒家文化至少能通过两条路径影响企业创新行为。

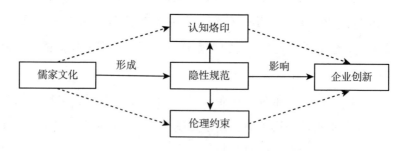

图4.1　儒家文化影响企业创新的机理框架

首先，企业家和高管个体受儒家文化熏陶可以形成对创新变革的认知烙印，形成特有的风险态度和创新偏好，并在企业创新决策中予以体现。高阶梯队理论强调，企业高管人员的个体认知和价值偏好在很大程度上受其成长环境和文化土壤的塑造，并会在企业经营决策中予以体现和反映（Hambrick and Mason，1984；Hambrick，2007）。根源于生物学的烙印理论也认为，个体或组织在发展过程中存在若干环境敏感阶段，这些阶段的环境特征将对个体或组织产生重要影响，形成环境特征的烙印，并对个体或

组织的行为产生持续性影响（Marquis and Tilcsik，2013；Marquis and Qiao，2018）。这意味着，长期以来的儒家文化熏陶将在企业家价值系统中留存烙印，塑造其独特的个体认知和价值偏好。傅和徐（Fu and Tsui，2003）指出，中国企业家的价值观中普遍渗透着儒家思想，并在经营决策中得到反映和体现。就企业创新活动而言，儒家文化蕴含的"周虽旧邦，其命维新"①"苟日新，日日新，又日新"② 等创新变革思想，可能会塑造企业家对创新变革的认知烙印，激发企业创新变革动力；且儒家"尊知"的人才观也将鼓励企业重视人力资本投资，为技术创新提供必要的知识和人才土壤。但儒家文化内嵌的中庸思想、等级观念、集体主义等价值规范也可能会抑制思想碰撞、扼杀创新思维，从而不利于企业创新。

其次，作为一种非正式制度因素，儒家价值规范及其伦理约束也对市场经济道德和伦理基础的维系发挥着重要的替代性治理作用，进而为企业创新活动营造良好的制度环境。根据现代企业创新理论，除了受到决策者个体认知和价值偏好影响外，企业创新活动还面临企业代理冲突、知识产权保护等诸多制度障碍（Lin et al.，2011；Ederer and Manso，2013；吴超鹏等，2016）。不同于西方发达国家，我国是一个"新兴加转轨"双重制度特征的经济体，法律体系、市场机制和公司治理尚不健全，企业创新活动的制度保障比较薄弱。当正式制度无法有效发挥作用时，有必要关注文化和风俗习惯等非正式制度的治理价值（North，1990）。诸多研究表明，作为一种替代机制，非正式制度在法制建设并不完善的新兴市场中可能发挥着更重要的作用（Allen et al.，2005；Pistor and Xu，2005；陈冬华等，2013）。另外，儒家"尚辞让，去争夺"及"以和为贵"的和谐主义思想也可能不利于形成充分竞争的市场环境，从而对创新产生负面影响。

根据上述机理分析，本书将从认知烙印和伦理约束双重视角系统剖析儒家文化对企业创新的影响效应及内在作用机理。从理论层面来看，儒家价值规范对企业创新行为既可能表现出积极的促进效应，也可能表现为消

---

① 诗经·大雅·文王//程俊英译著. 诗经 [M]. 上海：上海古籍出版社，1985：487.
② 礼记·大学//王文锦译解. 礼记译解 [M]. 北京：中华书局，2016：807.

极的桎梏效应。因此，通过深入解读儒家经典文献中与创新活动密切相关的思想和阐述，本书提出两个竞争性假说：促进效应假说和桎梏效应假说，并利用实证检验方法来揭示儒家文化对企业创新的真实影响。

二、儒家文化与企业创新：促进效应假说

儒家文化价值体系中蕴含许多重视和激发创新变革的思想及伦理价值规范，这可能对企业创新产生积极的促进作用。总体来讲，儒家文化对创新行为的促进效应可能体现在如下几个方面。

首先，儒家倡导的"忠信"伦理思想有助于缓解企业代理冲突，激励经理人开展更多创新研发活动。代理理论认为，在缺乏有效监督和激励的情况下，经理人热衷于享受平静安逸的生活，因而更倾向选择能够在短期内提升经营绩效的稳健投资项目，并减少周期长、风险高，但却有利于长远价值提升的创新研发项目（Jensen，1986；Holmstrom，1989；Francis and Smith，1995）。正因如此，企业需要优化监督和激励机制以降低代理冲突，激励经理人开展更多创新研发活动（Manso，2011；Lin et al.，2011；He and Tian，2013）。作为一种隐性约束机制，儒家文化倡导的"忠信"伦理价值理念，能够在缓解代理冲突方面发挥积极作用（Du，2015；Chen et al.，2019；古志辉，2015）。一方面，儒家主张"先义后利"的价值观：孔子强调"不义而富且贵，于我如浮云"[①] "君子喻于义，小人喻于利"[②] 孟子对"义"的含义进行了解释，认为"非有而取之，非义也"[③]。从代理角度看，儒家的"义利观"要求代理人尊重委托人的所有权，不可存在"穿逾之心"，从而降低经理人的自利动机。另一方面，儒家倡导"忠信"的伦理思想：孔子曰："儒有不宝金玉，而忠信以为宝"[④]，曾子

---

① 论语·述而//潘重规译. 论语今述［M］. 太原：山西人民出版社，2020：140.
② 论语·里仁//潘重规译. 论语今述［M］. 太原：山西人民出版社，2020：75.
③ 孟子·尽心上//孟轲著，王立民译注. 孟子［M］. 长春：吉林文史出版社，2004：231.
④ 论语·儒行//潘重规译. 论语今述［M］. 太原：山西人民出版社，2020：798.

也认为"为人谋而不忠乎？与朋友交而不信乎？"[1]。儒家"忠信"的伦理价值观要求代理人在实际管理工作中要信守合约承诺，坚持以股东利益最大化为原则，兢兢业业为委托人工作。此外，儒家还强调通过"修身"来提高个人自律能力，以达到"君子慎其独也"的目的[2]。这要求代理人即使无他人在场或缺乏必要监督的情况下，也能够严于律己，实现自我监督（Woods and Lamond，2011）。古志辉（2015）和陈等（Chen et al.，2019）的实证研究表明，作为一种非正式制度，儒家文化确实能够显著降低代理成本，提高代理效率。由此可见，作为一种普世的社会规范，儒家"忠信"思想和职业伦理观将对经理人行为产生强大的内在道德约束，从而有助于降低经理人的偷懒或短视行为，促使其开展更多有利于企业长远价值增值的创新研发活动。

其次，儒家文化重视教育、尊重知识和人才的优良传统，有助于鼓励企业进行人力资本投资，为技术创新提供必要的知识和人才土壤。知识是一切创新行为的前提和源泉。相关研究也表明，教育会影响当地居民的识字率、人力资本和技术进步（Becker and Woessmann，2009）。因此，企业高管人员及基层员工的受教育程度将对企业创新产生显著的促进作用（吴延兵和刘霞辉，2009；Winne and Sels，2010；杨薇和孔东民，2019）。众所周知，儒家思想一贯尊师重教，注重教育和知识传播。如孔子曰："学而时习之，不亦说乎"[3]"学而不厌，诲人不倦"[4]"三人行，必有我师焉；择其善者而从之，其不善者而改之"[5]。而"万般皆下品，唯有读书高"[6]"书中自有颜如玉，书中自有黄金屋"[7] 等名言名句更是成为尊重知识和人才的真切写照。从组织管理视角来看，"创新之道，唯在得人"，儒家思想

---

[1] 论语·学而//潘重规译. 论语今述 [M]. 太原：山西人民出版社，2020：6.

[2] 礼记·中庸//王文锦译解. 礼记译解 [M]. 北京：中华书局，2016：692.

[3] 论语·学而//潘重规译. 论语今述 [M]. 太原：山西人民出版社，2020：3.

[4] 论语·述而//潘重规译. 论语今述 [M]. 太原：山西人民出版社，2020：142.

[5] 论语·述而//潘重规译. 论语今述 [M]. 太原：山西人民出版社，2020：143.

[6] 出自宋代汪洙所作《神童诗》。

[7] 出自宋朝宋真宗赵恒所作《劝学诗》，其原文为："书中有女颜如玉""书中自有黄金屋"。

也十分注重人才选用。《诗经·大雅·文王》提到"思皇多士，生此王国。王国克生，维周之桢；济济多士，文王以宁"①。儒家重视教育、尊重知识和人才的思想，将有利于激发企业人力资本投资，进而为技术创新提供坚实的人才储备和智力支持。

最后，儒家倡导的义利观和"诚信"思想有助于规范竞争者行为，降低企业创新成果被模仿或剽窃的风险，从而为创新活动营造良好的外部知识产权保护环境。已有研究表明，竞争对手的技术模仿、专利侵权及创新成果剽窃会严重挫伤企业创新热情和投资水平（Anton et al.，2006；史宇鹏和顾全林，2013）。因此，营造良好的创新生态环境，加强知识产权保护是引导企业创新发展的重要因素（Moser，2005；吴超鹏和唐菂，2016；Fang et al.，2017）。儒家主张"见利思义"的义利观，强调追求财富必须满足"以其道得之"的前提条件。孔子认为"不义而富且贵，于我如浮云"②"君子喻于义，小人喻于利"③"君子爱财，取之有道"④，荀子也主张"先义而后利者荣，先利而后义者辱"⑤。由此可见，儒家倡导正当致富，强调生财大道，利己而不损人，这从根本上与"小人爱财不择手段"相区别。并且，儒家也十分注重"诚信"，并将诚信看作最基本的道德规范和伦理准则，将其视为立身处世之根本。子曰："民无信不立"⑥"人而无信，不知其可也"⑦。在我国法律制度和市场机制尚不健全，知识产权保护较为薄弱的情况下，儒家义利和诚信的商业伦理思想将有助于规范竞争者行为，降低企业专利技术被对手模仿或剽窃的风险，从而激发企业创新热情。

此外，儒家文化还蕴含有浓厚的忧患意识和变革主张。儒家典籍中许

---

① 诗经·大雅·文王//程俊英译著. 诗经 [M]. 上海：上海古籍出版社，1985：488.
② 论语·述而//潘重规译. 论语今述 [M]. 太原：山西人民出版社，2020：140.
③ 论语·里仁//潘重规译. 论语今述 [M]. 太原：山西人民出版社，2020：75.
④ 魏明世编译. 增广贤文 [M]. 南京：凤凰科学技术出版社，2018：89.
⑤ 荀子·荣辱篇//王先谦撰. 荀子集解 [M]. 北京：中华书局，2012：58.
⑥ 论语·颜渊//潘重规译. 论语今述 [M]. 太原：山西人民出版社，2020：258.
⑦ 论语·为政//潘重规译. 论语今述 [M]. 太原：山西人民出版社，2020：35.

多论述，如"人无远虑、必有近忧""君子忧道不忧贫"①"生于忧患而死于安乐"②"安而不忘危，存而不忘亡，治而不忘乱"③，都在传播"居安思危"的忧患意识。这种安不忘危的卓识远见将激发企业家积极进取、奋斗开拓的精神，引导管理者重视企业的长远生存与发展，从而激励企业积极开展创新活动以避免遭受市场淘汰。儒家还强调"自强不息"的进取精神，如"天行健，君子以自强不息"④，这种力求进步、奋发图强的精神与当代科技创新和攻难克艰的品质非常契合。同时，儒家还主张"革故鼎新"的变革精神，如"周虽旧邦，其命维新"⑤"苟日新，日日新，又日新"⑥"富有之谓大业，日新之谓盛德"⑦。由此可见，儒家文化价值体系中蕴含着许多重视和激发创新变革的思想，这将会对激发当代企业创新产生积极作用。

基于以上分析，本书提出儒家文化的创新促进效应假说如下。

假设4.1：儒家文化对企业创新具有促进作用。

三、儒家文化与企业创新：桎梏效应假说

尽管儒家价值系统蕴含着深沉的创新禀赋，但也存在一些妨碍创新的因素，如重本抑末、重道轻技、鼓励和谐胜于鼓励竞争等。正因如此，有学者甚至将近代中国在科技领域的衰落归因为儒家传统对国民创新思想的束缚和禁锢（李承宗和彭福扬，2003；陈志武，2007；蔡洪滨，2013）。总体来讲，儒家文化对创新行为的桎梏效应可能体现在如下几个方面。

第一，儒家文化强调等级秩序和权威主义。一直以来，儒家文化以"三纲五常"来规范社会秩序和政治制度，要求在家中晚辈对长辈的绝对

---

① 论语·卫灵公//潘重规译. 论语今述 [M]. 太原：山西人民出版社，2020：347.
② 孟子·告子下//孟轲著，王立民译注. 孟子 [M]. 长春：吉林文史出版社，2004：211.
③ 周易·系辞下//王辉编译. 周易（经典）[M]. 西安：三秦出版社，2007：294.
④ 周易·易经//王辉编译. 周易（经典）[M]. 西安：三秦出版社，2007：5 页.
⑤ 诗经·大雅·文王//程俊英译著. 诗经 [M]. 上海：上海古籍出版社，1985：487.
⑥ 礼记·大学//王文锦译解. 礼记译解 [M]. 北京：中华书局，2016：807.
⑦ 周易·系辞上//王辉编译. 周易（经典）[M]. 西安：三秦出版社，2007：275.

服从，在外下级对上级的绝对服从。子曰："克己复礼为仁"①，主张诸事都必须合乎礼法，讲求秩序森严、尊卑有别，不得有违背礼法的新思想、新理论和新行为，否则便是"不仁"。"权威主义"则要求人们"畏天命，畏大人，畏圣人之言"②，即下级不能对上级产生挑战和质疑。由此，儒家思想在中国封建社会中逐渐演化为等级森严的"礼治"文化。然而"唯上"是创新的大敌，创新是以不同方式对继往权威和现状的挑战与颠覆，其往往是在不同想法的互相碰撞和交流中产生的。相关研究指出，等级观念不仅会禁锢人们的个性发展，也会降低上下级间的思想碰撞和公司信息传递效率（陈志武，2007；金智等，2017）。蔡洪滨（2013）发现，一个国家或地区的等级观念越强，创新能力越差；相反，等级观念越低，创新能力越强。因此，儒家文化的等级秩序和权威主义可能会抑制企业的创新能力。

第二，儒家思想秉承中庸之道。中庸思想主张"不走极端，不偏不倚"（"扣其两端，允执其中"）。程颐将"中庸"解释为"不偏之谓中，不易之谓庸"③；朱熹在《中庸章句》题注中也对其进行阐释说"中者，不偏不倚，无过不及之名"④；孔子本人则更是把中庸视作一种德性要求，子曰："中庸之为德也，其至矣乎！民鲜久矣"⑤ "君子中庸，小人反中庸"⑥。孔子反对过激的思想和行为，强调凡事把握合适的度，防止过犹不及，即做到"不偏不倚、中度合节"。但久而久之，这可能促使人们形成因循守旧、害怕冒险、担心冲突的心理，不敢为人先或把事情做到极致，否则就会格格不入、受到打压或排挤。中庸思想对处理人伦关系，调节社会秩序等固然具有积极作用，但却可能会扼杀人们的创新思维（陈志武，2007）。创新总是打破旧格局并重新组合，是一个存疑、反思、批判、求

---

① 论语·颜渊//潘重规译. 论语今述 [M]. 太原：山西人民出版社，2020：253.

② 论语·季氏//潘重规译. 论语今述 [M]. 太原：山西人民出版社，2020：375.

③ 朱熹撰. 大学中庸章句 [M]. 北京：中国社会出版社，2013：25. 其原文为："子程子曰：不偏之谓中，不易之谓庸。中者，天下之正道，庸者，天下之定理。"

④ 朱熹撰. 大学中庸章句 [M]. 北京：中国社会出版社，2013：26.

⑤ 论语·庸也//潘重规译. 论语今述 [M]. 太原：山西人民出版社，2020：126.

⑥ 礼记·中庸//王文锦译解. 礼记译解 [M]. 北京：中华书局，2016：793.

真的过程。创新过程中含有冒险、敢为人先、不甘平庸等思想，与儒家文化主张谨慎行事的风险规避主义思想有一定出入。

第三，儒家文化倡导集体主义思想。《礼记·礼运》指出，"大道之行也，天下为公"①，这是一种"人人为公，全民公有"的集体主义思想。"敬业乐群"②"人之生，不能无群"③ 等是集体主义文化传统的具体体现。集体主义强调个人与团体的和谐关系，不鼓励特立独行的个人英雄主义。同时，有研究表明，集体主义意识形态会促使组织和个人倾向于规避风险（Li et al.，2013）。从制度建设角度来讲，受集体主义思想影响较大的企业往往在薪酬分配上更加注重公平而非效率，且对管理层较少采用股权激励的薪酬制度（Rajgopal and Shevlin，2002）。这种制度安排降低了对经理人和技术骨干的激励强度，从而可能对企业创新产生消极影响（孔东民等，2017）。另外，对于个人主义文化特征较强的国家，人们往往更加追求个人成就，且更容易形成过度自信的个体特质。已有研究发现，对个人成就的追求及过度自信的心理偏差，将激励经理人开展更多创新研发活动（Galasso and Simcoe，2011；Hirshleifer et al.，2012；Gorodnichenko and Roland，2017）。陈等（Chen et al.，2017）也证实，与个人主义文化特征国家相比，集体主义文化特征国家的企业创新水平显著更低。

第四，儒家文化还对激烈竞争和冲突持否定态度。儒家主张"和为贵"的处世原则。孔子倡导"和而不同"的处事态度，要求个体"尚辞让，去争夺"④，子曰："礼之用，和为贵。先王之道，斯为美；小大由之。有所不行，知和而和，不以礼节之，亦不可行也"⑤。孟子也强调"辞让之心，礼之端也"⑥。儒家"和为贵"的和谐主义思想强调接受或适应外部环境，且更加注重组织内部团结，尽可能避免争论或冲突发生。这会促使人们将更多时间花费在建立关系和维系情感上，导致彼此间缺乏真正的

① 礼记·礼运//王文锦译解．礼记译解 [M]．北京：中华书局，2016：258．
② 礼记·学记//王文锦译解．礼记译解 [M]．北京：中华书局，2016：461．
③ 荀子·富国篇//王先谦撰．荀子集解 [M]．北京：中华书局，2012：177．
④ 礼记·礼运//王文锦译解．礼记译解 [M]．北京：中华书局，2016：268．
⑤ 论语·学而//潘重规译．论语今述 [M]．太原：山西人民出版社，2020：13．
⑥ 孟子·公孙丑上//王立民译注．孟子 [M]．长春：吉林文史出版社，2004：50．

思想交流与碰撞（蔡洪滨，2013）。王庆娟和张金成（2012）指出，儒家传统价值观本质上以关系和谐为核心导向。然而，创新要求不同观点和思想激烈碰撞，通常会产生利益冲突，甚至威胁组织稳定。也有研究指出，和谐主义文化较强的公司，为避免个人利益冲突通常更少采用股权激励机制。因此，儒家和谐主义思想也可能会对企业创新产生一定抑制作用。

基于以上分析，本书提出儒家文化的创新桎梏效应如下。

假设4.2：儒家文化对企业创新具有抑制作用。

第三节　研究设计

一、样本选择与数据来源

本章节以中国沪深两市 A 股上市公司 2007～2017 年度数据为初始样本来源①，并按照以下原则对样本进行筛选：（1）剔除金融行业和保险行业公司样本；（2）剔除 ST 公司及 PT 公司样本；（3）剔除外资控股的公司样本；（4）剔除模型中各变量数值存在缺失的公司样本。经过上述处理和筛选，最终得到 21053 个公司年度样本观测值。相关数据来源：核心解释变量"儒家文化"数据源自手工收集整理，具体过程参见变量定义；公司研发支出及研发人员相关数据源自 WIND 和 CSMAR 数据库；公司"专利"数据通过 CSMAR 数据库和中国国家知识产权局（SIPO）专利数据库收集整理获得；其他公司治理和公司财务变量数据均源自 WIND 和 CSMAR 数据库。为剔除极端值影响，本书对所有连续变量均进行了 1% 水平的 Winsorize 缩尾处理。

---

① 样本区间选择 2007 年作为起始年度的原因在于，2007 年我国开始实行新企业会计准则，要求上市公司在年报中披露研发费用的相关信息。

二、儒家文化的测度

直接度量文化、意识形态等对经济及企业决策行为的影响必然会遇到一些难以克服的困难，且其度量方法一直以来也都备受争议（诺思，2008；古志辉，2015）。以往研究中对于文化的度量方法主要包括两种：其一是基于霍斯夫泰德（Hofstede，1980）指数的问卷调查。然而，霍斯夫泰德指数主要用于考察不同国家文化特征对个体行为的影响，其指标体系并不包含儒家"义利""诚信"和"尊重知识"等观念，很难全面反映儒家文化对企业创新行为的整体影响。同时，虽然问卷调研方法一定程度上可以保证调查结果的客观性，但却难以获取精准的公司财务和治理数据，因而在实际运用中存在诸多困难和限制。其二是基于统计/人口普查数据的人口统计指标，如使用一个地区宗教信徒人数与该地区总人口数量的比率测度该地区的宗教文化强度等（Stulz and Williamson，2003；Hilary and Hui，2009；Mcguire et al.，2012），又如直接调查高管个体的宗教信仰（Jiang et al.，2015；辛宇等，2016；曾建光等，2016）。然而，目前关于儒家文化认同度的公开数据却非常难以获得。

近年来，随着"文化与金融"研究的兴起，一些学者开始运用历史信息数据考察文化、意识形态和制度情境对经济与企业决策行为的影响。例如，拉波尔等（La Porta et al.，1998）利用各个国家的法律起源信息作为该国投资者保护制度的代理变量，发现普通法系和大陆法系与其历史和政治传统存在密切联系；库伊斯等（Guiso et al.，2008）也指出，500 年以前的历史事件会对人与人之间的信任产生重要影响，研究者运用历史事件揭示了意大利南北之间经济绩效存在差异的原因。与此相仿，杜（Du，2015）、古志辉（2015）、金智（2017）、陈等（Chen et al.，2019）、许等（Xu et al.，2019）、徐细雄和李万利（2019）分别采用公司所在区域孔庙和古代儒家书院的分布密度作为儒家文化影响力的代理变量。与其他方法相比，使用历史数据具有客观性、稳定性和可重复性等优点（古志辉，2015）。因此，这一测度方法近年在"文化与金融"领域研究得到了广泛应用，这也为本书的开展提供了很好的借鉴。

诺思（2002）将国家理论、产权理论和意识形态理论纳入制度变迁理论框架，认为教育的关键性作用是反复给人们灌输某套价值观念。而儒家文化最重要的特点是通过伦理教育指导人们的行为规范，最终形成"道德以同俗"的人文环境。自汉武帝采纳董仲舒"罢黜百家，独尊儒术"的建议后，便命令"天下郡国皆立学校官"（古志辉，2015）。自此学校教育开始逐步成为儒家思想传播的主要途径。到了唐朝，儒家学校主要包含三种类型：直属于中央政府的国子监、地方官员兴建的儒家学校及新兴书院。宋朝时期，儒家学校逐步分化为官方学校和半官方性质书院。而在明朝时期，王阳明"心学"兴起后，书院逐渐取代了官方学校成为儒家思想传播最重要的场所，这为儒家思想的普及和传播奠定了制度基础。先前有学者已经意识到儒家教育水平在地域间存在的差异（Weber，1951），并且从地方志的记载中也可以发现我国不同地区儒家书院分布数量确实存在明显不同。因此，选择历史典籍中记载的儒家学校数量作为儒家文化的代理变量，可以较为客观地反映儒家文化的影响力。

基于以上分析，本书参考古志辉（2015）、程博等（2016）、金智等（2017）、徐细雄和李万利（2019）及陈等（Chen et al.，2019）做法，基于地理邻近性，运用距离模型通过公司注册地一定半径范围内的儒家书院分布密度测度儒家文化影响力。瓦恩斯和纳皮尔（Wines and Napier，1992）指出，在考察文化因素对公司行为的影响时，公司个体层面的距离模型比区域模型更具优势。因此，近年来地理邻近性方法在公司金融和财务会计领域得到了广泛应用（Ayers et al.，2011；John et al.，2011；El Ghoul et al.，2013；Du，2015；Chen et al.，2019；陈冬华等，2013；古志辉，2015；金智等，2017）。

具体的计算过程如下。

步骤一：根据《中国地方志宗录》（朱士嘉，1958）和《中国书院辞典》（季啸风，1996）记载，手工整理出了从唐代至清代省级行政区域管辖范围内府、州和县境内的儒家书院的具体名称和地址①。然后，利用 Google-Earth、百度地图等互联网工具，手工收集了每家书院在地球上对应的经度（μ_C）和纬度（w_C）坐标，并采用同样方法确定每家上市公司注册地的经度（μ_F）和纬度（w_F）坐标。

步骤二：利用收集的儒家书院和公司注册地的经纬度坐标，计算每家公司注册地与各个儒家书院经纬度之间的圆心角（φ），计算公式如下：

$$\cos\varphi = \sin w_F \times \sin w_C + \cos w_F \times \cos w_C \times \cos(\mu_F - \mu_C) \qquad (4.1)$$

步骤三：计算每弧度的弧长，公式如下：

$$rad = \frac{40075.04}{360°} \times \frac{180°}{\pi} \qquad (4.2)$$

步骤四：参考杜（Du，2013，2015）研究，根据如下地理信息系统中的公式计算出每家公司的注册地与各个儒家书院之间的地理距离：

$$DIS = rad \times \left(\frac{\pi}{2} - \arctan\left(\frac{\cos\varphi}{\sqrt{1 - \cos^2\varphi}} \right) \right) \qquad (4.3)$$

步骤五：整理出每家公司注册地 200 公里、300 公里半径范围内儒家书院的数量，并选择使用企业注册地 200 公里（Confu_200）和 300 公里（Confu_300）半径范围内儒家书院数量作为儒家文化影响力的代理变量。若公司注册地一定半径范围内分布的儒家书院数量越多，则表明企业受到儒家文化的影响程度越强。基于回归系数量纲考虑，将其加 1 取自然对数进行标准化处理。

三、企业创新的度量

现有文献主要从创新投入和创新产出两个维度衡量企业创新水平（Tong et al.，2014；Adhikari and Agrawal，2016；Yuan and Wen，2018；黎文靖和郑曼妮，2016；权小锋和尹洪英，2017；孔东民等，2017）。借鉴

---

① 需要说明的是，一些书院如石鼓书院和岳麓书院等仍有遗址，可直接查询获取经纬度坐标。部分书院由于历史战争等因素，无法找到确切位置。对此，本书采用该书院所在县级行政中心的经纬度坐标替代。

现有研究，分别采用以下方法度量企业创新。

（一）创新投入

企业研发投入及研发人员雇用数量在一定程度上能够反映企业的创新意愿及对创新的重视程度。借鉴阿迪卡里和阿格拉瓦尔（Adhikari and Agrawal，2016）、董晓庆等（2014）及权小锋和尹洪英（2017）等研究，本书使用以下三种方式度量企业的创新投入：（1）RD_AT，等于企业年度R&D支出除以企业总资产；（2）RD_SALE，等于企业年度R&D支出除以企业营业收入；（3）RD_STAFF，等于企业研发人员数量除以企业员工总数。

（二）创新产出

我国《中华人民共和国专利法》将专利划分为三种类型：发明专利、实用新型专利和外观设计专利。发明专利是指对产品、方法或其改进所提出的新的技术方案；实用新型专利是指产品形状、构造或者其结合所提出的适于实用的新的技术方案；外观设计专利对产品的形状、图案或其结合以及色彩与形状、图案的结合所做出的富有美感并适于工业应用的新设计。以上三种专利中发明专利创新水平（或创新质量）最高，实用新型专利次之，外观设计专利最低。

由于专利申请年份可能更好地刻画企业创新产出时间，因此，参考童等（Tong et al.，2014）、黎文靖和郑曼妮（2016）及孔东民等（2017）研究，本书以专利申请数量度量企业创新产出，以更好地反映企业当年的创新行为。具体来讲，使用下列三种方式度量企业创新产出：（1）LnPatent1，等于企业该年度三种类型专利申请数量之和加1取自然对数；（2）LnPatent2，等于企业该年度发明专利申请数量加1取自然对数；（3）LnPatent3，等于企业该年度实用新型专利和外观设计专利（非发明专利）申请数量之和加1取自然对数。

需要说明的是，通过仔细观察所收集的专利数据发现，专利数据缺失样本大多是往年专利数也非常少的公司，而那些专利数较多的公司几乎不存在缺失值，这意味着专利数据缺失的样本更可能是当年没有专利产出。因此，参照余明桂等（2016）、潘越等（2017）和孔东民等（2017）做法，使用 0 来替代专利数据缺失值。为了保证实证结果的稳健，本研究在稳健性检验部分进一步通过剔除专利值缺失样本、使用过去三年专利数的平均值（或过去一年专利数）替代缺失值等作为替代处理方式。

四、模型设计

为了检验儒家传统文化对当代企业创新行为的影响，本书参考童等（Tong et al.，2014）、黎文靖和郑曼妮（2016）及孔东民等（2017）研究，构建如下模型：

$$
\begin{aligned}
\text{Innovation}_{i,t} = {} & \alpha_0 + \alpha_1 \text{Confucian}_{i,t} + \alpha_2 \text{Size}_{i,t} + \alpha_3 \text{Lev}_{i,t} + \alpha_4 \text{CF}_{i,t} + \alpha_5 \text{Age}_{i,t} \\
& + \alpha_6 \text{Growth}_{i,t} + \alpha_7 \text{Roa}_{i,t} + \alpha_8 \text{Liquidity}_{i,t} + \alpha_9 \text{Tangibility}_{i,t} \\
& + \alpha_{10} \text{Soe}_{i,t} + \alpha_{11} \text{Dual}_{i,t} + \alpha_{12} \text{MH}_{i,t} + \alpha_{13} \text{Top1}_{i,t} + \alpha_{14} \text{Indep}_{i,t} \\
& + \text{Industry} + \text{Year} + \varepsilon_{i,t}
\end{aligned}
\tag{4.4}
$$

其中，i 代表第 i 家上市公司，t 代表第 t 年。被解释变量 Innovation 表示企业创新，分别使用创新投入（RD_AT、RD_SALE、RD_STAFF）和创新产出（LnPatent1、LnPatent2、LnPatent3）进行度量。解释变量 Confucian 表示儒家文化影响强度，分别使用 Confu_200、Confu_300 进行度量。

参考现有文献，计量模型引入了企业规模（Size）、财务杠杆（Lev）、经营性现金流（CF）、上市年龄（Age）、销售增长率（Growth）、总资产收益率（Roa）、流动比率（Liquidity）、固定资产占比（Tangibility）、产权性质（Soe）、两职合一（Dual）、管理层持股比例（MH）、第一大股东持股比例（Top1）、独立董事占比（Indep）等系列控制变量，并将所有控制变量做滞后一期处理，各变量具体定义如表 4.1 所示。此外，实证模型中还控制了行业（Industry）和年度（Year）固定效应。由于企业研发投入和专利申请数据为左断尾分布的"归并数据"，因而本书采用 Tobit 模型进行回归分析。

表 4.1 变量定义及度量方法

变量名称	变量符号	变量定义
创新投入	RD_AT	企业研发支出除以总资产
	RD_SALE	企业研发支出除以营业收入
	RD_STAFF	企业研发人员数量除以员工总数
创新产出	LnPatent1	发明专利、实用新型专利和外观设计专利申请总量加1的自然对数
	LnPatent2	发明专利申请总量加1的自然对数
	LnPatent3	非发明专利（实用新型专利和外观设计专利）加1的自然对数
儒家文化	Confu_200	公司注册地200公里范围内儒家书院数量加1的自然对数
	Confu_300	公司注册地300公里范围内儒家书院数量加1的自然对数
企业规模	Size	企业总资产的自然对数
资产负债率	Lev	企业负债总额除以总资产
经营性现金流	CF	企业经营活动产生的现金流净额除以总资产
企业年龄	Age	企业自成立年份至当期的年限
销售增长率	Growth	（当年销售收入–上一年度销售收入）/上一年度销售收入
总资产收益率	Roa	企业净利润除以总资产
流动比率	Liquidity	企业流动负债除以流动资产
固定资产占比	Tangibility	企业固定资产净额除以总资产
产权性质	Soe	企业实际控制人为国有性质时为国有企业，并取值1；否则为民营企业，并取值为0
两职合一	Dual	总经理和董事长为同一人取值为1，否则为0
管理层持股比例	MH	管理层持股数量占总股数的比例
第一大股东持股比例	Top1	第一大股东持股数量占总股数的比例
独立董事占比	Indep	独立董事人数占董事会总人数的比例
年度效应	Year	年度虚拟变量
行业效应	Industry	行业虚拟变量

第四节　实证结果与分析

一、描述性统计分析

表4.2报告了主要变量的描述性统计结果。从表中可以发现，研发支出占总资产（RD_AT）和营业收入（RD_SALE）的均值分别为0.0127和0.0260；且研发人员占员工总数（RD_STAFF）的比例均值为0.0461，中值为0。这表明我国企业目前的研发投入力度依然不是很强，且不同企业间研发投入存在较大差距。专利申请总数量（LnPatent1）的均值为1.4353，最大值（6.0039）和最小值（0）差距较大，标准差（1.5963）甚至大于均值。这意味着不同企业间专利申请数量存在较大差异，各企业之间创新能力参差不齐。与此同时，发明专利申请数量（LnPatent2）和非发明专利申请数量（LnPatent3）的均值分别为0.9786和1.0418，即企业发明专利申请数量小于非发明专利申请数量，说明我国企业创新质量整体不高，技术性创新有待提升。解释变量儒家文化的代理变量Confu_200（Confu_300）的均值为5.2809（5.9270），最大值为6.6580（7.1428），最小值为0（0），且标准差为1.3157（1.2929）。由此可见，不同企业受到儒家文化的影响强度确实存在明显差异。此外，其他控制变量的分布与已有研究基本一致。

表4.2　　　　　　　　　　主要变量描述性统计

变量	样本数	均值	标准差	最小值	中值	最大值
RD_AT	21053	0.0127	0.0167	0	0.0057	0.0812
RD_SALE	21053	0.0260	0.0382	0	0.0098	0.2168
RD_STAFF	21053	0.0461	0.0969	0	0	0.5176
LnPatent1	21053	1.4353	1.5963	0	1.0986	6.0039
LnPatent2	21053	0.9786	1.2711	0	0	5.1059
LnPatent3	21053	1.0418	1.4114	0	0	5.5413

变量	样本数	均值	标准差	最小值	中值	最大值
Confu_200	21053	5.2809	1.3157	0	5.7961	6.6580
Confu_300	21053	5.9270	1.2929	0	6.2500	7.1428
Size	21053	21.8409	1.2743	19.2377	21.6812	25.7146
Lev	21053	0.4436	0.2173	0.0465	0.4415	0.9695
CF	21053	0.0448	0.0767	−0.1954	0.0444	0.2640
Age	21053	14.7597	5.4356	3.0000	14.583	28.500
Growth	21053	0.1628	0.3610	−0.5856	0.1131	2.0789
Roa	21053	0.0420	0.0548	−0.1817	0.0390	0.2106
Liquidity	21053	2.5083	3.0123	0.2240	1.5510	19.9388
Tangibility	21053	0.2338	0.1736	0.0023	0.1981	0.7451
Soe	21053	0.4319	0.4953	0	0	1.0000
Dual	21053	0.2395	0.4268	0	0	1.0000
MH	21053	0.0618	0.1348	0	0	0.6096
Top1	21053	0.3568	0.1507	0.0887	0.3376	0.7500
Indep	21053	0.3697	0.0520	0.3000	0.3333	0.5714

在回归分析之前，先对关键变量进行单变量分析。首先，根据儒家文化影响强度高低将样本划分为两组：儒家文化影响较强组（大于样本中值）和儒家文化影响较弱组（小于样本中值）。其次，进行单变量组间差异检验。表4.3中Panel A和Panel B分别报告了按照Confu_200、Confu_300分组的检验结果。以Panel A为例，可以发现，受儒家文化影响较强组的企业，其创新投入RD_AT、RD_SALE、RD_STAFF的均值分别为0.0145、0.0276、0.0504，大于受儒家文化影响较弱企业的均值0.0111、0.0245、0.0422，且它们之间的差异均在1%水平上显著。与此类似，受儒家文化影响较强组的企业，其专利总量（LnPatent1）、发明专利数量（LnPatent2）、非发明专利数量（LnPatent3）的均值分别为1.5844、1.0637、1.1807，远高于受儒家文化影响较弱企业的均值1.2963、0.8993、0.9124，且两者之间的差异也都在1%水平上显著。同时，中值差异检验的结果也显示，受儒家文化影响较强的企业，其研发投入和专利产出均显著高于受儒家文化影响较弱的企业。Panel B得到

的结果与 Panel A 基本一致。以上结果表明，相比受儒家文化影响较弱的企业，受儒家文化影响较强企业的创新投入和创新产出水平会更高，这与假设 4.1a 预期相符。

表 4.3　　　　　　　　　　单变量组间差异检验

Panel A：按照 Confu_200 中值将样本划分为受儒家文化影响较弱组与受儒家文化影响较强组

变量	受儒家文化影响较弱组			受儒家文化影响较强组			均值差异检验	中值差异检验
	样本数	均值	中值	样本数	均值	中值		
RD_AT	10898	0.0111	0.0014	10155	0.0145	0.0109	− 0.0035 ***	430.02 ***
RD_SALE	10898	0.0245	0.0026	10155	0.0276	0.0199	− 0.0031 ***	364.11 ***
RD_STAFF	10898	0.0422	0	10155	0.0504	0	− 0.0082 ***	53.74 ***
LnPatent1	10898	1.2963	0.6931	10155	1.5844	1.3863	− 0.2881 ***	178.92 ***
LnPatent2	10898	0.8993	0	10155	1.0637	0.6931	− 0.1644 ***	165.07 ***
LnPatent3	10898	0.9124	0	10155	1.1807	0	− 0.2683 ***	207.74 ***

Panel B：按照 Confu_300 中值将样本划分为儒家文化影响较弱组与儒家文化影响较强组

变量	受儒家文化影响较弱组			受儒家文化影响较强组			均值差异检验	中值差异检验
	样本数	均值	中值	样本数	均值	中值		
RD_AT	10588	0.0120	0.0026	10465	0.0135	0.0090	− 0.0015 ***	153.73 ***
RD_SALE	10588	0.0263	0.0044	10465	0.0256	0.0155	0.0007	125.74 ***
RD_STAFF	10588	0.0449	0	10465	0.0474	0	− 0.0025 *	23.86 ***
LnPatent1	10588	1.3133	0.6931	10465	1.5587	1.3863	− 0.2454 ***	120.75 ***
LnPatent2	10588	0.9101	0	10465	1.0478	0.6931	− 0.1377 ***	123.68 ***
LnPatent3	10588	0.9304	0	10465	1.1545	0	− 0.2240 ***	133.37 ***

注：Panel A 和 Panel B，组间均值差异为 T 检验法，组间中值差异为 Wilcoxon 秩和检验法。*** 、 ** 、 * 分别表示 1%、5%、10% 的显著性水平。

表 4.4 下三角区域和上三角区域分别报告了主要变量的 Spearman 和 Pearson 相关系数分析结果[①]。下三角区域的 Spearman 检验结果显示，Confu_200 与创新投入 RD_AT、RD_SALE、RD_STAFF 和创新产出 LnPatent1、LnPatent2、LnPatent3 的相关系数分别为 0.139、0.106、0.063 和 0.109、0.090、0.108，且均在 1% 水平上显著；与此类似，Confu_300 与

———————

① 受限于页面边距问题，表 4.4 仅列式了部分关键变量的相关系数分析结果。

表 4.4

主要变量相关系数分析

变量	RD_AT	RD_SALE	RD_STAFF	LnPatent1	LnPatent2	LnPatent3	Confu_200	Confu_300	Size	Lev	CF	Age
RD_AT	1.000	0.826 ***	0.434 ***	0.406 ***	0.415 ***	0.296 ***	0.141 ***	0.127 ***	-0.153 ***	-0.326 ***	0.044 ***	-0.112 ***
RD_SALE	0.946 ***	1.000	0.500 ***	0.311 ***	0.329 ***	0.204 ***	0.097 ***	0.084 ***	-0.195 ***	-0.397 ***	-0.006	-0.118 ***
RD_STAFF	0.482 ***	0.520 ***	1.000	0.181 ***	0.196 ***	0.118 ***	0.067 ***	0.057 ***	-0.035 ***	-0.192 ***	0.001	0.082 ***
LnPatent1	0.486 ***	0.465 ***	0.227 ***	1.000	0.905 ***	0.914 ***	0.123 ***	0.114 ***	0.108 ***	-0.137 ***	0.050 ***	-0.168 ***
LnPatent2	0.476 ***	0.458 ***	0.227 ***	0.906 ***	1.000	0.717 ***	0.104 ***	0.096 ***	0.142 ***	-0.108 ***	0.050 ***	-0.128 ***
LnPatent3	0.389 ***	0.372 ***	0.182 ***	0.895 ***	0.703 ***	1.000	0.111 ***	0.102 ***	0.127 ***	-0.080 ***	0.038 ***	-0.136 ***
Confu_200	0.139 ***	0.106 ***	0.063 ***	0.109 ***	0.090 ***	0.108 ***	1.000	0.978 ***	-0.047 ***	-0.079 ***	0.014 **	-0.015
Confu_300	0.120 ***	0.087 ***	0.052 ***	0.099 ***	0.082 ***	0.100 ***	0.945 ***	1.000	-0.044 ***	-0.072 ***	0.014 **	-0.010
Size	-0.132 ***	-0.163 ***	0.053 ***	0.034 ***	0.049 ***	0.050 ***	-0.060 ***	-0.051 ***	1.000	0.412 ***	0.026 ***	0.174 ***
Lev	-0.362 ***	-0.413 ***	-0.172 ***	-0.174 ***	-0.157 ***	-0.119 ***	-0.065 ***	-0.048 ***	0.437 ***	1.000	-0.135 ***	0.196 ***
CF	0.015 **	-0.023 ***	0.015 **	0.037 ***	0.038 ***	0.017 **	0.034 ***	0.036 ***	0.034 ***	-0.128 ***	1.000	-0.025 ***
Age	-0.101 ***	-0.109 ***	0.152 ***	-0.195 ***	-0.166 ***	-0.163 ***	-0.020 ***	-0.021 ***	0.197 ***	0.194 ***	-0.027 ***	1.000
Growth	0.066 ***	0.043 ***	-0.026 ***	0.080 ***	0.082 ***	0.059 ***	0.005	-0.001	0.026 ***	-0.016 **	0.042 ***	-0.155 ***
Roa	0.207 ***	0.182 ***	0.028 ***	0.155 ***	0.152 ***	0.106 ***	0.076 ***	0.058 ***	-0.091 ***	-0.430 ***	0.358 ***	-0.163 ***
Liquidity	0.379 ***	0.424 ***	0.167 ***	0.192 ***	0.175 ***	0.145 ***	0.065 ***	0.042 ***	-0.341 ***	-0.779 ***	-0.045 ***	-0.158 ***

注：下三角和上三角分别为 Pearson 和 Spearman 相关系数检验。***、**、*分别表示 1%、5%、10% 的显著性水平。

创新投入 RD_AT、RD_SALE、RD_STAFF 和创新产出 LnPatent1、LnPatent2、LnPatent3 的相关系数分别为 0.120、0.087、0.052 和 0.099、0.082、0.100，且也都在 1% 水平上显著。上三角区域 Pearson 检验结果与此保持一致。以上结果表明，在不考虑其他影响因素情况下，受儒家文化影响越强的企业，其研发投入和专利产出数量显著越多，进一步支持了假设 4.1a 的预期。但由于其他控制变量也与创新投入和创新产出存在高度相关性，因此需要在控制其他影响因素情况下进行多元回归分析，以得到更为可靠的结论。

进一步，从结果可以发现，Confu_200、Confu_300 与企业资产规模（Size）、财务杠杆（Lev）呈显著负相关关系，与经营性现金流（CF）、总资产收益率（Roa）、流动比率（Liquidity）呈显著正相关关系。这意味着，受儒家文化影响较大的企业，其往往资产规模、杠杆率更低，但现金流和盈利能力却更高，且资产流动性也更强。此外，本研究还计算了模型中所有变量的膨胀因子（VIF），发现各变量 VIF 值均小于 5，表明变量间并不存在严重多重共线性问题。

二、儒家文化与企业创新：总体效应检验

表 4.5 报告了儒家文化与企业研发投入的回归结果。结果显示，Confu_200 与 RD_AT、RD_SALE、RD_STAFF 的回归系数分别为 0.0017、0.0020、0.0059，且均在 1% 水平上显著。与此相似，Confu_300 与 RD_AT、RD_SALE、RD_STAFF 的回归系数分别为 0.0016、0.0019、0.0052，也都在 1% 水平上显著。以上结果表明，企业受到儒家文化的影响程度越强，其研发投入水平越高，且雇用研发人员数量也显著更多。这支持了假设 4.1，即儒家文化对企业创新具有明显的促进效应，能够显著增强当代企业的创新投入意愿。控制变量回归结果与现有研究基本一致。其中，企业经营现金流（CF）、成长性（Growth）、盈利能力（Roa）、资产流动性（Liquidity）、管理层持股比例（MH）等能够显著促进企业研发投入；相反，财务杠杆（Lev）、企业年龄（Age）、固定资产占比（Tangibility）及第一大股东持股

比例（Top1）与研发投入存在显著负相关关系。

表 4.5 儒家文化与研发投入

因变量	(1)	(2)	(3)	(4)	(5)	(6)
	RD_TA		RD_SALE		RD_STAFF	
Confu_200	0. 0017 ***		0. 0020 ***		0. 0059 ***	
	(16. 83)		(9. 58)		(5. 88)	
Confu_300		0. 0016 ***		0. 0019 ***		0. 0052 ***
		(15. 67)		(9. 03)		(5. 05)
Size	−0. 0002	−0. 0002	0. 0002	0. 0002	−0. 0009	−0. 0009
	(−1. 59)	(−1. 57)	(0. 61)	(0. 62)	(−0. 65)	(−0. 65)
Lev	−0. 0082 ***	−0. 0082 ***	−0. 0273 ***	−0. 0273 ***	−0. 0533 ***	−0. 0532 ***
	(−8. 15)	(−8. 15)	(−11. 80)	(−11. 80)	(−4. 96)	(−4. 94)
CF	0. 0112 ***	0. 0114 ***	0. 0070	0. 0073	−0. 0102	−0. 0094
	(4. 91)	(4. 99)	(1. 44)	(1. 50)	(−0. 42)	(−0. 39)
Age	−0. 0006 ***	−0. 0006 ***	−0. 0013 ***	−0. 0013 ***	−0. 0031 ***	−0. 0031 ***
	(−20. 35)	(−20. 40)	(−20. 66)	(−20. 69)	(−11. 07)	(−11. 10)
Growth	0. 0008 **	0. 0008 **	−0. 0002	−0. 0002	0. 0167 ***	0. 0167 ***
	(2. 01)	(2. 00)	(−0. 22)	(−0. 22)	(3. 85)	(3. 83)
Roa	0. 0412 ***	0. 0414 ***	0. 0206 ***	0. 0209 ***	0. 0702 **	0. 0722 **
	(12. 00)	(12. 06)	(2. 66)	(2. 70)	(1. 99)	(2. 05)
Liquidity	0. 0002 ***	0. 0002 ***	0. 0025 ***	0. 0025 ***	0. 0032 ***	0. 0032 ***
	(3. 08)	(3. 05)	(14. 28)	(14. 27)	(4. 43)	(4. 42)
Tangibility	−0. 0094 ***	−0. 0096 ***	−0. 0211 ***	−0. 0213 ***	−0. 1365 ***	−0. 1372 ***
	(−8. 93)	(−9. 07)	(−9. 26)	(−9. 34)	(−12. 30)	(−12. 36)
Soe	0. 0004	0. 0003	−0. 0010	−0. 0011	−0. 0027	−0. 0031
	(1. 11)	(0. 87)	(−1. 43)	(−1. 57)	(−0. 76)	(−0. 88)
Dual	−0. 0001	−0. 0001	0. 0008	0. 0008	−0. 0034	−0. 0035
	(−0. 26)	(−0. 32)	(1. 03)	(1. 00)	(−1. 03)	(−1. 05)
MH	0. 0102 ***	0. 0104 ***	0. 0238 ***	0. 0240 ***	0. 0603 ***	0. 0610 ***
	(8. 71)	(8. 83)	(8. 74)	(8. 81)	(5. 31)	(5. 37)
Top1	−0. 0021 **	−0. 0020 **	−0. 0147 ***	−0. 0146 ***	−0. 0256 ***	−0. 0253 ***
	(−2. 14)	(−2. 07)	(−7. 05)	(−7. 02)	(−2. 68)	(−2. 65)

续表

因变量	(1)	(2)	(3)	(4)	(5)	(6)
	RD_TA		RD_SALE		RD_STAFF	
Indep	-0.0030 (-1.19)	-0.0031 (-1.22)	0.0071 (1.31)	0.0070 (1.29)	0.0115 (0.46)	0.0111 (0.45)
Constant	-0.0212*** (-6.31)	-0.0222*** (-6.58)	-0.0470*** (-6.51)	-0.0482*** (-6.65)	-0.2414*** (-6.80)	-0.2422*** (-6.79)
Industry	控制	控制	控制	控制	控制	控制
Year	控制	控制	控制	控制	控制	控制
N	21053	21053	21053	21053	21053	21053
Pseudo R^2	0.3276	0.3272	0.6436	0.6434	0.4899	0.4894

注：***、**、* 分别表示 1%、5%、10% 的显著性水平，括号内为异方差调整后（Robust）的 t 值。

表 4.6 报告了儒家文化与企业专利产出的回归结果。可以发现，Confu_200 与 LnPatent1、LnPatent2、LnPatent3 的估计系数分别为 0.2282、0.1957、0.2252，且均在 1% 水平上显著。同样地，Confu_300 与 LnPatent1、LnPatent2、LnPatent3 的估计系数分别为 0.2271、0.1946、0.2274，且依然都在 1% 水平上显著。以上结果表明，企业受到儒家文化的影响程度越强，其专利产出水平越高。这些结果再次支持了假设 4.1，表明儒家文化确实具有促进效应，不仅可以增强企业的创新投入意愿，还能够显著提高企业的专利产出水平。同时，儒家文化不仅显著提高了企业专利的整体产出，也显著提高了"高质量"的发明专利产出。由此可见，儒家文化对企业创新的影响不仅停留在创新数量层面，对企业创新质量（发明专利）也具有显著提升作用，有助于实现技术创新质的飞跃[①]。

---

① 黎文靖和郑曼妮（2016）发现产业政策仅仅激励了企业非发明专利产出增加，但对"高质量"的发明专利却并没有产生积极影响。因此，他们认为产业政策没有提升企业真正的创新能力。类似地，孔东民等（2017）发现薪酬差距显著提高了企业整体专利产出，但对发明专利的促进作用却不显著。然而，本书发现儒家文化不仅显著提高了企业专利的整体产出水平，也显著提高了"高质量"的发明专利产出。

表 4. 6 儒家文化与专利产出

因变量	(1)	(2)	(3)	(4)	(5)	(6)
	LnPatent1		LnPatent2		LnPatent3	
Confu_200	0. 2282 *** (16. 38)		0. 1957 *** (15. 83)		0. 2252 *** (14. 52)	
Confu_300		0. 2271 *** (15. 92)		0. 1946 *** (15. 63)		0. 2274 *** (14. 20)
Size	0. 4899 *** (27. 21)	0. 4914 *** (27. 26)	0. 4822 *** (28. 91)	0. 4837 *** (28. 97)	0. 4739 *** (24. 58)	0. 4756 *** (24. 64)
Lev	− 1. 0600 *** (− 8. 69)	− 1. 0590 *** (− 8. 68)	− 0. 7051 *** (− 6. 29)	− 0. 7035 *** (− 6. 27)	− 1. 0122 *** (− 7. 60)	− 1. 0113 *** (− 7. 59)
CF	0. 6374 ** (2. 54)	0. 6582 *** (2. 62)	0. 4326 * (1. 86)	0. 4506 * (1. 94)	0. 7912 *** (2. 85)	0. 8111 *** (2. 92)
Age	− 0. 0725 *** (− 21. 04)	− 0. 0726 *** (− 21. 04)	− 0. 0578 *** (− 18. 17)	− 0. 0579 *** (− 18. 18)	− 0. 0614 *** (− 16. 10)	− 0. 0615 *** (− 16. 10)
Growth	− 0. 0977 * (− 1. 93)	− 0. 0980 * (− 1. 93)	− 0. 0223 (− 0. 48)	− 0. 0225 (− 0. 48)	− 0. 1204 ** (− 2. 23)	− 0. 1201 ** (− 2. 22)
Roa	3. 4468 *** (9. 00)	3. 4737 *** (9. 07)	3. 5465 *** (9. 96)	3. 5692 *** (10. 03)	2. 8035 *** (6. 69)	2. 8311 *** (6. 76)
Liquidity	− 0. 0275 *** (− 4. 43)	− 0. 0276 *** (− 4. 44)	− 0. 0077 (− 1. 34)	− 0. 0078 (− 1. 35)	− 0. 0447 *** (− 5. 94)	− 0. 0447 *** (− 5. 94)
Tangibility	− 0. 3601 *** (− 2. 82)	− 0. 3791 *** (− 2. 97)	− 0. 4938 *** (− 4. 17)	− 0. 5102 *** (− 4. 31)	− 0. 2194 (− 1. 59)	− 0. 2351 * (− 1. 70)
Soe	− 0. 0446 (− 1. 11)	− 0. 0563 (− 1. 40)	0. 1130 *** (3. 03)	0. 1025 *** (2. 75)	− 0. 1589 *** (− 3. 57)	− 0. 1703 *** (− 3. 84)
Dual	− 0. 0496 (− 1. 21)	− 0. 0523 (− 1. 28)	0. 0381 (0. 98)	0. 0356 (0. 92)	− 0. 1076 ** (− 2. 34)	− 0. 1103 ** (− 2. 40)
MH	1. 3611 *** (10. 77)	1. 3842 *** (10. 94)	0. 9782 *** (8. 13)	0. 9986 *** (8. 30)	1. 3306 *** (9. 32)	1. 3522 *** (9. 47)
Top1	− 0. 0545 (− 0. 48)	− 0. 0480 (− 0. 42)	− 0. 3914 *** (− 3. 66)	− 0. 3867 *** (− 3. 62)	0. 2729 ** (2. 21)	0. 2788 ** (2. 26)
Indep	− 1. 1406 *** (− 3. 61)	− 1. 1580 *** (− 3. 67)	− 1. 0162 *** (− 3. 41)	− 1. 0310 *** (− 3. 46)	− 0. 6266 * (− 1. 84)	− 0. 6429 * (− 1. 89)

续表

因变量	（1）	（2）	（3）	（4）	（5）	（6）
	LnPatent1		LnPatent2		LnPatent3	
Constant	−11.0068 *** （−26.19）	−11.2030 *** （−26.44）	−11.2232 *** （−28.78）	−11.3956 *** （−29.01）	−11.9363 *** （−25.98）	−12.1525 *** （−26.21）
Industry	控制	控制	控制	控制	控制	控制
Year	控制	控制	控制	控制	控制	控制
N	21053	21053	21053	21053	21053	21053
Pseudo R^2	0.1469	0.1467	0.1437	0.1435	0.1382	0.1381

注：***、**、* 分别表示 1%、5%、10% 的显著性水平，括号内为异方差调整后（Robust）的 t 值。

三、儒家文化与企业创新：渠道效应检验

上述实证结果表明，儒家文化能够显著提高企业的研发投入意愿和专利产出水平。那么儒家文化究竟通过何种机制影响企业创新行为，其内在机理或背后的作用渠道是什么？根据前文假设 4.1 的理论推导，此处推测儒家文化可能通过以下三个潜在渠道影响企业创新行为：（1）儒家倡导的"忠信"伦理思想有助于缓解企业代理冲突，激励经理人开展更多创新研发活动；（2）儒家文化重视教育、尊重知识和人才的优良传统，有助于提升企业人力资本水平，为创新活动提供更多人才和智力支持；（3）儒家义利观和"诚信"思想有助于规范竞争者行为，降低技术创新成果被模仿或剽窃的风险，从而为创新活动营造良好的知识产权保护环境。因此，本部分将进一步对上述三条潜在影响渠道分别进行检验，以揭示儒家文化影响企业创新背后的作用机理。

（一）儒家文化与企业代理冲突

考察儒家文化对企业代理冲突的影响。借鉴昂等（Ang et al.，2000）研究，本书使用管理费用率（Agc1）和总资产周转率（Agc2）两个指标度量经理人代理成本。其中，管理费用率等于管理费用加销售费用除以营业

收入，其值越大，表示代理成本越高；总资产周转率等于营业收入除以期初和期末总资产的平均值，其值越小，说明代理成本越高。此外，中国企业还存在严重的第二类代理问题（Jiang et al.，2010），因而儒家伦理也可能会通过降低控股股东对中小股东的利益侵占（Du，2015），进而促进企业创新（李姝等，2018）①。因此，将进一步使用其他应收款与总资产的比值（Tunnel）作为第二类代理成本度量指标。

表4.7回归结果显示，在第（1）~（2）列中，Confu_200、Confu_300与Agc1的回归系数均在1%水平上显著为负；第（3）~（4）列中，Confu_200、Confu_300与Agc2的回归系数均在1%水平上显著为正；第（5）~（6）列中，Confu_200、Confu_300与Tunnel的回归系数也都在1%水平上显著为负。这表明，儒家传统的"忠信"伦理思想能够显著降低企业代理冲突，提高代理效率。由此可见，缓解代理冲突确实可能是儒家文化促进企业创新的一个重要潜在渠道。

表4.7   **儒家文化与企业代理冲突**

因变量	(1)	(2)	(3)	(4)	(5)	(6)
	管理费用率（Agc1）		资产周转率（Agc2）		大股东掏空（Tunnel）	
Confu_200	− 0.0066 *** （− 9.72）		0.0416 *** （18.69）		− 0.0003 ** （− 2.21）	
Confu_300		− 0.0064 *** （− 9.44）		0.0423 *** （18.82）		− 0.0004 *** （− 2.78）
Size	− 0.0228 *** （− 22.57）	− 0.0228 *** （− 22.57）	− 0.0006 （− 0.17）	− 0.0004 （− 0.14）	− 0.0020 *** （− 9.28）	− 0.0020 *** （− 9.28）
Lev	− 0.0986 *** （− 13.95）	− 0.0986 *** （− 13.94）	0.5107 *** （24.62）	0.5107 *** （24.60）	0.0275 *** （18.64）	0.0275 *** （18.64）
CF	0.0095 （0.65）	0.0092 （0.63）	0.4776 *** （9.57）	0.4788 *** （9.61）	− 0.0172 *** （− 5.46）	− 0.0172 *** （− 5.46）

---

① 已有研究表明，控股股东掏空行为将挤占企业创新所需资源，从而对企业技术创新产生负面影响（李姝等，2018）。因此，儒家伦理也可能会通过降低大股东对中小股东的利益侵占，即通过减少第二类代理成本来促进企业创新。

续表

因变量	(1)	(2)	(3)	(4)	(5)	(6)
	管理费用率（Agc1）		资产周转率（Agc2）		大股东掏空（Tunnel）	
Age	0.0007 ***	0.0007 ***	− 0.0005	− 0.0005	0.0002 ***	0.0002 ***
	(3.66)	(3.66)	(− 0.73)	(− 0.73)	(4.52)	(4.53)
Growth	− 0.0264 ***	− 0.0264 ***	0.0923 ***	0.0923 ***	− 0.0017 **	− 0.0017 **
	(− 7.47)	(− 7.46)	(9.19)	(9.19)	(− 2.39)	(− 2.39)
Roa	− 0.1316 ***	− 0.1328 ***	1.1439 ***	1.1506 ***	− 0.0279 ***	− 0.0279 ***
	(− 4.61)	(− 4.65)	(15.56)	(15.65)	(− 4.85)	(− 4.85)
Soe	− 0.0145 ***	− 0.0142 ***	0.0503 ***	0.0487 ***	− 0.0042 ***	− 0.0042 ***
	(− 7.03)	(− 6.89)	(6.91)	(6.71)	(− 8.90)	(− 8.92)
Dual	0.0067 ***	0.0068 ***	− 0.0181 **	− 0.0186 **	− 0.0006	− 0.0006
	(2.89)	(2.92)	(− 2.41)	(− 2.48)	(− 1.36)	(− 1.35)
MH	− 0.0065	− 0.0073	− 0.0499 **	− 0.0461 **	− 0.0041 ***	− 0.0041 ***
	(− 0.77)	(− 0.86)	(− 2.16)	(− 1.99)	(− 3.14)	(− 3.13)
Top1	− 0.0653 ***	− 0.0656 ***	0.2219 ***	0.2236 ***	− 0.0117 ***	− 0.0117 ***
	(− 11.17)	(− 11.22)	(11.08)	(11.17)	(− 10.09)	(− 10.08)
Indep	0.0841 ***	0.0845 ***	− 0.1542 ***	− 0.1557 ***	0.0112 ***	0.0112 ***
	(5.12)	(5.14)	(− 2.91)	(− 2.93)	(3.39)	(3.39)
Constant	0.6855 ***	0.6898 ***	0.1516 **	0.1152 *	0.0665 ***	0.0672 ***
	(32.33)	(32.38)	(2.21)	(1.67)	(13.85)	(13.92)
Industry	控制	控制	控制	控制	控制	控制
Year	控制	控制	控制	控制	控制	控制
N	20930	20930	21053	21053	21050	21050
Adj. R^2	0.244	0.244	0.275	0.275	0.140	0.140
F	158.70	158.76	160.81	160.97	46.00	46.02

注：***、**、* 分别表示 1%、5%、10% 的显著性水平，括号内为异方差调整后（Robust）的 t 值。

（二）儒家文化与企业人力资本投资

进一步考察儒家文化对企业人力资本投资的影响。教育和知识是人力资本投资的主要表现形式，对技术创新具有重要推动作用。温内和塞尔斯（Winne and Sels，2010）考察了企业人力资本对创新行为的影响，发现所有者和经理人受教育水平越高，企业创新产出水平也越高。吴延兵和刘霞辉（2009）使用企业法人代表、总经理及员工受教育程度度量企业人力资本水平，发现受教育程度对企业创新具有显著促进作用。杨薇和孔东民（2019）也研究表明，薪酬差距显著提高了研究生和本科学历员工比例，且人力资本投资在薪酬差距对企业创新的促进作用中发挥了中介作用。参考他们的研究，本书使用高管平均受教育程度（Ave_education）、高管平均薪酬（Ave_salary）及高管平均薪酬除以平均受教育程度的相对值（Ave_salary/Ave_education）来度量企业人力资本投资水平，以此反映儒家文化重视教育、尊重知识和人才的理念①。

选择上述指标的原因在于，儒家重视教育、尊重知识和人才的优良传统，一定程度上会引导企业聘用受教育程度更高的高管或员工；且出于对知识和人才的尊重，也会给予其更高的薪资待遇。表4.8的回归结果显示，Confu_200、Confu_300 与 Ave_education、Ave_salary、Ave_education/Ave_salary 均至少在10%以上水平显著正相关。上述结果表明，儒家文化重视教育、尊重知识和人才的优良传统确实能够通过提升企业人力资本投资水平，从而为技术创新提供坚实的知识和人才支持，提高企业的创新水平。

表4.8　　　　　　　　　　儒家文化与企业人力资本投资

因变量	(1)	(2)	(3)	(4)	(5)	(6)
	高管平均教育程度		高管平均薪酬		高管平均薪酬/平均教育	
	Ave_education		Ave_salary		Ave_salary/Ave_education	
Confu_200	0.0144 ***		0.0326 ***		0.6905 ***	
	(2.59)		(9.75)		(2.67)	
Confu_300		0.0097 *		0.0246 ***		0.4838 *
		(1.68)		(7.22)		(1.82)
Size	0.0824 ***	0.0824 ***	0.1965 ***	0.1966 ***	4.7054 ***	4.7073 ***
	(13.20)	(13.19)	(35.84)	(35.81)	(15.13)	(15.13)

---

① 具体来讲，采用赋值方式来度量企业高管的平均受教育程度：中专及中专以下学历赋值为1，大专学历赋值为2，本科学历赋值为3，硕士研究生学历赋值为4，博士研究生及以上学历赋值为5。

续表

因变量	（1）	（2）	（3）	（4）	（5）	（6）
	高管平均教育程度		高管平均薪酬		高管平均薪酬/平均教育	
	Ave_education		Ave_salary		Ave_salary/Ave_education	
Lev	−0.0291	−0.0280	−0.1110 ***	−0.1125 ***	−0.3325	−0.2869
	（−0.75）	（−0.72）	（−4.30）	（−4.36）	（−0.20）	（−0.17）
CF	−0.1544	−0.1531	0.3446 ***	0.3486 ***	14.5368 ***	14.5913 ***
	（−1.62）	（−1.60）	（5.14）	（5.20）	（3.88）	（3.89）
Age	−0.0003	−0.0004	0.0078 ***	0.0078 ***	0.1015 **	0.0983 *
	（−0.24）	（−0.28）	（8.13）	（8.14）	（2.00）	（1.93）
Growth	0.0155	0.0152	−0.0007	−0.0012	0.1569	0.1429
	（0.79）	（0.77）	（−0.05）	（−0.08）	（0.19）	（0.17）
Roa	0.4700 ***	0.4750 ***	1.5181 ***	1.5283 ***	43.0604 ***	43.2936 ***
	（3.23）	（3.27）	（14.55）	（14.63）	（6.52）	（6.56）
Separation	0.0177	0.0174	0.3193 ***	0.3130 ***	9.9641 **	9.9511 **
	（0.20）	（0.20）	（4.61）	（4.52）	（2.51）	（2.50）
Soe	0.2310 ***	0.2287 ***	0.1300 ***	0.1269 ***	1.5683 *	1.4625 *
	（12.93）	（12.80）	（10.26）	（10.02）	（1.94）	（1.81）
Dual	0.0042	0.0040	−0.0158	−0.0162	−1.6313 ***	−1.6408 ***
	（0.24）	（0.23）	（−1.47）	（−1.50）	（−2.74）	（−2.75）
MH	0.0361	0.0376	−0.2629 ***	−0.2567 ***	−4.7308 ***	−4.6628 **
	（0.62）	（0.64）	（−8.50）	（−8.29）	（−2.59）	（−2.55）
Top1	−0.1838 ***	−0.1823 ***	−0.2384 ***	−0.2341 ***	−7.2647 ***	−7.1951 ***
	（−3.88）	（−3.85）	（−7.13）	（−6.99）	（−3.55）	（−3.51）
Indep	0.5261 ***	0.5266 ***	−1.0902 ***	−1.0946 ***	−20.0940 ***	−20.0764 ***
	（4.47）	（4.47）	（−14.72）	（−14.78）	（−4.75）	（−4.74）
Constant	0.9622 ***	0.9746 ***	−3.7664 ***	−3.7524 ***	−91.1534 ***	−90.6535 ***
	（6.94）	（6.99）	（−32.38）	（−32.18）	（−13.54）	（−13.42）
Industry	控制	控制	控制	控制	控制	控制
Year	控制	控制	控制	控制	控制	控制
N	3960	3960	20570	20570	3960	3960
Adj. R²	0.193	0.193	0.242	0.241	0.255	0.254
F	28.03	27.80	106.44	105.88	22.95	22.43

注：***、**、*分别表示1%、5%、10%的显著性水平，括号内为异方差调整后（Robust）的t值。

（三）儒家文化与企业专利侵权风险

通过进一步考察儒家文化对企业专利侵权风险的影响。参考蔡志岳和吴世农（2007）度量公司违规的处理方式，以样本区间内企业是否发生专利侵权诉讼度量企业所面临的专利侵权风险（PatInf_dum），并使用研究区间内发生专利侵权诉讼的累计次数（PatInf_count）和涉及总金额（加1的自然对数，PatInf_amount）作为另外两种替代性度量指标[①]。由于 PatInf_dum 是取值为0或1的离散型变量，因而其为因变量时选用 Logit 模型进行回归分析；且 PatInf_count 是多分类变量，故当其作因变量时，运用 Ordered Logit 模型进行估计。

通过表4.9可以发现，Confu_200、Confu_300 与 PatInf_dum、PatInf_count、PatInf_amount 的回归系数基本均在5%以上水平，显著为负。上述结果表明，儒家文化能够显著降低专利侵权事件发生的可能性，并有效降低所涉及的诉讼成本。这支持了本书的理论预期，表明儒家文化倡导的"见利思义"和诚信经营伦理思想确实有助于营造良好的知识产权保护环境，有效降低企业专利技术被对手模仿或剽窃的风险。由此可见，作为一种非正式制度约束，加强创新成果的知识产权保护可能是儒家文化促进企业创新的另一个重要潜在渠道。

表4.9　　　　　　　　　　儒家文化与企业专利侵权风险

因变量	(1)	(2)	(3)	(4)	(5)	(6)
	是否发生专利侵权诉讼		发生专利侵权诉讼次数		专利侵权诉讼金额	
	PatInf_dum		PatInf_count		PatInf_amount	
Confu_200	− 0. 0274 ** (− 2. 37)		− 0. 0384 *** (− 3. 92)		− 0. 0976 *** (− 4. 19)	
Confu_300		− 0. 0369 *** (− 3. 14)		− 0. 0455 *** (− 4. 69)		− 0. 1050 *** (− 4. 50)

---

① 需要说明的是，这里的专利侵权诉讼既包括原告方也包括被告方。这是因为，受儒家文化影响较强的企业，不仅受到其他企业专利侵权的概率更低，其侵害其他企业而涉及专利诉讼的可能性也更低。

续表

因变量	(1)	(2)	(3)	(4)	(5)	(6)
	是否发生专利侵权诉讼		发生专利侵权诉讼次数		专利侵权诉讼金额	
	PatInf_dum		PatInf_count		PatInf_amount	
Size	-0.1891***	-0.1892***	-0.2436***	-0.2437***	-0.3574***	-0.3577***
	(-12.77)	(-12.78)	(-18.54)	(-18.56)	(-12.05)	(-12.06)
Lev	1.8137***	1.8123***	2.3038***	2.3032***	4.8936***	4.8924***
	(20.04)	(20.02)	(27.99)	(27.99)	(28.17)	(28.17)
CF	-0.5429**	-0.5400**	-0.8371***	-0.8360***	-1.6389***	-1.6396***
	(-2.53)	(-2.52)	(-4.40)	(-4.39)	(-3.85)	(-3.85)
Age	0.0342***	0.0342***	0.0358***	0.0358***	0.0686***	0.0686***
	(10.58)	(10.59)	(12.70)	(12.71)	(11.00)	(11.01)
Growth	0.1091**	0.1088**	0.1180***	0.1176***	0.1668*	0.1664*
	(2.55)	(2.54)	(3.08)	(3.07)	(1.94)	(1.94)
Roa	-2.8545***	-2.8556***	-2.2544***	-2.2583***	-5.2592***	-5.2718***
	(-8.52)	(-8.53)	(-7.43)	(-7.44)	(-8.22)	(-8.24)
Soe	0.0502	0.0497	-0.0025	-0.0026	0.2199***	0.2227***
	(1.39)	(1.38)	(-0.08)	(-0.08)	(3.04)	(3.08)
Dual	-0.0006	-0.0001	0.0219	0.0223	0.1808**	0.1821**
	(-0.02)	(-0)	(0.64)	(0.65)	(2.41)	(2.42)
MH	-0.2791**	-0.2773**	-0.3131**	-0.3121**	-1.2739***	-1.2799***
	(-2.04)	(-2.03)	(-2.44)	(-2.44)	(-5.10)	(-5.13)
Top1	-0.6796***	-0.6786***	-0.4488***	-0.4482***	-1.5195***	-1.5223***
	(-6.59)	(-6.58)	(-4.82)	(-4.81)	(-7.32)	(-7.34)
Indep	0.8185***	0.8178***	0.4183*	0.4185*	1.4255**	1.4277**
	(2.84)	(2.84)	(1.65)	(1.65)	(2.47)	(2.48)
Constant	3.3131***	3.3839***	-4.5511***	-4.6154***	10.1007***	10.2149***
	(9.90)	(10.05)	(-14.90)	(-15.08)	(14.75)	(14.85)
Industry	控制	控制	控制	控制	控制	控制
Year	控制	控制	控制	控制	控制	控制
N	21051	21051	21053	21053	21053	21053
Pseudo/Adj. R^2	0.0697	0.0698	0.0340	0.0341	0.1490	0.1491

注：***、**、* 分别表示 1%、5%、10% 的显著性水平，括号内为异方差调整后（Robust）的 t 值。

四、内生性问题的处理

虽然本书运用历史信息数据度量儒家文化的影响力，可以在一定程度上排除反向因果关系导致的内生性问题，但是，本书仍然可能存在遗漏变量或样本自选择等引发的潜在内生性问题。例如，其他传统文化也可能会对创新产生影响，且儒家文化影响程度可能与地区经济发展水平、教育水平及法律制度环境等存在较强的相关性，因而可能是上述因素而非儒家文化在促进企业创新方面发挥了真正作用。为此，本书进一步通过利用工具变量、控制相关遗漏变量等方法来克服潜在的内生性问题。为节省篇幅，本部分检验仅使用专利产出作为企业创新水平的代理变量。

（一）工具变量回归

首先，本书采用历代儒家学者作为工具变量。选择该工具变量的原因在于，儒家学者对于儒家思想的传播辐射具有深远影响，但与当代企业的创新决策并不存在直接关系。具体而言，从舒大刚（1997）编著的《中国历代大儒》中获取历代儒家先贤名单，并手工收集整理出他们的出生地址，使用企业注册地 200（Sage_200）公里和 300（Sage _300）公里半径范围内儒家圣贤的分布数量分别作为儒家文化强度 Confu_200 和 Confu_300 的工具变量。

其次，科举制度是维系儒家思想在封建社会主导地位的基石。中国古代科举制度主要以儒家经典作为考试基础，尤其明清八股取士的实行，规定考试内容必须以"四书五经"为准，以"四书"文句为题，且参照《四书集注》进行解释。可以说，儒学这一统治阶级意识形态通过科举制度的推行得以制度化和常规化，使得儒家思想得以不断传承与发展。基于此，本书进一步利用明清时期各地区进士数量（Jinshi）作为工具变量，并使用朱宝炯和谢沛霖（1980）编著的史料工具书《明清进士题名碑录索引（上中下）》作为明清进士信息的数据来源①。

表4.10中Panel A报告了以儒家圣贤为工具变量的回归结果。第一阶段回归结果显示，Sage_200和Sage_300的估计系数均在1%水平上显著为正，说明儒家圣贤确实与区域儒家文化强度显著正相关。同时，弱工具变量检验的F统计值远大于10，表明二者具有强相关性。从第二阶段回归结果可以发现，自变量Confu_200、Confu_300与LnPatent1、LnPatent2、LnPatent3的回归系数依然都在1%水平上显著为正。Panel B是以明清时期各地区进士数量作为工具变量的回归结果，与Panel A的发现完全一致。这些结果表明，使用工具变量法控制了潜在的内生性问题后，前文的研究结论依然成立。

表4.10 工具变量回归结果

Panel A：采用历代儒家圣贤作为工具变量

因变量	(1)	(2)	(3)	(4)	(5)	(6)	(7)	(8)
	第一阶段回归		第二阶段回归					
	Confu_200	Confu_300	LnPatent1		LnPatent2		LnPatent3	
Sage_200	0.867 *** (85.37)							
Sage_300		0.837 *** (92.01)						
Confu_200			0.098 *** (4.07)		0.093 *** (4.11)		0.079 *** (2.94)	
Confu_300				0.126 *** (5.46)		0.133 *** (6.12)		0.104 *** (4.03)
控制变量	控制	控制	控制	控制	控制	控制	控制	控制
N	21053	21053	21053	21053	21053	21053	21053	21053
Adj. R^2	0.302	0.322						
F统计值	16.41	29.47						

① 需要说明的是，这里并未使用企业注册地一定半径范围内进士数量作为工具变量。原因是明清时期共举办201场科举考试，产生51000多名进士，其不仅数据量庞大，而且具体地址信息缺失极多。同时，从表4.10中Panel B的第一阶段回归结果可以发现，Jinshi与Confu_200、Confu_300显著正相关（T值分别为190.98、184.45），且弱工具变量检验F统计值也远大于10，表明该工具变量满足相关性前提条件。

续表

Panel B：使用明清各地区进士数量作为工具变量

因变量	(1)	(2)	(3)	(4)	(5)	(6)	(7)	(8)
	第一阶段回归		第二阶段回归					
	Confu_200	Confu_300	LnPatent1		LnPatent2		LnPatent3	
Jinshi	0.459*** (190.98)	0.448*** (184.45)						
Confu_200			0.337*** (19.76)		0.298*** (18.30)		0.311*** (16.10)	
Confu_300				0.345*** (19.77)		0.305*** (18.31)		0.318*** (16.10)
控制变量	控制	控制	控制	控制	控制	控制	控制	控制
N	21053	21053	21053	21053	21053	21053	21053	21053
Adj. R^2	0.656	0.637						
F 统计值	393.42	394.21						

注：***、**、*分别表示1%、5%、10%的显著性水平，括号内为异方差调整后（Robust）的 t 值。

（二）排除地区层面相关因素的影响

本书有关儒家文化的度量方法，一定程度上依赖于公司注册地址。然而，儒家文化影响程度可能与地区经济发展水平、教育水平及法律制度环境等存在较强的相关性，而这些因素同时也会对企业创新产生重要影响。因此，有可能是上述因素而非儒家文化在促进企业创新方面发挥了真正作用。为排除地区因素潜在影响，本书在模型中进一步控制了地区人均国内生产总值（Ave_gdp）、法律环境（Law）、金融发展水平（FD）、教育水平（Education，每十万人中在校大学生人数）及税负（Tax）等地区经济和制度环境变量。

表4.11报告了控制地区层面相关因素后的回归结果。与已有文献相一致，结果显示，地区人均国内生产总值（Ave_gdp）、法律环境（Law）、金融发展水平（FD）、教育水平（Education）对企业创新具有积极的促进作用，然而地方税负（Tax）却对企业创新具有显著抑制作用。与此同时，

在控制了地区层面相关因素的潜在影响后，儒家文化对企业创新的促进作用依然在 1% 水平上显著存在。这进一步支持了本书的研究结论。

表 4.11　　　　　　　　　　排除地区层面相关因素的影响

因变量	(1)	(2)	(3)	(4)	(5)	(6)
	LnPatent1		LnPatent2		LnPatent3	
Confu_200	0.166 ***		0.143 ***		0.174 ***	
	(9.84)		(9.22)		(9.39)	
Confu_300		0.160 ***		0.136 ***		0.172 ***
		(9.66)		(9.10)		(9.42)
Ave_gdp	0.228 **	0.194 *	0.273 ***	0.241 **	0.237 **	0.209 *
	(2.21)	(1.89)	(2.83)	(2.52)	(2.08)	(1.85)
Law	0.012 *	0.016 **	0.014 **	0.017 ***	0.007	0.010
	(1.80)	(2.32)	(2.11)	(2.62)	(0.92)	(1.31)
FD	0.070 ***	0.076 ***	0.044 ***	0.050 ***	0.065 ***	0.070 ***
	(4.21)	(4.62)	(2.86)	(3.27)	(3.57)	(3.88)
Education	0.029	0.025	0.067 **	0.064 *	− 0.068 *	− 0.075 *
	(0.80)	(0.67)	(1.97)	(1.87)	(− 1.67)	(− 1.83)
Tax	− 3.950 ***	− 3.577 ***	− 3.870 ***	− 3.549 ***	− 4.297 ***	− 3.897 ***
	(− 5.81)	(− 5.28)	(− 6.01)	(− 5.53)	(− 5.66)	(− 5.16)
Size	0.494 ***	0.494 ***	0.480 ***	0.481 ***	0.490 ***	0.491 ***
	(27.36)	(27.39)	(28.74)	(28.77)	(25.24)	(25.28)
Lev	− 1.050 ***	− 1.045 ***	− 0.666 ***	− 0.662 ***	− 1.060 ***	− 1.056 ***
	(− 8.61)	(− 8.57)	(− 5.94)	(− 5.90)	(− 7.97)	(− 7.94)
CF	0.616 **	0.620 **	0.416 *	0.420 *	0.744 ***	0.747 ***
	(2.46)	(2.47)	(1.80)	(1.81)	(2.69)	(2.70)
Age	− 0.073 ***	− 0.073 ***	− 0.058 ***	− 0.058 ***	− 0.063 ***	− 0.063 ***
	(− 21.29)	(− 21.30)	(− 18.16)	(− 18.16)	(− 16.58)	(− 16.59)
Growth	− 0.082	− 0.082	− 0.010	− 0.009	− 0.103 *	− 0.103 *
	(− 1.61)	(− 1.61)	(− 0.21)	(− 0.20)	(− 1.91)	(− 1.90)
Roa	3.358 ***	0	3.474 ***	3.489 ***	2.702 ***	2.720 ***
	(8.79)	(0)	(9.79)	(9.83)	(6.45)	(6.50)
Liquidity	− 0.025 ***	0	− 0.006	− 0.005	− 0.042 ***	− 0.042 ***
	(− 4.01)	(0)	(− 0.97)	(− 0.93)	(− 5.73)	(− 5.69)

续表

因变量	(1)	(2)	(3)	(4)	(5)	(6)
	LnPatent1		LnPatent2		LnPatent3	
Tangibility	-0.448 *** (-3.49)	-0.456 *** (-3.55)	-0.532 *** (-4.48)	-0.540 *** (-4.54)	-0.370 *** (-2.67)	-0.376 *** (-2.71)
Soe	0.052 (1.25)	0.048 (1.17)	0.186 *** (4.87)	0.184 *** (4.79)	-0.046 (-1.03)	-0.051 (-1.12)
Dual	-0.064 (-1.57)	-0.067 (-1.64)	0.024 (0.63)	0.022 (0.56)	-0.121 *** (-2.65)	-0.124 *** (-2.71)
MH	1.374 *** (10.85)	1.386 *** (10.95)	0.968 *** (8.05)	0.980 *** (8.14)	1.386 *** (9.73)	1.399 *** (9.82)
Top1	-0.065 (-0.58)	-0.064 (-0.57)	-0.420 *** (-3.94)	-0.420 *** (-3.94)	0.304 ** (2.48)	0.305 ** (2.48)
Indep	-1.001 *** (-3.17)	-1.008 *** (-3.20)	-0.903 *** (-3.03)	-0.908 *** (-3.05)	-0.476 (-1.41)	-0.484 (-1.43)
Constant	-13.418 *** (-13.38)	-13.253 *** (-13.30)	-13.929 *** (-14.83)	-13.764 *** (-14.75)	-14.437 *** (-13.08)	-14.357 *** (-13.11)
Industry	控制	控制	控制	控制	控制	控制
Year	控制	控制	控制	控制	控制	控制
N	21053	21053	21053	21053	21053	21053
Pseudo R^2	0.149	0.149	0.146	0.146	0.141	0.141

（三）控制宗教传统的潜在影响

已有研究表明，宗教传统作为一种非正式制度因素，也会对公司决策和治理行为产生重要影响（Hilary and Hui，2009；Mcguire et al.，2012；陈冬华等，2013；Jiang et al.，2015）。贝纳布等（Bénabou et al.，2015）利用第五次世界价值观调查数据考察了宗教文化对创新的影响，发现宗教信仰与对待科技的态度、新旧观念、个人风险承担、想象力和独立性等 11个开放性创新指标均呈现显著负相关关系。与之类似，黄等（Huang et al.，2016）使用中国数据实证研究表明，宗教（佛教）文化越发达的地区，企业创新活动越少。因此，为排除宗教这一特定文化符号对研究结论可能产生的干扰，参考陈冬华等（2013）研究，本书使用公司注册地

200 公里（Relig_200）、300 公里（Relig_300）范围内宗教活动场所数量作为宗教文化强度的度量指标①，并在回归分析中对其进行控制。

表 4.12 的回归结果显示，Relig _ 200 与 LnPatent1、LnPatent2、LnPatent3 的回归系数分别为 − 0.0701、− 0.0780、− 0.0559，且均在 1% 水平上显著；并且，Relig_300 同 LnPatent1、LnPatent2、LnPatent3 回归的估计系数分别为 − 0.0773、− 0.0828、− 0.0569，且依然都是在 1% 水平上显著。这与贝纳布等（Bénabou et al.，2015）及黄等（Huang et al.，2016）的研究发现基本一致，表明宗教文化对企业创新具有显著的抑制作用。与此同时，在控制了宗教文化后，儒家文化对企业创新的影响效应仍在 1% 水平以上显著。以上结果表明，控制了宗教传统的潜在影响后，原有结论依然是成立的。

表 4.12　　　　　　　　控制宗教传统的潜在影响

因变量	(1)	(2)	(3)	(4)	(5)	(6)
	LnPatent1		LnPatent2		LnPatent3	
Confu_200	0.2904 *** (17.15)		0.2654 *** (17.28)		0.2750 *** (14.70)	
Relig_200	− 0.0701 *** (− 7.20)		− 0.0780 *** (− 8.51)		− 0.0559 *** (− 5.20)	
Confu_300		0.2996 *** (16.41)		0.2728 *** (16.58)		0.2810 *** (13.86)
Relig_300		− 0.0773 *** (− 6.78)		− 0.0828 *** (− 7.78)		− 0.0569 *** (− 4.52)
Size	0.4821 *** (26.84)	0.4840 *** (26.90)	0.4732 *** (28.48)	0.4756 *** (28.55)	0.4674 *** (24.28)	0.4699 *** (24.37)
Lev	− 1.0573 *** (− 8.69)	− 1.0522 *** (− 8.64)	− 0.7021 *** (− 6.28)	− 0.6965 *** (− 6.22)	− 1.0069 *** (− 7.57)	− 1.0034 *** (− 7.54)

① 该数据源自密歇根州立大学、普渡大学和武汉大学共同开发的《空间宗教分析系统》，这一系统详细记载了 2004 年及以前我国 31 个省份，2873 个县和 50000 多个乡镇包含的宗教活动场所（佛教、道教、伊斯兰教、基督教及其他宗教管理机构）的名称、具体位置、建造年份等信息。

续表

因变量	(1)	(2)	(3)	(4)	(5)	(6)
	LnPatent1		LnPatent2		LnPatent3	
CF	0.6803 ***	0.7009 ***	0.4812 **	0.4979 **	0.8262 ***	0.8438 ***
	(2.72)	(2.79)	(2.08)	(2.15)	(2.99)	(3.05)
Age	−0.0718 ***	−0.0719 ***	−0.0569 ***	−0.0572 ***	−0.0609 ***	−0.0610 ***
	(−20.87)	(−20.87)	(−17.97)	(−17.99)	(−15.97)	(−15.98)
Growth	−0.1075 **	−0.1072 **	−0.0334	−0.0327	−0.1283 **	−0.1267 **
	(−2.13)	(−2.12)	(−0.72)	(−0.71)	(−2.38)	(−2.35)
Roa	3.4258 ***	3.4708 ***	3.5184 ***	3.5604 ***	2.7890 ***	2.8309 ***
	(8.98)	(9.09)	(9.92)	(10.04)	(6.67)	(6.77)
Liquidity	−0.0290 ***	−0.0293 ***	−0.0096 *	−0.0098 *	−0.0457 ***	−0.0458 ***
	(−4.67)	(−4.70)	(−1.66)	(−1.70)	(−6.06)	(−6.06)
Tangibility	−0.3535 ***	−0.3708 ***	−0.4872 ***	−0.5026 ***	−0.2154	−0.2295 *
	(−2.78)	(−2.91)	(−4.14)	(−4.26)	(−1.56)	(−1.66)
Soe	−0.0650	−0.0812 **	0.0903 **	0.0758 **	−0.1759 ***	−0.1894 ***
	(−1.62)	(−2.02)	(2.42)	(2.03)	(−3.96)	(−4.26)
Dual	−0.0455	−0.0495	0.0430	0.0389	−0.1049 **	−0.1086 **
	(−1.11)	(−1.21)	(1.11)	(1.00)	(−2.28)	(−2.36)
MH	1.3290 ***	1.3629 ***	0.9406 ***	0.9747 ***	1.3038 ***	1.3352 ***
	(10.51)	(10.78)	(7.84)	(8.12)	(9.12)	(9.34)
Top1	−0.0486	−0.0333	−0.3821 ***	−0.3685 ***	0.2779 **	0.2898 **
	(−0.43)	(−0.29)	(−3.59)	(−3.46)	(2.26)	(2.35)
Indep	−1.1921 ***	−1.2060 ***	−1.0774 ***	−1.0846 ***	−0.6673 *	−0.6772 **
	(−3.76)	(−3.81)	(−3.61)	(−3.64)	(−1.96)	(−1.99)
Constant	−10.8057 ***	−11.0158 ***	−10.9943 ***	−11.1925 ***	−11.7772 ***	−12.0170 ***
	(−25.74)	(−26.01)	(−28.25)	(−28.52)	(−25.63)	(−25.91)
Industry	控制	控制	控制	控制	控制	控制
Year	控制	控制	控制	控制	控制	控制
N	21053	21053	21053	21053	21053	21053
Pseudo R^2	0.148	0.147	0.145	0.145	0.139	0.139

注：***、**、* 分别表示 1%、5%、10% 的显著性水平，括号内为异方差调整后 (Robust) 的 t 值。

五、稳健性检验

此外，为确保研究结论的可靠性，本书还做了如下稳健性检验。同样地，为节省篇幅，本部分检验仅使用专利产出作为企业创新水平的代理变量。

（一）基于 CEO 和董事长出生地的进一步检验

社会学、心理学及行为学研究认为，童年和青少年时期是保存永久性记忆及个体认知与价值观形成的关键时期，也是个体烙印形成的特别敏感阶段；个体在这一阶段的经历，将对其成年后的行为模式和决策偏好产生持续性影响（Marquis and Tilcsik，2013；Bernile et al. ，2017）。作为企业的核心领导者，CEO 和董事长在企业决策制定过程中具有更大话语权，故而其个人意愿和价值取向会更有可能在企业决策中得以体现。鉴于此，本书进一步使用 CEO 和董事长出生地的儒家文化氛围作为替代变量[①]。具体来讲，本书利用 CEO 和董事长出生地的儒家书院分布数量度量 CEO 和董事长的儒家文化认同度，并分别使用 Confu_CEO 和 Confu_Chairman 来表示。通过表 4.13 可以发现，Confu_CEO、Confu_Chairman 与 LnPatent1、LnPatent2、LnPatent3 的回归系数均在 1% 水平上显著为正。上述结果表明，当 CEO 或董事长出生于文化氛围较浓厚的地区时，其所领导的企业创新水平显著更高，这再次支持了前面的研究结论。

表 4.13　　基于 CEO 和董事长出生地儒家文化氛围的回归结果

因变量	(1)	(2)	(3)	(4)	(5)	(6)
	LnPatent1	LnPatent2	LnPatent3	LnPatent1	LnPatent2	LnPatent3
Confu_CEO	0.1877 *** (6.43)	0.1506 *** (5.49)	0.1597 *** (4.98)			

① 由于 CEO 和董事长出生地数据缺失较多，因此回归样本有所减少。此外，本书还使用 CEO 和董事长籍贯地的儒家文化氛围作替代变量，得到的结果与出生地结果完全一致。

续表

因变量	(1) LnPatent1	(2) LnPatent2	(3) LnPatent3	(4) LnPatent1	(5) LnPatent2	(6) LnPatent3
Confu_Chairman				0.1520 *** (7.25)	0.1215 *** (6.58)	0.1624 *** (6.89)
Size	0.6958 *** (21.06)	0.7053 *** (23.02)	0.6604 *** (18.37)	0.5685 *** (21.63)	0.5626 *** (23.24)	0.5525 *** (19.56)
Lev	−1.5986 *** (−6.28)	−1.1125 *** (−4.67)	−1.4786 *** (−5.21)	−1.2974 *** (−6.81)	−0.8617 *** (−4.97)	−1.3190 *** (−6.23)
CF	0.1524 (0.30)	0.1948 (0.40)	0.1063 (0.19)	0.3904 (1.05)	0.2823 (0.82)	0.5302 (1.28)
Age	−0.0650 *** (−9.04)	−0.0481 *** (−7.21)	−0.0530 *** (−6.63)	−0.0696 *** (−13.26)	−0.0578 *** (−12.10)	−0.0563 *** (−9.69)
Growth	−0.0953 (−0.90)	−0.0613 (−0.62)	−0.0426 (−0.38)	−0.1428 * (−1.89)	−0.0415 (−0.61)	−0.1722 ** (−2.12)
Roa	3.3475 *** (4.30)	3.5766 *** (4.90)	3.3355 *** (3.80)	2.8919 *** (4.93)	3.1621 *** (5.93)	2.2412 *** (3.39)
Liquidity	−0.0630 *** (−5.09)	−0.0419 *** (−3.47)	−0.0761 *** (−4.69)	−0.0403 *** (−3.95)	−0.0225 ** (−2.45)	−0.0627 *** (−4.76)
Tangibility	−1.2371 *** (−5.00)	−1.0108 *** (−4.33)	−1.3077 *** (−4.76)	−0.9050 *** (−4.82)	−0.8863 *** (−5.13)	−0.9079 *** (−4.39)
Soe	−0.3190 *** (−3.89)	−0.1644 ** (−2.13)	−0.3917 *** (−4.25)	−0.1023 * (−1.77)	0.0724 (1.38)	−0.1960 *** (−3.05)
Dual	0.1538 ** (2.06)	0.2471 *** (3.48)	0.1446 * (1.70)	0.1598 ** (2.57)	0.2444 *** (4.20)	0.1030 (1.45)
MH	0.6549 *** (2.81)	0.6013 *** (2.73)	0.4755 * (1.78)	0.8734 *** (4.14)	0.5213 *** (2.68)	0.8716 *** (3.63)
Top1	−0.2539 (−1.12)	−0.7343 *** (−3.44)	0.1968 (0.77)	−0.5705 *** (−3.41)	−0.8878 *** (−5.72)	−0.2114 (−1.15)
Indep	−1.4144 ** (−2.27)	−1.0655 * (−1.85)	−1.0282 (−1.53)	−1.5672 *** (−3.30)	−1.3759 *** (−3.11)	−1.0191 ** (−2.01)
Constant	−14.2751 *** (−18.46)	−15.2295 *** (−21.27)	−14.6272 *** (−17.43)	−11.6952 *** (−19.50)	−12.0238 *** (−21.99)	−12.4784 *** (−19.14)
Industry	控制	控制	控制	控制	控制	控制
Year	控制	控制	控制	控制	控制	控制
N	5606	5606	5606	10296	10296	10296
Pseudo R^2	0.1789	0.1772	0.1688	0.1573	0.1594	0.1494

注：***、**、*分别表示1%、5%、10%的显著性水平，括号内为异方差调整后（Robust）的 t 值。

（二）使用孔庙数量测度儒家文化影响力

前文借鉴古志辉（2015）、程博等（2016）及 Xu et al.（2019）等研究，使用公司注册地 200 公里和 300 公里半径范围内的儒家书院分布密度测度儒家文化影响力。为确保实证结论的可靠性，参考（Du，2015）、金智等（2017）、陈等（Chen et al.，2019）的做法，进一步利用公司注册地 200 公里（Temple_200）和 300 公里（Temple_300）半径范围内的孔庙数量作为儒家文化的替代变量。回归结果如表 4.14 所示，发现 Temple_200、Temple_300 与 LnPatent1、LnPatent2、LnPatent3 的估计系数均在 1% 水平上显著为正，与先前的实证结论完全一致。此外，使用公司注册地 200 公里和 300 公里半径范围内进士数量作为儒家文化的测度指标，得到的实证结果依然保持不变。

表 4.14　　　　　　　　　使用孔庙数量测度儒家文化影响力

因变量	(1)	(2)	(3)	(4)	(5)	(6)
	LnPatent1		LnPatent2		LnPatent3	
Temple_200	0.2263 *** (10.76)		0.1736 *** (8.98)		0.2363 *** (10.22)	
Temple_300		0.2454 *** (11.42)		0.1881 *** (9.61)		0.2566 *** (10.83)
Size	0.4889 *** (27.06)	0.4871 *** (26.98)	0.4804 *** (28.73)	0.4792 *** (28.66)	0.4731 *** (24.49)	0.4709 *** (24.39)
Lev	−1.1443 *** (−9.35)	−1.1304 *** (−9.23)	−0.7781 *** (−6.92)	−0.7673 *** (−6.81)	−1.0989 *** (−8.23)	−1.0827 *** (−8.10)
CF	0.7781 *** (3.09)	0.7774 *** (3.09)	0.5686 ** (2.44)	0.5671 ** (2.44)	0.9336 *** (3.36)	0.9346 *** (3.37)
Age	−0.0727 *** (−20.94)	−0.0723 *** (−20.85)	−0.0579 *** (−18.08)	−0.0577 *** (−18.02)	−0.0616 *** (−16.04)	−0.0612 *** (−15.95)
Growth	−0.1084 ** (−2.13)	−0.1101 ** (−2.16)	−0.0309 (−0.66)	−0.0325 (−0.70)	−0.1313 ** (−2.42)	−0.1331 ** (−2.46)
Roa	3.5123 *** (9.16)	3.5140 *** (9.17)	3.5891 *** (10.07)	3.5905 *** (10.08)	2.8754 *** (6.86)	2.8764 *** (6.87)

续表

因变量	(1)	(2)	(3)	(4)	(5)	(6)
	LnPatent1		LnPatent2		LnPatent3	
Liquidity	−0.0336 ***	−0.0336 ***	−0.0131 **	−0.0131 **	−0.0509 ***	−0.0508 ***
	(−5.40)	(−5.39)	(−2.26)	(−2.26)	(−6.73)	(−6.72)
Tangibility	−0.4088 ***	−0.4156 ***	−0.5415 ***	−0.5465 ***	−0.2640 *	−0.2718 **
	(−3.19)	(−3.25)	(−4.57)	(−4.61)	(−1.90)	(−1.96)
Soe	−0.1095 ***	−0.1128 ***	0.0552	0.0528	−0.2245 ***	−0.2280 ***
	(−2.73)	(−2.81)	(1.48)	(1.42)	(−5.06)	(−5.15)
Dual	−0.0439	−0.0450	0.0423	0.0414	−0.1010 **	−0.1027 **
	(−1.06)	(−1.09)	(1.09)	(1.07)	(−2.19)	(−2.23)
MH	1.3816 ***	1.3820 ***	0.9985 ***	0.9994 ***	1.3391 ***	1.3402 ***
	(10.89)	(10.91)	(8.27)	(8.29)	(9.35)	(9.37)
Top1	−0.0258	−0.0142	−0.3626 ***	−0.3542 ***	0.3048 **	0.3156 **
	(−0.23)	(−0.13)	(−3.39)	(−3.31)	(2.47)	(2.56)
Indep	−1.2162 ***	−1.2328 ***	−1.0840 ***	−1.0946 ***	−0.6959 **	−0.7131 **
	(−3.83)	(−3.89)	(−3.63)	(−3.67)	(−2.03)	(−2.09)
Constant	−10.3056 ***	−10.4501 ***	−10.5697 ***	−10.6823 ***	−11.2719 ***	−11.4130 ***
	(−24.78)	(−24.94)	(−27.46)	(−27.55)	(−24.79)	(−24.90)
Industry	控制	控制	控制	控制	控制	控制
Year	控制	控制	控制	控制	控制	控制
N	21053	21053	21053	21053	21053	21053
Pseudo R^2	0.1440	0.1444	0.1407	0.1409	0.1359	0.1362

注：***、**、* 分别表示 1%、5%、10% 的显著性水平，括号内为异方差调整后（Robust）的 t 值。

（三）剔除专利值缺失样本

前面有关专利数据的处理，参考相关研究（余明桂等，2016；孔东民等，2017；潘越等，2017），本书对专利数据缺失样本使用了 0 来代替，并采用 Tobit 模型进行回归分析。为确保研究结论的稳健，进一步剔除专利值缺失的样本，并使用 OLS 模型对重新进行估计。表 4.15 回归结果显示，Confu_200、Confu_300 与 LnPatent1、LnPatent2、LnPatent3 依然在 1% 水平上显著正相关，实证结论保持不变。

表 4.15 剔除专利值缺失样本

因变量	（1）	（2）	（3）	（4）	（5）	（6）
	LnPatent1		LnPatent2		LnPatent3	
Confu_200	0.0729 ***		0.0598 ***		0.0830 ***	
	（8.19）		（7.08）		（8.21）	
Confu_300		0.0737 ***		0.0618 ***		0.0842 ***
		（8.08）		（7.33）		（8.10）
Size	0.4215 ***	0.4226 ***	0.4220 ***	0.4231 ***	0.3556 ***	0.3569 ***
	（33.72）	（33.78）	（34.35）	（34.41）	（25.30）	（25.37）
Lev	−0.0869	−0.0880	−0.0229	−0.0235	−0.0148	−0.0160
	（−1.02）	（−1.03）	（−0.27）	（−0.28）	（−0.16）	（−0.17）
CF	0.7818 ***	0.7853 ***	0.4803 ***	0.4821 ***	0.8656 ***	0.8694 ***
	（4.44）	（4.46）	（2.75）	（2.76）	（4.34）	（4.36）
Age	−0.0048 **	−0.0049 **	−0.0058 **	−0.0058 **	0.0003	0.0003
	（−2.11）	（−2.12）	（−2.54）	（−2.56）	（0.12）	（0.11）
Growth	−0.0377	−0.0374	0.0342	0.0346	−0.0912 **	−0.0909 **
	（−1.00）	（−0.99）	（0.91）	（0.92）	（−2.23）	（−2.22）
Roa	2.6723 ***	2.6809 ***	2.5337 ***	2.5407 ***	2.0674 ***	2.0772 ***
	（10.18）	（10.21）	（9.76）	（9.78）	（6.96）	（6.99）
Liquidity	−0.0158 ***	−0.0159 ***	0	−0	−0.0231 ***	−0.0232 ***
	（−3.82）	（−3.84）	（0）	（−0.01）	（−5.02）	（−5.04）
Tangibility	−0.5010 ***	−0.5053 ***	−0.5476 ***	−0.5507 ***	−0.2966 ***	−0.3014 ***
	（−5.68）	（−5.73）	（−6.22）	（−6.25）	（−3.04）	（−3.09）
Soe	−0.0088	−0.0138	0.1348 ***	0.1312 ***	−0.1011 ***	−0.1067 ***
	（−0.33）	（−0.51）	（4.97）	（4.84）	（−3.35）	（−3.54）
Dual	0.1213 ***	0.1208 ***	0.1559 ***	0.1556 ***	0.0615 **	0.0610 **
	（4.59）	（4.57）	（5.75）	（5.74）	（2.03）	（2.01）
MH	0.1742 **	0.1804 **	0.0802	0.0850	0.2034 **	0.2104 **
	（2.06）	（2.13）	（0.95）	（1.01）	（2.13）	（2.20）
Top1	−0.0286	−0.0282	−0.3593 ***	−0.3592 ***	0.2805 ***	0.2809 ***
	（−0.38）	（−0.38）	（−4.74）	（−4.73）	（3.36）	（3.37）
Indep	0.5807 ***	0.5725 ***	0.3281	0.3214	0.7336 ***	0.7242 ***
	（2.82）	（2.78）	（1.58）	（1.55）	（3.21）	（3.17）

续表

因变量	(1)	(2)	(3)	(4)	(5)	(6)
	LnPatent1		LnPatent2		LnPatent3	
Constant	−7.7873 *** (−26.91)	−7.8744 *** (−26.96)	−8.2336 *** (−29.29)	−8.3139 *** (−29.31)	−7.2958 *** (−22.28)	−7.3969 *** (−22.39)
Industry	控制	控制	控制	控制	控制	控制
Year	控制	控制	控制	控制	控制	控制
N	11584	11584	11584	11584	11584	11584
Adj. R^2	0.251	0.251	0.219	0.219	0.258	0.258
F	77.35	77.11	65.66	65.54	86.65	86.56

注：***、**、* 分别表示 1%、5%、10% 的显著性水平，括号内为异方差调整后（Robust）的 t 值。

（四）其他稳健性检验

此外，本书还进行了如下稳健性测试：（1）为避免企业存在专利申请数量故意多报的问题，采用专利授权数量度量企业创新产出。（2）考虑到使用 200 公里和 300 公里半径范围内儒家书院数量度量儒家文化的影响强度，由此导致样本分布可能会受地理距离影响。为避免上市公司分布过于集中可能带来的影响，本书剔除上市公司数量排名前十城市的公司样本。（3）将使用公司注册地改为距离公司办公地 200 公里（Office_200）和 300 公里（Office_300）半径范围内的儒家书院数量，重新计算儒家文化影响力。（4）使用 50 公里（Confu_50）和 100 公里（Confu_100）范围内儒家书院数量作为儒家文化的替代指标。（5）为排除部分公司注册地址发生变更带来的影响，剔除注册地发生过变更的公司样本。（6）由于唐代至清代（公元 618~1912 年）的时间跨度较长，为避免历史变迁、朝代更迭对文化的潜在影响，进一步仅使用清代儒家书院重新计算儒家文化的代理变量。上述稳健性检验结果如表 4.16 所示，从实证结果可以发现，先前的研究结论依然保持不变。

表 4. 16 其他稳健性检验

因变量	(1)	(2)	(3)	(4)	(5)	(6)
	LnPatent1		LnPatent2		LnPatent3	
Panel A：采用专利授权数量度量企业创新产出						
Confu_200	0. 2066 *** (16. 32)		0. 1796 *** (15. 29)		0. 2165 *** (14. 40)	
Confu_300		0. 2056 *** (15. 91)		0. 1753 *** (14. 81)		0. 2182 *** (14. 11)
控制变量	控制	控制	控制	控制	控制	控制
N	21053	21053	21053	21053	21053	21053
Pseudo R^2	0. 156	0. 156	0. 154	0. 154	0. 140	0. 140
Panel B：剔除上市公司数量排名前十城市的公司样本						
Confu_200	0. 2461 *** (15. 96)		0. 2025 *** (15. 10)		0. 2425 *** (13. 99)	
Confu_300		0. 2417 *** (15. 40)		0. 2011 *** (14. 98)		0. 2405 *** (13. 56)
控制变量	控制	控制	控制	控制	控制	控制
N	13298	13298	13298	13298	13298	13298
Pseudo R^2	0. 139	0. 138	0. 134	0. 134	0. 131	0. 131
Panel C：利用公司办公地计算儒家文化影响力						
Office_200	0. 2075 *** (14. 48)		0. 1805 *** (14. 24)		0. 2072 *** (12. 99)	
Office_300		0. 2103 *** (14. 33)		0. 1825 *** (14. 28)		0. 2124 *** (12. 89)
控制变量	控制	控制	控制	控制	控制	控制
N	21053	21053	21053	21053	21053	21053
Pseudo R^2	0. 1458	0. 1458	0. 1428	0. 1428	0. 1373	0. 1374
Panel D：使用 50 公里和 100 公里范围内儒家书院数量测度儒家文化影响力						
Confu_50	0. 1443 *** (10. 30)		0. 1088 *** (8. 47)		0. 1352 *** (8. 83)	
Confu_100		0. 2464 *** (17. 74)		0. 2143 *** (17. 11)		0. 2325 *** (15. 22)
控制变量	控制	控制	控制	控制	控制	控制
N	21053	21053	21053	21053	21053	21053
Pseudo R^2	0. 144	0. 147	0. 140	0. 144	0. 135	0. 138

续表

因变量	(1)	(2)	(3)	(4)	(5)	(6)
	LnPatent1		LnPatent2		LnPatent3	
Panel E：剔除注册地发生过变更的公司样本						
Confu_200	0.2277 *** (16.32)		0.1950 *** (15.75)		0.2257 *** (14.48)	
Confu_300		0.2248 *** (15.78)		0.1927 *** (15.50)		0.2257 *** (14.07)
控制变量	控制	控制	控制	控制	控制	控制
N	20336	20336	20336	20336	20336	20336
Pseudo R^2	0.144	0.144	0.141	0.140	0.136	0.136
Panel F：仅使用清代儒家书院重新计算儒家文化影响力						
Confu_200	0.1883 *** (11.37)		0.1693 *** (11.50)		0.1836 *** (10.03)	
Confu_300		0.2016 *** (11.65)		0.1822 *** (12.11)		0.1987 *** (10.24)
控制变量	控制	控制	控制	控制	控制	控制
N	21053	21053	21053	21053	21053	21053
Pseudo R^2	0.145	0.145	0.142	0.142	0.136	0.136

注：***、**、*分别表示 1%、5%、10% 的显著性水平，括号内为异方差调整后（Robust）的 t 值。

第五节　本章小结

创新一直是学术界和实务界关注的热点研究话题。已有文献大多基于制度和契约视角考察影响企业创新的宏观制度约束或微观机制设计，却忽视了社会文化等隐性价值规范对创新主体决策偏好和行动选择产生的作用。社会文化植根于人的思维活动与决策过程，因此也会影响经济活动的各个方面。对中国社会而言，儒家思想是影响最为广泛和深远的传统文化符号。它是中国哲学思想和价值观中最持久、最重要的力量，也是长期以来个体和组织普遍尊崇的道德规范与行动指南。但长久以来，针对儒家文化究竟是促进还是抑制创新这一问题一直存在严重分歧和争议，双方均缺乏严谨的理论剖析和经验证据支持。

本章研究将儒家传统嵌入"文化与金融"国际前沿文献，综合运用典籍解读、理论分析和实证检验方法，从非正式制度视角系统考察了儒家传统文化对当代企业创新行为的影响效应及作用机理。以沪深两市 A 股上市公司 2007~2017 年度数据为研究样本，实证研究发现，儒家文化对企业创新具有明显的促进效应，即企业受到儒家文化的影响程度越强，其专利产出水平显著越高。进一步检验其背后的作用机制发现，儒家文化主要通过缓解企业代理冲突、提高企业人力资本投资水平和降低企业专利侵权风险三条渠道影响企业创新决策。经过使用工具变量、控制相关遗漏变量及替换变量等一系列稳健性检验后，结果保持不变。

本章研究结论不仅深化了对企业创新赖以依存的文化土壤及其力量逻辑的理解，也拓展了对企业创新决定因素的理论认知，并为"文化与金融"国际前沿文献贡献了来自东方文化情境的独特知识和经验证据。同时，它还具有重要的政策启示：（1）儒家思想是中国传统文化的主体和精髓，杜维明先生 2013 年在《儒学第三期发展前景》中指出：儒学发展的重要瓶颈在于"面对科学主义的挑战，暴露出很多缺陷"。长久以来，人们关于儒家传统对现代技术创新的影响究竟是积极的还是消极的这一问题一直存在争议。本书从微观企业层面揭示了儒家思想促进创新的内在机理及经验证据，纠正了部分学者对儒家文化价值的消极认知偏见。这也启示了不应片面否定儒家传统文化的经济价值和合法性，而应更全面、理性和客观地评价儒家文化对现代经济活动所产生的影响，从而实现新时代儒家传统文化的传承与创新。（2）习近平总书记在建党 95 周年庆祝大会上指出："我们要坚持道路自信、理论自信、制度自信，最根本的还有一个文化自信。"① 儒家思想是中国传统文化的核心组成部分，在中国社会非正式制度体系中扮演非常重要的角色。本章实证发现儒家文化对企业创新具有

---

① 习近平在庆祝中国共产党成立 95 周年大会上的讲话（全文）［EB/OL］.中国新闻网，2016 – 07 – 01.

积极的促进作用，这为充分发挥优秀传统文化在推动高质量发展中的时代价值和功能提供了重要理论依据和政策参考。因此，应进一步增强文化自信，高度重视中华优秀传统文化的传承与发展，认真汲取传统文化思想精华和道德精髓，多从传统文化中寻求解决实际问题的办法。

第五章

儒家文化与企业创新：
制度环境的调节作用

正式制度和非正式制度作为制度体系的两个重要组成部分，对个体与组织的行为决策都会产生重要影响。企业创新活动不仅会受到传统文化等隐性价值规范的影响，同时也会受到知识产权保护等外部制度环境的显性约束。因此，作为一种非正式制度因素，儒家文化对企业创新的作用效果可能还会受到外部制度环境的影响。本章将结合中国特殊的法律和产权制度情境及全球化浪潮下多元文化融合与碰撞的国际背景，综合形成正式制度和非正式制度双重视角下的企业创新决策二元分析范式和理论框架，深入探讨法律环境、产权性质及外来文化冲击对儒家文化与企业创新二者之间关系的调节作用。本章研究不仅有助于深化对新兴市场国家正式制度与传统文化两种不同力量创新影响效应及交互关系的理解，而且能够对全面理解儒家传统文化的当代创新价值提供一个真实场景，为全球化情境下如何正确处理本土文化与外来文化之间关系提供一定的启示和政策参考。

第一节 引 言

在新制度经济学分析范式中，宗教、文化和习俗等这类非正式制度处于第一层次，而法律、产权制度和契约等这类正式制度则处于第二层次，不同层次制度演化的过程和机制是有差异的，它们彼此之间既相互联系又相互制约（Williamson，2000）。在上一章中的实证研究发现，儒家文化对当代企业创新具有显著的促进作用。然而，企业创新活动不仅会受到传统文化等社会价值规范的隐性影响，同时也会受到法律等外部制度环境的显性约束。因此，作为一种非正式制度因素，儒家文化对企业创新的作用效果可能还会受到外部制度环境的影响。鉴于此，本章将综合形成正式制度和非正式制度双重视角的企业创新决策二元分析范式和理论框架，考察不同制度情境下儒家文化对企业创新的作用效果是否存在显著差异。具体来讲，本章主要解决以下几个关键问题。

首先，诸多研究表明，知识产权保护等正式制度体系的完善对企业创新具有重要的促进作用（Moser，2005；Anton et al.，2006；Fang et al.，2017；史宇鹏和顾全林，2013；吴超鹏和唐菂，2016）。诺思（North，1990）强调，正式制度和非正式制度作为制度体系的两个重要组成部分，对人们的行为决策都会产生重要影响，两者可能存在相互依赖的互补关系或彼此竞争的替代关系。经济转型当下，中国法律体系和市场机制日臻完善但依然有所欠缺。那么，在我国法律体系尚不健全、知识产权保护较为薄弱的情况下，非正式制度的儒家伦理与正式制度的法律环境在促进企业创新方面究竟存在怎样的关系，是互补关系，还是替代关系？

其次，我国是一个"新兴加转轨"双重制度特征的经济体，拥有特殊的产权制度背景，在渐进式改革发展过程中逐渐形成了国有企业与民营企业两大颇具特色的微观主体。两者在产权保护、资源禀赋、市场竞争、政府干预和经营目标等方面存在显著差异（Lin et al.，1998；林毅夫和李志赟，2004）。那么，儒家文化对企业创新的影响效应是否会因企业产权性质的不同而有所区别？

最后，中国的对外开放之路，经历了从封闭、半封闭到全方位逐步开放的过程。1978 年 12 月党的十一届三中全会，我国将对外开放作为一项长期的基本国策；2001 年中国加入世界贸易组织，全面打破了与外界的隔墙。特别是近年来，伴随全球化经济一体化浪潮，跨国资本与人才流动日益频繁。中国市场作为世界上最大且最具增长潜力的新兴经济体，大量外国资本一拥而入，中国本土公司也越来越多地实施海外并购。与此同时，为了引进国外的先进技术和管理经验，更好地参与全球化竞争，中央政府近年来相继出台了一系列引智计划和专项人才扶持政策，从而吸引了大量海外高层次人才回国就业和创业。海外资本和人才流动带来了不同类型文化间的相互融合与碰撞。根据文化冲突理论，两种或两种以上文化在发生碰撞时，会出现相互竞争或对抗的状态。其结果，要么是两种不同文化之间相互融合，要么是一方替代另一方。金智等（2017）、陈等（Chen et al.，2019）发现，当儒家文化遇上西方外来文化的冲击时，儒家文化对企业风险承担和投资效率的影响力被明显削减。那么在全球化浪潮下，儒家文化对我国企业创新行为的影响效应是否还会受到外来文化冲击的影响？

第二节　理论分析与研究假设

一、儒家文化、法律环境与企业创新

诺斯（North，1990）强调，正式制度（如法律、产权制度和契约等）和非正式制度（宗教、文化和习俗等）作为制度体系的两个重要组成部分，对人们的行为决策都会产生重要影响，而且两者相互作用，其作用方向可能是一致的，也可能是互相替代或无关的。一方面，宗教、文化和习俗习惯等非正式制度往往是正式制度建立的基础，其至少部分构成了正式制度生长及发挥作用的土壤（韦伯，1958；Greif，1994；Williamson，2000；诺思，2008）。这意味着，有形的正式制度安排可能需要非正式制度作为补充才能得以有效地运行，而当没有相应的非正式制度与之匹配时，则可能难以发挥作用；与此同时，非正式制度在一定程度上也需要正式制度的保护和支持才能更好地发挥作用。因此，两者可能存在相互依赖的互补关系。另一方面，在正式制度缺位的情况下，非正式制度安排可能会弥补正式制度的不足而发挥替代性治理功能，从而有效保障经济活动的正常运

行；相反，当正式制度安排较为完善时，非正式制度起到的作用可能微乎其微。因此，正式制度和非正式制度也可能存在着替代关系。目前，上述两种观点均得到了相关经验证据的支持（McGuire et al.，2012；Callen and Fang，2015；Li and Cai，2016；陈冬华等，2013；毕茜等，2015；曾爱民和魏志华，2017）。

拉波尔塔（La Porta）、洛佩兹·德·希斯内拉（Lopez-de-Silanes）、施莱弗（Shleifer）和维什尼（Vishny）所开创的"法与金融"学派的核心观点认为，完善的法律制度体系对金融发展与经济增长具有重要的推动作用（La Porta et al.，1997；La Porta et al.，1998；La Porta et al.，2000）。同时，现代经济增长理论指出，技术创新是决定经济增长的关键因素。因此，作为一项最基本的正式制度，健全高效的法律制度环境对企业创新行为具有极其重要的影响。一方面，完善的法律制度环境能够有效保障投资者权益，降低管理者因自利动机而放弃风险较高、投资期限较长却有利于企业长远价值增值的创新投资项目，进而提高企业创新水平（John et al.，2008；Brown et al.，2013；韩美妮和王福胜，2016）。另一方面，企业所在地区的法律制度环境越完善，对知识产权的保护力度越强，从而能有效降低技术创新成果被模仿或侵权风险，进而激发企业创新热情，促使企业开展更多的创新研发活动（Moser，2005；Anton et al.，2006；史宇鹏和顾全林，2013；吴超鹏和唐菂，2016；Fang et al.，2017）。

就企业创新而言，儒家文化与法律制度环境可能存在替代关系，即在法律制度不够完善时，儒家文化作为一种隐性的非正式约束和规范机制，能够弥补正式法律制度环境的不足；相反，当法律制度安排较为完善且能较好地发挥作用时，儒家文化这一非正式制度对企业创新活动产生的增量贡献可能十分微弱。但另外，儒家文化与法律制度环境也可能存在互补关系，需要完善的法律制度提供保障才能更好地发挥作用，而脱离了正式的法律制度则难以独立发挥应有的效果。因此，非正式制度的儒家文化与正式制度的法律制度环境在促进企业创新方面，既可能是替代关系，也可能是互补关系。基于此，本书提出如下两个竞争性假设：

假设5.1a：儒家文化与法律环境在促进企业创新方面存在替代关系。

假设 5.1b：儒家文化与法律环境在促进企业创新方面存在互补关系。

二、儒家文化、产权性质与企业创新

一方面，相比民营企业，国有企业天然的政治联系导致管理者决策行为会受到更多政府干预的影响和束缚，决策自主权相对较弱。具体到企业创新活动，政府通常会为了实现政治目标而对国有企业经营活动实施强干预，使得国有企业在承担较多政治职能的情况下减少风险较高的创新项目投资（Shleifer and Vishny，1994；李文贵和余明桂，2015）。例如，张等（Zhang et al.，2003）的研究指出，国有企业更加注重维持社会稳定和提供社会服务而非以利益最大化作为经营目标，因此其创新效率低于民营企业。类似地，张宗益和张湄（2007）发现，国有企业决策很大程度上受制于政府，其经营目标并非是企业利益最大化，而是扩大就业和维系社会稳定，因而导致国有企业创新激励不足。布巴克里等（Boubakri et al.，2013）也表明，政府为了实现经济增长和稳定社会就业，会干预国有企业对高风险创新研发项目的开展。此外，国有企业高管也可能会出于政治晋升目的而放弃创新带来的经济利益（李春涛和宋敏，2010），或为了迎合政府创新政策导向及获得更多政府扶持而进行盲目创新（黎文靖和郑曼妮，2016）。由此可见，相对于民营企业，国有企业创新行为可能会受到更多政府干预的影响和束缚。文化往往通过嵌入个体思维模式而深刻地影响着高管的感知、偏好、决策和行为，进而对微观企业决策行为产生影响（诺斯，2008；Li et al.，2013；李万利等，2021）。然而，高管个体的价值取向和行为偏好能否在企业决策中得以反映和体现，也即高管能否按照自己的意愿进行决策，关键在于高管是否具有管理自主权和决策话语权（Hambrick and Finkelstein，1987；Crossland and Hambrick，2011）。由此可以推测，国有企业高管在创新决策过程中，可能会因受到更多政府干预的影响和束缚；相反，民营企业高管在创新决策过程中面临的外在约束较少，决策自主权往往更大，高管个体儒家文化价值理念在企业创新决策过程中可能更易凸显。

另一方面，经济转轨时期，我国市场机制尚不健全、法律制度仍不完善。由于正式的法律体系难以有效保证合约的有效实施，政府在契约执行和产权纠纷中扮演着十分重要的角色（Allen et al.，2005）。然而，与民营企业相比，国有企业在产权保护方面占据天然优势，在纠纷中往往能够得到政府更多的照顾和支持（张维迎，2012）。在私有产权保护相对薄弱的情况下，民营企业往往会通过构建政治关联或国有化等方式获得政治保护，以避免其经济利益受到侵害（余明桂和潘红波，2008；罗党论和唐清泉，2009；田利辉和张伟，2013；李文贵和余明桂，2015）。由此可见，与国有企业相比，民营企业的专利技术成果遭到侵权的可能性更高，从而更难以有效保护其创新活动产生的垄断收益（李春涛和宋敏，2010）。史宇鹏和顾全林（2013）发现，相对于国有企业，非国有企业创新投入受知识产权保护的积极影响更大。根据前文研究，儒家义利观和诚信的商业伦理思想有助于规范竞争者行为，降低技术创新成果被模仿或剽窃的风险，从而能够为创新活动营造良好的知识产权保护环境。因此，在我国法律体系尚不完善、知识产权保护薄弱的情况下，作为一种隐性的非正式约束和规范机制，儒家文化对企业创新的积极影响可能会在产权保护较弱的民营企业中发挥更重要的作用。基于以上分析，本书提出如下假设：

假设5.2：相对于国有企业，儒家文化对企业创新的促进作用在民营企业中表现更突出。

三、儒家文化、外来文化冲击与企业创新

不同国家间社会文化往往存在显著差异，因此其社会组织或个体的认知观念、价值取向和行为偏好也截然不同（Hofstede，1980）。在经济全球一体化迅猛发展的今天，跨国资本与人才流动日益频繁，这也导致不同类型文化间的相互融合与碰撞。根据文化冲突理论（culture conflict theory），两种或两种以上文化在发生碰撞时，会出现相互竞争或对抗的状态。其结果，要么是两种不同文化之间相互融合，要么是一方替代另一方。但无论哪种结果，本土文化的影响力都将不可避免地被削弱（Sellin，1938；亨廷顿，2010）。

西格尔等（Siegel et al.，2011）在考察文化冲突对跨国企业投资的影

响时，发现文化背景不同会导致人们在意识形态、思维方式和行为特征上呈现明显差异，跨国公司母国和东道国之间的文化冲突会抑制跨国投资活动的开展。赵龙凯等（2014）以来自 35 个国家共 4911 个在中国注册的合资企业为研究对象，发现出资国与中国之间的文化差异（如价值观、思维方式和行为方式等）会导致合资企业的运作存在诸多内部文化冲突与矛盾，从而降低了企业承担风险的程度。进一步，柳光强和孔高文（2018）从文化冲突视角考察了高管海外经历对企业内部薪酬制度的影响。结果表明，拥有海外经历的高管长期受到西方个人主义文化的熏陶会逐渐对西方社会的分配制度产生认同，这会淡化中国传统文化追求公平的价值理念，最终拉大企业内部薪酬差距。金智等（2017）还发现，当儒家文化遇上海外文化时，儒家文化对企业风险承担的影响会被显著削减。类似地，陈等（Chen et al.，2019）的研究也表明，西方个人主义和冒险精神会降低儒家文化忠诚、集体主义和风险规避思想对公司过度投资的抑制作用。此外，布罗切特等（Brochet et al.，2019）还考察了管理者文化背景是否会影响其与资本市场参与者的沟通方式，由于不同国家特征文化会导致其社会组织和个体的风险态度和行为偏好存在显著差异，使得不同国家企业间的风险承担水平和创新行为存在明显不同（Li et al.，2013；Chen et al.，2017）。由此可以推断，当企业受到西方外来文化的冲击较强时，儒家文化对企业创新行为的影响效果可能会被削减。基于以上分析，本书提出如下假设：

假设 5.3：外来文化冲击会削弱儒家文化对企业创新的影响效果。

第三节 研究设计

一、样本选择与数据来源

本章选取中国沪深两市 A 股上市公司 2007～2017 年度数据为研究样本，剔除金融行业和保险行业、ST/PT 公司、外资控股公司及模型中变量存在缺失值的公司样本后，共得到 21053 个公司年度样本观测值。法律制度环境数据源自王小鲁等编制的《中国分省份市场化指数报告（2016）》；文化对外开放度指标来自国家发改委与国际合作中心编制的《中国区域对外开放指数报告（2008～2017）》；高管海外经历源自 CSMAR 上市公司人物特征数据库收集整理获得。此外，核心变量儒家文化数据源自手工收集，具体过程参见第四章变量定义；研发支出及研发人员相关数据源自 WIND 和 CSMAR 数据库；专利数据通过 CSMAR 数据库和中国国家知识产权局（SIPO）专利数据库收集整理获得；控制变量公司治理和公司财务数据均源自 WIND 和 CSMAR 数据库。为排除极端异常值对实证结果的影响，实证检验中对所有连续变量均进行了上下 1% 水平的缩尾处理。

二、模型设计与变量定义

（一）儒家文化、法律环境与企业创新

为考察儒家文化这一非正式制度因素对企业创新的促进作用是否会受到正式法律制度环境的影响，本书构建如下模型：

$$
\begin{aligned}
\text{Innovation}_{i,t} = {} & \alpha_0 + \alpha_1 \text{Confucian}_{i,t} + \alpha_2 \text{Law}_{i,t} + \alpha_3 \text{Law}_{i,t} \times \text{Confucian}_{i,t} \\
& + \alpha_4 \text{Size}_{i,t} + \alpha_3 \text{Lev}_{i,t} + \alpha_6 \text{CF}_{i,t} + \alpha_7 \text{Age}_{i,t} + \alpha_8 \text{Growth}_{i,t} \\
& + \alpha_9 \text{Roa}_{i,t} + \alpha_{10} \text{Liquidity}_{i,t} + \alpha_{11} \text{Tangibility}_{i,t} + \alpha_{12} \text{Soe}_{i,t} \\
& + \alpha_{13} \text{Dual}_{i,t} + \alpha_{14} \text{MH}_{i,t} + \alpha_{15} \text{Top1}_{i,t} + \alpha_{16} \text{Indep}_{i,t} \\
& + \text{Industry} + \text{Year} + \varepsilon_{i,t}
\end{aligned} \tag{5.1}
$$

其中，式（5.1）是在式（4.4）基础上，将企业所在地区的法律制度环境（Law）纳入回归方程，并进一步引入法律制度环境与儒家文化的交互项（Law × Confucian）。具体来讲，借鉴已有研究（李后建和张宗益，2014；韩美妮和王福胜，2016；潘越等，2017），本书采用王小鲁等（2016）编制的《中国分省份市场化指数报告（2016）》中"市场中介组织的发育和法律制度环境"指数度量公司所在地区法律制度环境（Law）[①]。

[①] 缺失年份使用递延法进行补充，即 2007 年缺失数据使用 2008 年数据代替，且 2015—2017 年缺失数据使用 2014 年数据代替。

（二）儒家文化、产权性质与企业创新

进一步，为检验儒家文化对企业创新的影响效应是否会因企业产权性质的不同而有所区别，本书构建如下模型：

$$
\begin{aligned}
\text{Innovation}_{i,t} = {}& \alpha_0 + \alpha_1 \text{Confucian}_{i,t} + \alpha_2 \text{Soe}_{i,t} + \alpha_3 \text{Soe}_{i,t} \times \text{Confucian}_{i,t} \\
& + \alpha_4 \text{Size}_{i,t} + \alpha_5 \text{Lev}_{i,t} + \alpha_6 \text{CF}_{i,t} + \alpha_7 \text{Age}_{i,t} + \alpha_8 \text{Growth}_{i,t} \\
& + \alpha_9 \text{Roa}_{i,t} + \alpha_{10} \text{Liquidity}_{i,t} + \alpha_{11} \text{Tangibility}_{i,t} + \alpha_{12} \text{Dual}_{i,t} \\
& + \alpha_{13} \text{MH}_{i,t} + \alpha_{14} \text{Top1}_{i,t} + \alpha_{15} \text{Indep}_{i,t} + \text{Industry} + \text{Year} + \varepsilon_{i,t}
\end{aligned}
$$

$$(5.2)$$

其中，式（5.2）是在式（4.4）基础上，进一步将产权性质与儒家文化的交互项（Soe × Confucian）纳入回归方程。具体来讲，参考已有文献，当企业实际控制人性质为国有时，将其归类为国有企业，Soe 取值为 1；否则归类为民营企业，Soe 取值为 0。

（三）儒家传统、外来文化冲击与企业创新

为检验儒家文化对企业创新的作用效果是否会受到全球化浪潮下外来文化冲击的影响，本书构建如下模型：

$$
\begin{aligned}
\text{Innovation}_{i,t} = {}& \alpha_0 + \alpha_1 \text{Confucian}_{i,t} + \alpha_2 \text{Foreign}_{i,t} + \alpha_3 \text{Foreign}_{i,t} \\
& \times \text{Confucian}_{i,t} + \alpha_4 \text{Size}_{i,t} + \alpha_3 \text{Lev}_{i,t} + \alpha_6 \text{CF}_{i,t} + \alpha_7 \text{Age}_{i,t} \\
& + \alpha_8 \text{Growth}_{i,t} + \alpha_9 \text{Roa}_{i,t} + \alpha_{10} \text{Liquidity}_{i,t} + \alpha_{11} \text{Tangibility}_{i,t} \\
& + \alpha_{12} \text{Soe}_{i,t} + \alpha_{13} \text{Dual}_{i,t} + \alpha_{14} \text{MH}_{i,t} + \alpha_{15} \text{Top1}_{i,t} + \alpha_{16} \text{Indep}_{i,t} \\
& + \text{Industry} + \text{Year} + \varepsilon_{i,t}
\end{aligned}
$$

$$(5.3)$$

其中，式（5.3）是在式（4.4）基础上，将外来文化冲击（Foreign）纳入回归方程，并进一步引入外来文化冲击与儒家文化交互项（Foreign × Confucian）。具体来讲，分别从企业所在区域文化对外开放程度、企业国际化进程及高管海外经历三个方面测度企业受外来文化的冲击程度。首先，利用国家发改委与国际合作中心对外开放课题组编制的《中国区域对外开放指数报告（2008—2017）》中社会对外开放指数作为外来文化冲击

的代理变量（Openness）[1]。该指数涵盖了接待入境外国旅游者、对外航空便利程度、每万人国际互联网用户数、城市国际搜索关注度及每万人涉外居民登记结婚的比例等多个指标，较好反映了一个地区的对外文化开放融合程度。该指数数值越大，表示该区域对外开放程度较高，受到的外来文化冲击越严重。其次，企业国际化程度越高，与国外业务往来越频繁，受外来文化的影响可能越深。参考陈和谭（Chen and Tan，2012）、陈立敏等（2016）的研究，本书使用海外销售收入占总销售收入的比重（FSTS）作为企业国际化程度的代理变量。最后，已有研究表明，拥有海外经历的高管长期受到西方文化的熏陶，其认知观念和决策偏好会发生显著变化，从而会对企业决策行为产生重要影响（代昀昊和孔东民，2017；柳光强和孔高文，2018；Yuan and Wen，2018）。基于此，进一步使用企业高管团队成员是否（即至少一人）拥有海外经历作为企业受外来文化冲击的第三种度量方式（Oversea）。

上述三个模型中，被解释变量 Innovation 表示企业创新，本章分别使用专利申请总数（LnPatent1）、发明专利申请数量（LnPatent2）和非发明专利申请数量（即实用新型专利和外观设计专利之和，LnPatent3）加 1 的自然对数度量企业创新水平。此外，在稳健性检验部分，本章使用研发支出占总资产的比重、研发支出占营业收入的比重及研发人员占人员总数的比例作为企业创新的替代变量做稳健性检验。解释变量 Confucian 表示儒家文化影响强度，本章分别采用企业注册地 200（Confu_200）公里和 300（Confu_300）公里半径范围内儒家书院数量加 1 的自然对数作为儒家文化影响力的代理变量。

同式（4.4），上述三个模型中还引入了企业规模（Size）、财务杠杆（Lev）、经营性现金流（CF）、上市年龄（Age）、销售增长率（Growth）、总资产收益率（Roa）、流动比率（Liquidity）、固定资产占比（Tangibility）、产权性质（Soe）、两职合一（Dual）、管理层持股比例（MH）、第一大股

---

[1] 《中国区域对外开放指数报告》（2008～2017 年）源自国家发改委与国际合作中心对外开放课题组合著的《中国对外开放 40 周年》。其中，2007 年数据使用 2008 年数据代替。

东持股比例（Top1）、独立董事占比（Indep）等系列控制变量，并将所有控制变量做滞后一期处理。同时，还控制了行业（Industry）和年度（Year）固定效应，各变量定义如表 5.1 所示。由于企业专利申请数据为左断尾分布的"归并数据"，因而采用 Tobit 模型进行回归分析。

表 5.1 变量定义及度量方法

变量名称	变量符号	变量定义
创新水平	LnPatent1	发明专利、实用新型专利和外观设计专利申请总量加 1 的自然对数
	LnPatent2	发明专利申请总量加 1 的自然对数
	LnPatent3	非发明专利（实用新型专利和外观设计专利）加 1 的自然对数
儒家文化	Confu_200	公司注册地 200 公里范围内儒家书院数量加 1 的自然对数
	Confu_300	公司注册地 300 公里范围内儒家书院数量加 1 的自然对数
法律环境	Law	《中国分省份市场化指数报告（2016）》中"市场中介组织的发育和法律制度环境"指数
产权性质	Soe	企业实际控制人为国有性质时为国有企业，并取值为 1；否则为民营企业，并取值为 0
外来文化冲击	Openness	《中国区域对外开放指数报告（2008—2017）》中社会对外开放指数
	FSTS	海外销售收入占总销售收入的比重
	Oversea	企业拥有海外经历高管团队成员时取值为 1，否则为 0
企业规模	Size	企业总资产的自然对数
资产负债率	Lev	企业负债总额除以总资产
经营性现金流	CF	企业经营活动产生的现金流净额除以总资产
企业年龄	Age	企业自成立年份至当期的年限
销售增长率	Growth	（当年销售收入 − 上一年度销售收入）/上一年度销售收入
总资产收益率	Roa	企业净利润除以总资产
流动比率	Liquidity	企业流动负债除以流动资产
固定资产占比	Tangibility	企业固定资产净额除以总资产
两职合一	Dual	总经理和董事长为同一人取值为 1，否则为 0
管理层持股比例	MH	管理层持股数量占总股数的比例

续表

变量名称	变量符号	变量定义
第一大股东持股比例	Top1	第一大股东持股数量占总股数的比例
独立董事占比	Indep	独立董事人数占董事会总人数的比例
年度效应	Year	年度虚拟变量
行业效应	Industry	行业虚拟变量

第四节　实证结果与分析

一、描述性统计分析

表5.2报告了主要变量的描述性统计结果。结果显示，各地区法律制度环境（Law）的均值为8.3075，最大值和最小值分别为16.1900和1.2500。这意味着，我国不同地区法律制度环境差距较大。产权性质（Soe）的均值为0.4319，即43.19%的企业为国有企业，而56.81%的企业为民营企业。文化对外开放度指数（Openness）的均值为29.8509，最大值和最小值分别为53.0100和6.6500，表明我国不同地区外来文化的融入程度存在明显差异。同时，企业国际化程度（FSTS）的均值等于0.1161，最大值等于0.8732，最小值等于0，说明不同企业国际化进程也存在较大差距。高管海外经历（Oversea）的均值为0.3943，表明39.43%的企业拥有海外经历的高管团队成员。此外，专利申请总数量（LnPatent1）的均值为1.4353，最大值（6.0039）和最小值（0）差距较大，标准差（1.5963）甚至大于均值。这意味着不同企业间专利申请数量存在较大差异，各企业之间创新能力参差不齐。同时，企业发明专利申请数量（0.9786）小于非发明专利申请数量（1.0418），说明我国企业创新质量整体不高，技术性创新有待提升。解释变量儒家文化的代理变量Confu_200（Confu_300）的均值为5.2809（5.9270），最大值为6.6580（7.1428），最小值为0（0），

且标准差为 1.3157（1.2929）。由此可见，不同企业受到儒家文化的影响强度的强弱确实存在明显差异。

表 5.2 　　　　　　　　　　主要变量描述性统计

变量	样本数	均值	标准差	最小值	中值	最大值
LnPatent1	21053	1.4353	1.5963	0	1.0986	6.0039
LnPatent2	21053	0.9786	1.2711	0	0	5.1059
LnPatent3	21053	1.0418	1.4114	0	0	5.5413
Confu_200	21053	5.2809	1.3157	0	5.7961	6.6580
Confu_300	21053	5.9270	1.2929	0	6.2500	7.1428
Law	21053	8.3075	4.4892	1.2500	7.5400	16.1900
Soe	21053	0.4319	0.4953	0	0	1.0000
Openness	21053	29.8509	14.1423	6.6500	25.4100	53.0100
FSTS	21053	0.1161	0.1955	0	0.0194	0.8732
Oversea	21053	0.3943	0.4887	0	0	1.0000
Size	21053	21.8405	1.2743	19.2377	21.6812	25.7146
Lev	21053	0.4436	0.2173	0.0465	0.4415	0.9695
CF	21053	0.0448	0.0767	−0.1954	0.0444	0.2640
Age	21053	14.7597	5.4356	3.0000	14.5833	28.5000
Growth	21053	0.1628	0.3610	−0.5856	0.1131	2.0789
Roa	21053	0.0420	0.0548	−0.1817	0.0390	0.2106
Liquidity	21053	2.5083	3.0123	0.2240	1.5510	19.9388
Tangibility	21053	0.2338	0.1736	0.0023	0.1981	0.7451
Dual	21053	0.2395	0.4268	0	0	1.0000
MH	21053	0.0618	0.1348	0	0.0001	0.6096
Top1	21053	0.3568	0.1507	0.0887	0.3376	0.7500
Indep	21053	0.3697	0.0520	0.3000	0.3333	0.5714

在回归分析之前，本书先进行了单变量组间差异检验。首先，按企业所在地区法律制度环境指数高低将样本划分为法律制度环境较完善的地区（Law_good）和法律制度环境较差的地区（Law_poor）。表 5.3 中 Panel A 结果显示，在法律制度环境较完善的地区，受儒家文化影响较强企业与受儒家文化影响较弱企业 LnPatent1、LnPatent2、LnPatent3 的均值差异分别为 −0.0872、0.0265、−0.1627，且分别在 1% 水平上显著、不显著、显著；在法律制度环境较差的地区，受儒家文化影响较强企业与受儒家文化影响

较弱企业 LnPatent1、LnPatent2、LnPatent3 的均值差异分别为 −0.2369、−0.1377、−0.2309，且均在 1% 水平上显著。Panel B 的结果与此类似。从上述结果可以看出，在法律制度环境较差的地区，受儒家文化影响较强企业与受儒家文化影响较弱企业专利产出的均值差异显著高于法律制度环境较完善地区。这表明，儒家文化对企业创新的促进作用在法律制度环境较差地区表现得更加突出。特别是对于发明专利，在法律制度环境较完善的地区，受儒家文化影响较强企业甚至显著低于受儒家文化影响较弱企业。这意味着，非正式制度的儒家伦理和正式制度的法律制度环境在促进企业发明专利产出方面可能存在一定的替代关系，初步支持了假设 5.1a。

表 5.3　　　　　单变量组间差异检验：法律制度环境较完善 VS.
法律制度环境较差

分组	法律制度环境较完善（Law_good）			法律制度环境较差（Law_ poor）		
	受儒家文化影响较弱	受儒家文化影响较强	均值差异检验	受儒家文化影响较弱	受儒家文化影响较强	均值差异检验
Panel A：按照 Confu_200 中值将样本划分为受儒家文化影响较弱组与受儒家文化影响较强组						
LnPatent1	1.5823	1.6695	−0.0872 ***	1.1529	1.3899	−0.2369 ***
LnPatent2	1.1587	1.1322	0.0265	0.7693	0.9070	−0.1377 ***
LnPatent3	1.0686	1.2313	−0.1627 ***	0.8341	1.0650	−0.2309 ***
Panel B：按照 Confu_300 中值将样本划分为受儒家文化影响较弱组与受儒家文化影响较强组						
LnPatent1	1.6299	1.6460	−0.0161	1.1165	1.4068	−0.2903 ***
LnPatent2	1.1771	1.1193	0.0578 **	0.7442	0.9236	−0.1793 ***
LnPatent3	1.1308	1.2035	−0.0727 **	0.8059	1.0691	−0.2632 ***

注：组间均值差异为 T 检验法，***、**、* 分别表示 1%、5%、10% 的显著性水平。

其次，进一步按企业产权性质将样本划分为国有企业和民营企业。从表 5.4 中 Panel A 可以发现，对于国有企业，受儒家文化影响较强企业与受儒家文化影响较弱企业 LnPatent1、LnPatent2、LnPatent3 的均值差异分别为 −0.0309、−0.0395、−0.0092，且均未能通过统计检验。然而，对于民营企业，受儒家文化影响较强企业与受儒家文化影响较弱企业 LnPatent1、LnPatent2、LnPatent3 的均值差异分别为 −0.3526、−0.1917、−0.3376，且都在 1% 水平上显著。Panel B 的结果与 Panel A 一致。以上结果表明，对于国有企业，受儒家文化影响较强企业与受儒家文化影响较弱企业的专利产出并不存在明显差异；相反，对于民营企业，受儒家文化影响较强企业的专利产出却显著高于受儒家文化影响较弱企业。这表示，相对于国有企业，儒家文化对企业创新的促进作用在民营企业中表现更明显，初步支持了假设5.2。

表5.4　　　　　　单变量组间差异检验：国有企业 VS. 民营企业

分组	国有企业			民营企业		
	受儒家文化影响较弱	受儒家文化影响较强	均值差异检验	受儒家文化影响较弱	受儒家文化影响较强	均值差异检验
Panel A：按照 Confu_200 中值将样本划分为受儒家文化影响较弱组与受儒家文化影响较强组						
LnPatent1	1.1910	1.2218	−0.0309	1.4238	1.7764	−0.3526 ***
LnPatent2	0.8376	0.8771	−0.0395	0.9706	1.1623	−0.1917 ***
LnPatent3	0.8783	0.8874	−0.0092	0.9844	1.3220	−0.3376 ***
Panel B：按照 Confu_300 中值将样本划分为受儒家文化影响较弱组与受儒家文化影响较强组						
LnPatent1	1.1830	1.2306	−0.0476	1.4242	1.7807	−0.3565 ***
LnPatent2	0.8392	0.8749	−0.0357	0.9705	1.1649	−0.1944 ***
LnPatent3	0.8666	0.9008	−0.0341	0.9847	1.3262	−0.3414 ***

注：组间均值差异为 T 检验法，*** 、** 、* 分别表示1%、5%、10%的显著性水平。

此外，本书按企业受到外来文化冲击的强弱将样本划分为外来文化冲击较强组（Foreign_strong）和外来文化冲击较弱组（Foreign_weak）。具体而言，从企业所在区域文化对外开放程度、企业国际化程度及高管海外经历三个方面度量企业受到的外来文化冲击程度。从表5.5的单变量检验结果可以看出，对处于文化对外开放度较高地区的企业、国际化程度较高的企业及拥有海外经历高管团队成员的企业，儒家文化影响较强组与儒家文化影响较弱组专利产出的均值差异均低于处于文化对外开放度较低地区的企业、国际化程度较低的企业以及无海外经历高管团队成员的企业。以上结果表明，当企业受到外来文化的冲击较弱时，儒家文化对企业创新的促进作用会表现更明显，即外来文化冲击可能削弱了儒家文化对企业创新的作用效果。这为假设5.3提供了初步的证据支持。

表 5.5　　　　　单变量组间差异检验：外来文化冲击较强 VS.
外来文化冲击较弱

分组	受儒家文化影响较弱	受儒家文化影响较强	均值差异检验	受儒家文化影响较弱	受儒家文化影响较强	均值差异检验
Panel A：按照 Confu_200 中值将样本划分为受儒家文化影响较弱组与受儒家文化影响较强组						
变量	文化对外开放度较高（Openess_high）			文化对外开放度较低（Openes_low）		
LnPatent1	1.4958	1.5775	−0.0817***	1.1731	1.5265	−0.3534***
LnPatent2	1.0692	1.0500	0.0192	0.7821	1.0474	−0.2652***
LnPatent3	1.0463	1.1544	−0.1082***	0.8473	1.1421	−0.2948***
变量	企业国际化程度较高（FSTS_high）			企业国际化程度较低（FSTS_low）		
LnPatent1	1.5250	1.6781	−0.1531***	1.1470	1.4350	−0.2880***
LnPatent2	1.0607	1.1344	−0.0737***	0.7866	0.9644	−0.1778***
LnPatent3	1.1105	1.2437	−0.1331***	0.7941	1.0558	−0.2618***
变量	拥有海外经历高管（Oversea=1）			无海外经历高管（Oversea=0）		
LnPatent1	1.6278	1.8105	−0.1827***	1.1074	1.3908	−0.2833***
LnPatent2	1.1605	1.2491	−0.0886***	0.7415	0.9204	−0.1789***
LnPatent3	1.1463	1.3235	−0.1772***	0.7936	1.0343	−0.2407***
Panel B：按照 Confu_300 中值将样本划分为受儒家文化影响较弱组与受儒家文化影响较强组						
变量	文化对外开放度较高（Openess_high）			文化对外开放度较低（Openes_low）		
LnPatent1	1.5111	1.5656	−0.0545*	1.1598	1.5491	−0.3894***
LnPatent2	1.0743	1.0463	0.0280	0.7828	1.0500	−0.2673***
LnPatent3	1.0633	1.1410	−0.0776***	0.8273	1.1731	−0.3458***
变量	企业国际化程度较高（FSTS_high）			企业国际化程度较低（FSTS_low）		
LnPatent1	1.5232	1.6793	−0.1560***	1.1466	1.4381	−0.2914***
LnPatent2	1.0588	1.1359	−0.0771***	0.7921	0.9597	−0.1676***
LnPatent3	1.1101	1.2437	−0.1337***	0.7879	1.0652	−0.2773***
变量	拥有海外经历高管（Oversea=1）			无海外经历高管（Oversea=0）		
LnPatent1	1.6185	1.8202	−0.2016***	1.1115	1.3878	−0.2763***
LnPatent2	1.1562	1.2535	−0.0973***	0.7485	0.9141	−0.1656***
LnPatent3	1.1345	1.3357	−0.2012***	0.7942	1.0347	−0.2405***

注：组间均值差异为 T 检验法，***、**、*分别表示 1%、5%、10%的显著性水平。

二、儒家文化与企业创新：法律环境的调节作用检验

为检验儒家文化对企业创新的促进作用是否受到正式法律制度环境的影响，本章对式（5.1）进行实证检验。表5.6回归结果显示，企业所在地区法律环境（Law）与LnPatent1、LnPatent2均在1%水平上显著正相关，但Law与LnPatent3的回归系数为负，且不显著。这表明，正式法律制度环境的改善有利于提高企业的专利产出水平，尤其是创新质量较高的发明专利，但对非发明专利产出却有负向影响，且未能通过统计检验。其可能的解释是，发明专利的研发成本和技术价值比非发明专利明显更高。当法律制度环境更加完善时，企业更愿意开展发明专利的研发活动，从而减少对非发明专利的研发投资；相反，当专利保护制度较差时，专利技术被模仿或剽窃的风险较高，企业可能会降低成本高昂但技术价值较高的发明专利研发活动，转而开展创造性和技术水平较低的实用新型专利和外观设计专利的研发活动。

与此同时，法律制度环境与儒家文化的交互项Law×Confu_200、Law×Confu_300与LnPatent1、LnPatent2的估计系数分别为 -0.0095、-0.0077、-0.0146、-0.0139，且都至少在10%水平以上显著；而Law×Confu_200、Law×Confu_300与LnPatent3的估计系数分别为0.0037、0.0070，且均未能通过统计检验。这意味着，非正式制度的儒家伦理与正式制度的法律环境在促进企业创新方面存在相互替代的关系。即在法律环境不够完善时，儒家文化作为一种隐性的非正式约束和规范机制，有助于弥补正式制度的不足，激励企业进行创新研发。上述结果支持了假设5.1a，同时也在一定程度上解释了我国法律体系尚不健全、知识产权保护薄弱的条件下，创新研发投入却迅速增长的悖论（吴超鹏和唐莳，2016）[1]。

---

① 法与金融学派认为，健全的法律体系是保障金融发展和经济增长的重要因素。然而，艾伦等（Allen et al.，2005）却发现，中国在法律体系尚不健全的情况下，经济却在过去几十年里实现持续强劲增长。与此类似，吴超鹏和唐莳（2016）发现，在企业创新领域，法与金融学理论似乎同样难以解释我国知识产权法律保护薄弱，而企业研发创新投入却增长迅速的悖论。由此，本书也为这一现象提供了一个可能的潜在解释。

表 5.6 儒家文化、法律环境与企业创新

因变量	（1）	（2）	（3）	（4）	（5）	（6）
	LnPatent1		LnPatent2		LnPatent3	
Confu_200	0. 2429 *** （10. 66）		0. 2208 *** （10. 91）		0. 2109 *** （8. 31）	
Law × Confu_200	− 0. 0095 ** （− 2. 55）		− 0. 0146 *** （− 4. 25）		0. 0037 （0. 89）	
Confu_300		0. 2304 *** （10. 08）		0. 2139 *** （10. 65）		0. 1959 *** （7. 66）
Law × Confu_300		− 0. 0077 * （− 1. 93）		− 0. 0139 *** （− 3. 77）		0. 0070 （1. 57）
Law	0. 0727 *** （3. 24）	0. 0701 *** （2. 66）	0. 1100 *** （5. 33）	0. 1168 *** （4. 80）	− 0. 0224 （− 0. 90）	− 0. 0426 （− 1. 45）
Size	0. 4834 *** （26. 91）	0. 4847 *** （26. 95）	0. 4726 *** （28. 49）	0. 4736 *** （28. 52）	0. 4752 *** （24. 66）	0. 4772 *** （24. 73）
Lev	− 1. 0173 *** （− 8. 33）	− 1. 0138 *** （− 8. 30）	− 0. 6403 *** （− 5. 71）	− 0. 6379 *** （− 5. 69）	− 1. 0188 *** （− 7. 63）	− 1. 0148 *** （− 7. 60）
CF	0. 6325 ** （2. 52）	0. 6387 ** （2. 54）	0. 4250 * （1. 83）	0. 4287 * （1. 85）	0. 7839 *** （2. 83）	0. 7927 *** （2. 86）
Age	− 0. 0720 *** （− 20. 96）	− 0. 0720 *** （− 20. 91）	− 0. 0570 *** （− 17. 97）	− 0. 0569 *** （− 17. 93）	− 0. 0614 *** （− 16. 10）	− 0. 0614 *** （− 16. 07）
Growth	− 0. 0996 ** （− 1. 97）	− 0. 0991 * （− 1. 96）	− 0. 0255 （− 0. 55）	− 0. 0254 （− 0. 55）	− 0. 1193 ** （− 2. 21）	− 0. 1176 ** （− 2. 18）
Roa	3. 4336 *** （8. 97）	3. 4574 *** （9. 04）	3. 5262 *** （9. 93）	3. 5468 *** （9. 99）	2. 8049 *** （6. 69）	2. 8300 *** （6. 75）
Liquidity	− 0. 0269 *** （− 4. 34）	− 0. 0267 *** （− 4. 30）	− 0. 0069 （− 1. 20）	− 0. 0068 （− 1. 17）	− 0. 0445 *** （− 5. 92）	− 0. 0442 *** （− 5. 87）
Tangibility	− 0. 3175 ** （− 2. 48）	− 0. 3286 ** （− 2. 57）	− 0. 4307 *** （− 3. 64）	− 0. 4374 *** （− 3. 69）	− 0. 2256 （− 1. 63）	− 0. 2401 * （− 1. 73）
Soe	− 0. 0370 （− 0. 91）	− 0. 0409 （− 1. 01）	0. 1240 *** （3. 29）	0. 1214 *** （3. 23）	− 0. 1562 *** （− 3. 49）	− 0. 1620 *** （− 3. 62）
Dual	− 0. 0569 （− 1. 39）	− 0. 0599 （− 1. 46）	0. 0272 （0. 70）	0. 0248 （0. 64）	− 0. 1067 ** （− 2. 32）	− 0. 1102 ** （− 2. 39）

续表

因变量	(1)	(2)	(3)	(4)	(5)	(6)
	LnPatent1		LnPatent2		LnPatent3	
MH	1.3323***	1.3482***	0.9374***	0.9488***	1.3348***	1.3557***
	(10.56)	(10.68)	(7.82)	(7.91)	(9.34)	(9.48)
Top1	−0.0792	−0.0787	−0.4270***	−0.4276***	0.2741**	0.2749**
	(−0.70)	(−0.70)	(−4.00)	(−4.01)	(2.22)	(2.23)
Indep	−1.1359***	−1.1440***	−1.0094***	−1.0194***	−0.6198*	−0.6221*
	(−3.59)	(−3.62)	(−3.38)	(−3.42)	(−1.82)	(−1.83)
Constant	−11.0589***	−11.2023***	−11.3162***	−11.4642***	−11.8777***	−12.0039***
	(−25.67)	(−25.69)	(−28.47)	(−28.54)	(−25.19)	(−25.11)
Industry	控制	控制	控制	控制	控制	控制
Year	控制	控制	控制	控制	控制	控制
N	21053	21053	21053	21053	21053	21053
Pseudo R^2	0.147	0.147	0.145	0.145	0.138	0.138

注：***、**、*分别表示1%、5%、10%的显著性水平，括号内为异方差调整后（Robust）的 t 值。

三、儒家文化与企业创新：产权性质的调节作用检验

为进一步检验儒家文化对企业创新的影响效应是否会因企业产权性质的不同而有所区别，本部分对式（5.2）进行多元回归分析。从表5.7的回归结果可以发现，产权性质与儒家文化的交互项 Soe × Confu_200 与 LnPatent1、LnPatent2、LnPatent3 的估计系数分别为 −0.0883、−0.0654、−0.0810，且均在1%水平上显著；与此类似，交互项 Soe × Confu_300 与 LnPatent1、LnPatent2、LnPatent3 的估计系数分别为 −0.0753、−0.0615、−0.0692，且也都至少在5%水平以上显著。这些结果表明，与国有企业相比，儒家文化对企业创新的促进作用在民营企业中表现更加凸显。这为本章研究假设5.2提供了证据支持。

需要说明的是，回归结果显示，Soe 与 LnPatent1、LnPatent2 均在1%水平上显著正相关，这与孔东民等（2017）研究发现相一致，表明国有企

业的专利产出高于民营企业。然而，这仅仅是两者间存量的比较，并不意味着国有企业的创新效率也更高。事实上，本书第七章对创新（投入产出）效率及创新绩效的检验发现，相对于国有企业，民营企业每单位研发投入的专利申请数量及专利技术对未来经营绩效的边际贡献显著更高，即民营企业的创新效率高于国有企业。

表 5.7　　　　　　　　　儒家文化、产权性质与企业创新

因变量	(1)	(2)	(3)	(4)	(5)	(6)
	LnPatent1		LnPatent2		LnPatent3	
Confu_200	0. 2728 *** (13. 59)		0. 2291 *** (13. 34)		0. 2657 *** (11. 95)	
Soe × Confu_200	− 0. 0883 *** (− 3. 18)		− 0. 0654 *** (− 2. 65)		− 0. 0810 *** (− 2. 62)	
Confu_300		0. 2661 *** (12. 44)		0. 2270 *** (12. 74)		0. 2628 *** (11. 02)
Soe × Confu_300		− 0. 0753 *** (− 2. 63)		− 0. 0615 ** (− 2. 47)		− 0. 0692 ** (− 2. 16)
Soe	0. 4196 *** (2. 74)	0. 3893 ** (2. 21)	0. 4579 *** (3. 37)	0. 4675 *** (3. 05)	0. 2682 (1. 58)	0. 2401 (1. 22)
Size	0. 4920 *** (27. 32)	0. 4929 *** (27. 34)	0. 4839 *** (28. 99)	0. 4850 *** (29. 03)	0. 4760 *** (24. 66)	0. 4770 *** (24. 69)
Lev	− 1. 0679 *** (− 8. 77)	− 1. 0636 *** (− 8. 72)	− 0. 7102 *** (− 6. 33)	− 0. 7064 *** (− 6. 30)	− 1. 0211 *** (− 7. 67)	− 1. 0168 *** (− 7. 63)
CF	0. 6388 ** (2. 54)	0. 6616 *** (2. 63)	0. 4324 * (1. 86)	0. 4521 * (1. 94)	0. 7918 *** (2. 85)	0. 8136 *** (2. 93)
Age	− 0. 0717 *** (− 20. 77)	− 0. 0720 *** (− 20. 83)	− 0. 0572 *** (− 17. 93)	− 0. 0574 *** (− 17. 97)	− 0. 0606 *** (− 15. 89)	− 0. 0609 *** (− 15. 94)
Growth	− 0. 0971 * (− 1. 92)	− 0. 0975 * (− 1. 92)	− 0. 0218 (− 0. 47)	− 0. 0221 (− 0. 48)	− 0. 1196 ** (− 2. 21)	− 0. 1193 ** (− 2. 21)
Roa	3. 4449 *** (8. 99)	3. 4742 *** (9. 07)	3. 5475 *** (9. 95)	3. 5721 *** (10. 03)	2. 7985 *** (6. 67)	2. 8295 *** (6. 75)
Liquidity	− 0. 0274 *** (− 4. 42)	− 0. 0275 *** (− 4. 43)	− 0. 0076 (− 1. 32)	− 0. 0077 (− 1. 34)	− 0. 0446 *** (− 5. 93)	− 0. 0447 *** (− 5. 93)

续表

因变量	(1)	(2)	(3)	(4)	(5)	(6)
	LnPatent1		LnPatent2		LnPatent3	
Tangibility	−0.3830 ***	−0.3980 ***	−0.5106 ***	−0.5256 ***	−0.2404 *	−0.2523 *
	(−3.00)	(−3.11)	(−4.31)	(−4.43)	(−1.74)	(−1.82)
Dual	−0.0482	−0.0515	0.0392	0.0363	−0.1067 **	−0.1099 **
	(−1.18)	(−1.26)	(1.01)	(0.93)	(−2.32)	(−2.39)
MH	1.3445 ***	1.3728 ***	0.9671 ***	0.9904 ***	1.3162 ***	1.3423 ***
	(10.63)	(10.85)	(8.03)	(8.22)	(9.22)	(9.40)
Top1	−0.0610	−0.0547	−0.3966 ***	−0.3928 ***	0.2657 **	0.2714 **
	(−0.54)	(−0.48)	(−3.71)	(−3.67)	(2.16)	(2.20)
Indep	−1.1319 ***	−1.1531 ***	−1.0086 ***	−1.0259 ***	−0.6206 *	−0.6392 *
	(−3.58)	(−3.65)	(−3.38)	(−3.45)	(−1.82)	(−1.88)
Constant	−11.2766 ***	−11.4603 ***	−11.4292 ***	−11.6124 ***	−12.1791 ***	−12.3840 ***
	(−26.23)	(−26.23)	(−28.70)	(−28.83)	(−25.82)	(−25.78)
Industry	控制	控制	控制	控制	控制	控制
Year	控制	控制	控制	控制	控制	控制
N	21053	21053	21053	21053	21053	21053
Pseudo R^2	0.147	0.147	0.144	0.144	0.138	0.138

注：***、**、*分别表示 1%、5%、10% 的显著性水平，括号内为异方差调整后（Robust）的 t 值。

四、儒家文化与企业创新：外来文化冲击的调节作用检验

全球化浪潮下，儒家文化对企业创新的作用效果是否还会受到外来文化冲击的影响？针对这一问题，本书从企业所在区域文化对外开放程度（Openness）、企业国际化程度（FSTS）及高管海外经历（Oversea）等三个方面度量企业受到的外来文化冲击程度，并对式（5.3）进行回归分析。

表 5.8 中 Panel A 结果显示，交互项 Openness × Confu_200 与 LnPatent1、LnPatent2 均至少在 10% 水平以上显著负相关，且 Openness × Confu_300 与 LnPatent1、LnPatent2 也都至少在 5% 水平以上显著负相关。表示企业所在

区域文化对外开放程度越高，儒家文化对企业创新的促进作用越弱。进一步，从 Panel B 可以发现，交互项 FSTS × Confu_200、FSTS × Confu_300 与 LnPatent1、LnPatent2、LnPatent3 均至少在 5% 水平以上显著负相关，说明企业国际化程度越高，儒家文化对企业创新的作用效果越小。此外，Panel C 也显示，交互项 Oversea × Confu_200、Oversea × Confu_300 的回归系数都在 1% 水平上显著为负，这意味着高管海外经历会显著削减儒家文化对企业创新的积极作用。上述结果与文化冲突理论的预期相一致，表明全球化浪潮下的多元文化融合与碰撞确实会削弱儒家文化对我国企业创新的作用效果。因此，本章研究假设 5.3 得到支持。

表 5.8　　　　　　　　儒家文化、外来文化冲击与企业创新

因变量	(1)	(2)	(3)	(4)	(5)	(6)
	LnPatent1		LnPatent2		LnPatent3	
Panel A：企业所在区域文化对外开放程度（Openness）						
Confu_200	0.2672 *** (8.50)		0.2361 *** (8.10)		0.2182 *** (6.40)	
Openness × Confu_200	−0.0024 * (−1.70)		−0.0026 ** (−1.98)		0.0005 (0.36)	
Confu_300		0.2814 *** (8.98)		0.2492 *** (8.69)		0.2452 *** (7.09)
Openness × Confu_300		−0.0035 ** (−2.41)		−0.0036 *** (−2.68)		−0.0010 (−0.64)
Openness	0.0170 ** (2.12)	0.0259 *** (2.89)	0.0202 *** (2.66)	0.0280 *** (3.34)	−0.0042 (−0.48)	0.0066 (0.67)
控制变量	控制	控制	控制	控制	控制	控制
N	21053	21053	21053	21053	21053	21053
Pseudo R²	0.146	0.147	0.143	0.144	0.138	0.138
Panel B：企业国际化程度（FSTS）						
Confu_200	0.2406 *** (15.29)		0.2133 *** (14.97)		0.2377 *** (13.55)	
FSTS × Confu_200	−0.2511 *** (−3.20)		−0.2927 *** (−4.25)		−0.2130 ** (−2.44)	

续表

因变量	(1)	(2)	(3)	(4)	(5)	(6)
	LnPatent1		LnPatent2		LnPatent3	
Confu_300		0.2411*** (15.08)		0.2096*** (14.60)		0.2447*** (13.60)
FSTS × Confu_300		−0.2752*** (−3.29)		−0.2752*** (−3.82)		−0.2706*** (−2.90)
FSTS	2.2287*** (5.02)	2.5450*** (4.85)	2.2764*** (5.84)	2.3604*** (5.24)	1.8124*** (3.69)	2.3103*** (3.98)
控制变量	控制	控制	控制	控制	控制	控制
N	21053	21053	21053	21053	21053	21053
Pseudo R^2	0.148	0.148	0.144	0.144	0.139	0.139

Panel C：企业高管团队成员是否拥有海外经历（Oversea）

因变量	(1)	(2)	(3)	(4)	(5)	(6)
Confu_200	0.2567*** (14.83)		0.2272*** (14.87)		0.2565*** (13.18)	
Oversea × Confu_200	−0.1017*** (−3.57)		−0.1076*** (−4.19)		−0.1033*** (−3.28)	
Confu_300		0.2613*** (14.58)		0.2308*** (14.78)		0.2654*** (13.04)
Oversea × Confu_300		−0.1192*** (−4.10)		−0.1208*** (−4.68)		−0.1231*** (−3.80)
Oversea	0.7327*** (4.60)	0.9075*** (5.04)	0.7649*** (5.34)	0.9170*** (5.74)	0.6567*** (3.73)	0.8467*** (4.22)
控制变量	控制	控制	控制	控制	控制	控制
N	20836	20836	20836	20836	20836	20836
Pseudo R^2	0.148	0.148	0.145	0.145	0.139	0.139

注：***、**、*分别表示1%、5%、10%的显著性水平，括号内为异方差调整后（Robust）的t值。

五、稳健性检验

为确保研究结论的可靠性，本书做了如下稳健性检验。

（一）外来文化冲击的指标替换

前文采用企业高管团队成员是否（即至少一人）拥有海外经历度量企业受到的外来文化冲击程度。借鉴代昀昊和孔东民（2017）、柳光强和孔高文（2018）、袁和温（Yuan and Wen，2018）的研究，本章进一步使用具有海外经历的高管人数占高管团队总人数的比例（PEROVER）及企业 CEO 或董事长是否拥有海外经历（CEOOVER）作为外来文化冲击的替代变量。回归结果如表 5.9 所示，Panel A 显示，交互项 PEROVER × Confu_200、PEROVER × Confu_300 与 LnPatent1、LnPatent2、LnPatent3 的估计系数均至少在 5% 以上水平显著为负。Panel B 中交互项 CEOOVER × Confu_200、CEOOVER × Confu_300 的回归结果与此基本一致。这为前文实证结论提供了进一步的证据支持。

表 5.9　　　　　　　　　　外来文化冲击的指标替换

因变量	(1)	(2)	(3)	(4)	(5)	(6)
	LnPatent1		LnPatent2		LnPatent3	
Panel A：具有海外经历的高管人数占高管总人数的比例（PEROVER）						
Confu_200	0.2384 *** (15.25)		0.2018 *** (14.66)		0.2427 *** (13.91)	
PEROVER × Confu_200	−0.3657 ** (−1.99)		−0.3898 ** (−2.32)		−0.4029 ** (−2.07)	
Confu_300		0.2431 *** (15.09)		0.2068 *** (14.78)		0.2497 *** (13.77)
PEROVER × Confu_300		−0.5306 *** (−2.75)		−0.5311 *** (−3.03)		−0.5628 *** (−2.79)
PEROVER	2.6936 *** (2.60)	3.9563 *** (3.29)	2.8567 *** (3.01)	3.9838 *** (3.65)	2.5086 ** (2.30)	3.7629 *** (3.01)
控制变量	控制	控制	控制	控制	控制	控制
N	20836	20836	20836	20836	20836	20836
Pseudo R^2	0.147	0.147	0.144	0.144	0.138	0.138

续表

因变量	(1)	(2)	(3)	(4)	(5)	(6)
	LnPatent1		LnPatent2		LnPatent3	
Panel B：CEO 或董事长是否拥有海外经历（CEOOVER）						
Confu_200	0.2317 ***		0.1955 ***		0.2312 ***	
	(16.44)		(15.65)		(14.69)	
CEOOVER × Confu_200	−0.1099		−0.1473 **		−0.0540	
	(−1.43)		(−2.06)		(−0.63)	
Confu_300		0.2335 ***		0.1981 ***		0.2350 ***
		(16.13)		(15.71)		(14.41)
CEOOVER × Confu_300		−0.2059 ***		−0.2345 ***		−0.1292
		(−2.71)		(−3.33)		(−1.52)
CEOOVER	0.6605	1.3183 ***	0.8850 **	1.5113 ***	0.2755	0.7738
	(1.51)	(2.77)	(2.19)	(3.43)	(0.57)	(1.46)
控制变量	控制	控制	控制	控制	控制	控制
N	20874	20874	20874	20874	20874	20874
Pseudo R^2	0.147	0.147	0.144	0.144	0.138	0.138

注：***、**、* 分别表示 1%、5%、10% 的显著性水平，括号内为异方差调整后（Robust）的 t 值。

（二）使用研发投入作为企业创新水平的替代变量

前文参考童等（Tong et al.，2014）、黎文靖和郑曼妮（2016）、孔东民等（2017）的研究，采用创新专利产出作为企业创新水平的度量指标。进一步，借鉴董晓庆等（2014）、阿迪卡里和阿格拉瓦尔（Adhikari and Agrawal，2016）、权小锋和尹洪英（2017）等的研究，本章使用研发支出占总资产的比重（RD_AT）、研发支出占营业收入的比重（RD_SALE）及研发人员占人员总数的比例（RD_STAFF）三个创新投入指标作为企业创新水平的替代变量。表 5.10 的回归结果显示，与前文发现基本保持一致，从而进一步支持了前文的研究结论。

表 5.10　　　　　　　　　使用创新投入度量创新水平

因变量	(1)	(2)	(3)	(4)	(5)	(6)
	RD_TA		RD_SALE		RD_STAFF	
Panel A：知识产权保护水平（LAW）						
Confu_200	0.0019 ***		0.0038 ***		0.0088 ***	
	(11.12)		(10.00)		(4.75)	
LAW × Confu_200	−0.0001 ***		−0.0005 ***		−0.0010 ***	
	(−4.52)		(−7.36)		(−3.42)	
Confu_300		0.0020 ***		0.0041 ***		0.0085 ***
		(10.95)		(10.23)		(4.53)
LAW × Confu_300		−0.0002 ***		−0.0006 ***		−0.0011 ***
		(−5.22)		(−8.11)		(−3.68)
控制变量	控制	控制	控制	控制	控制	控制
N	21053	21053	21053	21053	21053	21053
Pseudo R^2	0.329	0.329	0.647	−0.647	0.492	0.492
Panel B：产权性质（Soe）						
Confu_200	0.0020 ***		0.0022 ***		0.0081 ***	
	(14.22)		(7.11)		(6.48)	
Soe × Confu_200	−0.0006 ***		−0.0003		−0.0051 **	
	(−3.17)		(−0.79)		(−2.52)	
Confu_300		0.0019 ***		0.0020 ***		0.0074 ***
		(12.68)		(6.32)		(5.65)
Soe × Confu_300		−0.0005 **		−0.0001		−0.0048 **
		(−2.48)		(−0.34)		(−2.30)
控制变量	控制	控制	控制	控制	控制	控制
N	21053	21053	21053	21053	21053	21053
Pseudo R^2	0.328	0.327	0.644	0.643	0.490	0.490
Panel A：企业所在区域文化对外开放程度（Openness）						
Confu_200	0.0018 ***		0.0044 ***		0.0137 ***	
	(6.54)		(7.32)		(4.38)	
Openness × Confu_200	−0 *		−0.0001 ***		−0.0004 ***	
	(−1.74)		(−5.18)		(−3.19)	
Confu_300		0.0019 ***		0.0048 ***		0.0133 ***
		(6.76)		(7.63)		(4.03)

续表

因变量	(1)	(2)	(3)	(4)	(5)	(6)
	RD_TA		RD_SALE		RD_STAFF	
Openness × Confu_300		-0^{**} (-2.32)		-0.0002^{***} (-5.66)		-0.0004^{***} (-3.04)
控制变量	控制	控制	控制	控制	控制	控制
N	21053	21053	21053	21053	21053	21053
Pseudo R^2	0.330	0.330	0.647	0.648	0.492	0.492

Panel B：企业国际化程度（FSTS）

因变量	(1)	(2)	(3)	(4)	(5)	(6)
Confu_200	0.0015^{***} (13.75)		0.0021^{***} (8.59)		0.0063^{***} (5.71)	
FSTS × Confu_200	0.0004 (0.66)		-0.0020 (-1.60)		-0.0101 (-1.59)	
Confu_300		0.0015^{***} (12.87)		0.0020^{***} (8.03)		0.0056^{***} (4.95)
FSTS × Confu_300		0.0004 (0.64)		-0.0017 (-1.31)		-0.0100 (-1.48)
控制变量	控制	控制	控制	控制	控制	控制
N	21053	21053	21053	21053	21053	21053
Pseudo R^2	0.328	0.327	0.642	0.642	0.490	0.490

Panel C：企业高管团队成员是否拥有海外经历（Oversea）

因变量	(1)	(2)	(3)	(4)	(5)	(6)
Confu_200	0.0017^{***} (14.11)		0.0024^{***} (9.43)		0.0069^{***} (5.26)	
Oversea × Confu_200	-0.0002 (-1.15)		-0.0016^{***} (-3.52)		-0.0034^{*} (-1.65)	
Confu_300		0.0017^{***} (13.67)		0.0024^{***} (9.40)		0.0065^{***} (4.82)
Oversea × Confu_300		-0.0004^{**} (-1.99)		-0.0019^{***} (-4.13)		-0.0042^{*} (-1.94)
控制变量	控制	控制	控制	控制	控制	控制
N	20836	20836	20836	20836	20836	20836
Pseudo R^2	0.332	0.332	0.654	0.654	0.479	0.478

注：***、**、*分别表示1%、5%、10%的显著性水平，括号内为异方差调整后（Robust）的t值。

（三）其他稳健性检验

此外，本书还进行了如下稳健性测试：（1）为避免企业存在专利申请数量故意多报的问题，采用专利授权数量度量企业创新产出。（2）为确保结论的可靠性，进一步剔除专利值缺失的样本。（3）借鉴金智等（2017）研究，使用企业所在城市对外开放程度度量地区外来文化冲击程度，当企业注册在上海、深圳、珠海、厦门等沿海开放城市或经济特区时，表示企业所在区域受到外来文化的冲击更严重。（4）为排除地区层面相关因素的潜在干扰，控制了企业所在地区人均国内生产总值、法律环境、金融发展水平、教育水平及税负等地区经济和制度环境变量。（5）考虑使用 200 公里和 300 公里半径范围内儒家书院度量儒家文化影响强度，由此导致样本分布可能会受地理距离影响。为避免上市公司分布过于集中可能带来的影响，剔除上市公司数量排名前十城市的公司样本。（6）将使用公司注册地改为利用公司办公地 200 公里和 300 公里半径范围内的儒家书院数量，重新计算儒家文化影响力。（7）参考金智等（2017）及陈等（Chen et al.，2019）研究，使用公司注册地 200 公里和 300 公里半径范围内孔庙数量作为儒家文化强度的替代变量。（8）为排除部分公司注册地址发生变更带来的影响，剔除注册地发生过变更的公司样本。经过上述检验，原有结论依然保持不变。

第五节　本章小结

企业创新活动不仅会受到传统文化等隐性价值规范的影响，同时也会受到知识产权保护等外部制度环境的显性约束。因此，作为一种非正式制度因素，儒家文化对企业创新的作用效果可能还会受到外部制度环境的影响。基于此，本章将正式制度与非正式制度相融合，综合形成了正式制度和非正式制度双重视角的企业创新决策二元分析范式和理论框架，探讨了儒家文化与正式制度两种不同约束力量对企业创新的交互影响。利用沪深两市 A 股上市公司 2007～2017 年度数据，实证研究发现，企业所在地区的法律制度环境越不完善，儒家文化对企业创新的促进效果表现越明显。这意味着，非正式制度的儒家伦理与正式制度的法律制度环境在促进企业创新方面存在相互替代的关系，即在法律制度不够完善时，儒家文化作为一种隐性的非正式约束和规范机制，有助于弥补正式制度的不足，激励企业创新研发。进一步研究表明，与国有企业相比，儒家文化对企业创新的促进作用在民营企业中表现得更加突出；而全球化浪潮下，外来文化冲击则在一定程度上削弱了儒家文化对企业创新的作用效果。

　　本章的研究结论不仅深化了对新兴和转型经济体正式制度与传统文化两种不同力量创新影响效应及交互关系的理解，也为全面理解儒家传统文化的当代创新价值提供了一个真实场景。另外也具有重要的政策启示：首先，法律等正式制度体系的建设往往是一个长期逐步积累的过程，很难在短时期内得以健全和完善。本章研究表明，在我国法律体系尚不健全、知识产权保护薄弱的情境下，作为一种隐性的非正式约束和规范机制，儒家文化能够弥补新兴市场正式制度的不足。因此，在现代经济管理实践中，应充分发挥儒家传统文化在构建现代商业文明建设、推动高质量发展中的时代价值与治理功能。其次，本章节研究发现，外来文化冲击会削弱儒家文化对企业创新的积极作用效果。因此，全球化浪潮下，面对西方外来思想和文化的涌入应对其保持客观审慎的态度，要立足于本民族的传统文化，取其精华，去其糟粕；对西方文化既不可持全面否定的态度，更不可有全盘西化的理念。同时，应对本民族文化保持高度自信，进一步增强对中华优秀传统文化的保护与传承，要做到"不忘本来、吸收外来、面向未来"。

第六章

儒家文化与企业创新：
组织情境的调节作用

　　企业创新活动不仅受制于外部制度环境和文化因素的约束，同样也会受到企业内部组织情境的影响。根据企业行为理论、前景理论和产业组织理论，当企业面临的业绩反馈压力和市场竞争威胁较大时，经营者可能会更加积极主动地突破现有制度和文化框架，激发企业战略变革或冒险创新动力。基于此，本章进一步将企业内部组织情境纳入"儒家文化与企业创新"分析框架，深入探讨业绩反馈压力和市场竞争威胁对儒家文化与企业创新之间关系的调节作用，以揭示不同组织情境下儒家文化对企业创新行为的异质性影响。本章研究不仅有助于全面理解儒家文化的创新效果及其边际作用条件，还能够进一步深化对企业创新决定因素的理论认知，并在一定程度上丰富企业行为理论的相关研究文献。

第一节　引　言

　　创新是提高企业竞争优势及实现国家经济增长的关键动力（Portor，1990；Solow，1957），因而一直是经济金融、企业管理与公司治理等领域研究的热点话题。目前，已有研究大都基于宏观制度约束和微观激励机制设计视角考察影响企业创新的关键决定因素（Moser，2005；Gorg and

Strobl，2007；Manso，2011；吴超鹏等，2016；孔东民等，2017）。然而，企业创新活动并非仅受到宏观制度环境和微观监督与激励机制设计的影响。根据熊彼特（Schumpeter，1950）的经典创新理论，企业家的创新投资决策还会受到企业经营情况，如经营业绩等内生性因素的影响（贺小刚等，2017；朱丽娜等，2017）。

企业行为理论基于比较视角强调了相对业绩的重要性，认为决策者会根据业绩反馈调整自身的行为以做出相应反应（Cyert and March，1963；Lant，1992；Greve，1998）。当企业实际业绩低于期望业绩水平时，现实和期望的心理落差会导致决策者对过去的经营管理模式产生怀疑，并激发战略变革或冒险创新动力，即中国俗语中的"穷则思变"（Greve，2003；连燕玲等，2014；贺小刚等，2017a）。前景理论也指出，在损失状态下决策者更易偏好冒险决策，而在高于参照点的状态下决策者更倾向于规避冒险决策行为（Kahneman and Tversky，1979）。因此，当企业处于期望落差状态时，决策者将具有更强的冒险创新动力（Fiegenbaum，1990；Baum and Dahlin，2007；贺小刚等，2016）。由此可见，期望落差导致的业绩反馈压力，可能会激励经营者主动突破现有制度与文化框架，激发战略变革或冒险创新动力。那么，当企业面临的期望落差较大时，由此导致的业绩反馈压力是否会弱化儒家文化对企业创新行为的影响效应？

进一步，除面临组织自身的业绩反馈压力之外，企业通常还会面临着来自产品市场竞争的威胁。根据产业组织理论，企业的创新决策通常是在考虑个体特征后对赖以生存的产品市场竞争环境所做出的应对（何玉润等，2015）。激烈的市场竞争环境将使得企业前期取得的成功难以保证后续的持续增长，从而会加剧企业所面临的生存压力和遭受市场淘汰的风险。为获取并维持市场竞争优势，企业通常需要增加创新研发投资以不断适应所处市场产品及技术条件的变化（Arrow，1962；Portor，1990；Griffith，2006；张杰等，2014；何玉润等，2015）。与此同时，作为一种有效的外部治理机制，激烈的市场竞争环境还能够有效缓解企业代理冲突，激发管理者的创新动力（Allen and Gale，2000；邢立全和陈汉文，2013）。那么，儒家文化对企业创新活动的影响效应是否还会受到市场竞争威胁的影响？

基于此，本章进一步将企业内部组织情境纳入"儒家文化与企业创新"分析框架，深入考察业绩反馈压力和市场竞争威胁对儒家文化与企业创新之间关系的调节作用，以揭示不同组织情境下儒家文化对企业创新行为的异质性影响。对上述问题的明晰，不仅有助于全面理解儒家文化的创新效果及其边际作用条件，也能够进一步深化对企业创新决策机理的理论认知。

第二节　理论分析与研究假设

一、儒家文化、业绩反馈压力与企业创新

企业行为理论的核心思想体现在基于业绩反馈的决策模型之中，认为组织是目标导向的体系，管理者会通过评价当前实际经营业绩与目标期望业绩之间的差距来决定其后续行为选择（Cyert and March，1963；Lant，1992；Greve，1998）。有限理性的管理者通常将实际业绩低于目标期望水平的状态视为一种"损失状态"，当组织处于损失状态时，管理者会认为前期的管理方式、资源配置、产品制造或市场定位等是存在问题的，从而驱使他们积极探索解决方案，如实施战略变革或开展冒险性的创新活动，以使组织经营业绩回到目标期望水平（Cyert and March，1963；March and Shapira，1987）。卡尼曼和特沃斯基（Kahneman and Tversky，1979）的前景理论也指出，当组织处于损失状态时，管理者往往更倾向于采取冒险行动；而当组织处于参考点以上时，管理者通常会更加规避风险。期望落差产生的压力甚至会促使管理者做出违背社会规范的冒险决策（Baucus，1994）。上述理论观点得到了一些组织行为学者的支持，如格雷夫（Greve，2003）的研究发现，较低的经营业绩会增加管理者的风险容忍度，从而提高风险性较高的技术创新投入强度。进一步，连燕玲等（2014）、贺小刚等（2017a）的研究表明，期望落差会促使管理者采取冒险的变革行动，期望落差越大，企业实施冒险性战略变革的程度越高，即中国俗语中的"穷则

思变"。贺小刚等（2016，2017b）也指出，期望落差会激发管理者的冒险创新动力，且企业实际业绩与期望水平的差距越大，创新性活动的投入程度越高。

综合上述研究，本书认为期望落差导致的业绩反馈压力将有助于提高企业创新研发投资。一方面，期望落差能够提高管理者的冒险精神，激发企业冒险创新动力；另一方面，期望落差可以显著提高管理者的努力程度，促使其积极开展有利于企业价值增值的创新研发活动以扭转企业的亏损状态，从而避免经营失败对经理人个人职业安全和市场声誉造成的负面冲击。由此可见，期望落差导致的业绩反馈压力将可能激发管理者主动突破既有的制度和文化框架，促使其更加积极地寻求变革创新。可以推测，当企业处于期望落差状态时，管理者可能更多是出于企业面临的业绩反馈压力而被迫选择冒险创新活动；相反，当企业处于期望顺差状态下时，管理者则可能更多是基于自身固有的伦理准则和价值取向而积极开展创新研发活动。基于此，本书提出如下假设：

假设6.1：企业面临的期望落差越大，儒家文化对企业创新的影响效应越弱，即业绩反馈压力会削弱儒家文化对企业创新行为的作用效果。

二、儒家文化、市场竞争威胁与企业创新

除面临组织自身的业绩反馈压力之外，企业通常还会面临着来自产品市场竞争的威胁。根据产业组织理论，企业的创新决策通常是在考虑个体特征后对赖以生存的产品市场竞争环境所做出的应对（何玉润等，2015）。因此，市场竞争威胁会对企业创新行为产生重要影响。一方面，激烈的产品市场竞争加剧了企业所面临的生存压力和市场淘汰风险，从而有助于激发企业创新动力。与稳定的市场竞争环境不同，激烈的市场竞争环境下，市场需求和盈利空间下降，企业前期取得的成功难以保证其后续持续增长。为获取并维持市场竞争优势，企业必须通过研发新产品或新技术以不断适应所处市场产品需求及技术条件的变化（Arrow，1962；Griffith，2006；张远飞，2013）。另一方面，根据代理理论，管理者往往热衷于享受平静

安逸的生活，因而更倾向选择能够在短期内提升经营绩效的稳健投资项目，而不选择创新研发（Jensen，1986）。作为一种有效的外部治理机制，激烈的产品市场竞争能够有效缓解企业代理冲突，降低管理者的偷懒行为，促使其积极开展创新研发活动（Allen and Gale，2000；邢立全和陈汉文，2013）。同时，产品市场竞争的竞争淘汰机制也会进一步激发管理者的努力程度，以避免遭市场淘汰而面临被解聘的风险。维克和亚罗（Vicker and Yarrow，1988）指出，市场竞争威胁能够激励管理者积极开发新产品和引进新技术。格里菲斯（Griffith，2006）发现，竞争市场上企业可以通过技术创新来获得更高的收益。张杰等（2014）、何玉润等（2015）也证实，企业面临的市场竞争越激烈，其创新研发投入强度越高。

由此可以推测，不同的市场竞争环境下，儒家文化对企业创新行为的影响效应可能会有所不同。一方面，在激烈的产品市场竞争环境下，市场竞争威胁可能会激励管理者主动突破既有的制度和文化框架，激发创新动力以免遭市场淘汰。相反，在稳定的市场竞争环境中，管理者则可能更多是基于自身固有的伦理准则和价值取向而积极开展创新研发活动。另一方面，产品市场竞争作为一种有效的外部治理机制（Allen and Gale，2000；邢立全和陈汉文，2013），与文化这一隐性伦理约束在降低经理人代理冲突方面可能存在一定的替代效应。当企业面临的产品市场竞争较弱时，儒家文化对管理者的伦理约束会表现更明显，因而对企业创新行为的促进作用效果也会更突出。基于以上分析提出如下假设：

假设 6.2：企业面临的市场竞争威胁越强，儒家文化对企业创新的影响效应越弱，即市场竞争威胁会削弱儒家文化对企业创新行为的作用效果。

三、基于不同资源冗余状态下的比较分析

企业创新决策不仅受到创新激励的影响，还受制于企业资源状态的约束。已有研究表明，业绩期望落差状态下，管理者是否具有冒险动机进行战略变革或创新研发会受到企业所拥有的可支配冗余资源的影响（连燕玲

等，2014；Mckunley et al.，2014；贺小刚等，2017b）。一方面，充足的冗余资源能够在更大落差范围内缓冲经营失败的威胁，降低管理者对失败的恐惧，增强对风险的容忍程度，从而促使其更愿意开展冒险性创新活动（Cyert and March，1963；Audia and Greve，2006）。另一方面，企业拥有的冗余资源越多，意味着开展创新活动所需的资源基础越充足，这将为创新活动的顺利开展提供坚实的物质保障（Lungeanu et al.，2016；解维敏和魏化倩，2016）。与此相反，当企业拥有的冗余资源较少时，管理者选择冒险性创新行为的动力将明显降低，这是因为创新往往成本较高、不确定性较强，在资源匮乏状态下，持续的创新研发投资会消耗企业的关键性稀缺资源，这可能不仅不会改善企业的亏损状态，还可能使企业陷入更严重的经营困境（Mckunley et al.，2014）。连燕玲等（2014）研究发现，随着期望落差的扩大，企业拥有的资源冗余越充足，管理者实施战略变革的基础条件和空间弹性越大，战略变革程度越高。贺小刚等（2017b）也表明，冗余资源能显著提高管理者的冒险动机，同等期望落差状态下，冗余资源充足的企业更倾向于采取冒险性创新活动。

由此本书认为，业绩期望落差状态下，企业拥有的冗余资源越充足，其实施冒险性创新活动的基础条件和空间弹性越大。这将进一步增强管理者冒险动机，导致管理者对业绩反馈压力更加敏感，从而更容易突破原有的制度和文化框架，更加积极地开展冒险性创新活动。因此，当企业拥有的冗余资源较充足时，业绩反馈压力对儒家文化与企业创新之间关系的弱化作用会表现更明显。与此相仿，也可以推测出在激烈的市场竞争环境下，充足的冗余资源可能会进一步激发管理者的冒险创新动力，促使其通过技术创新来应对市场竞争威胁。相反，当企业拥有的冗余资源较少时，管理者可能更倾向于通过加强内部管理、降低成本费用或改进现有技术流程等方法来改善经营业绩，而不是采取风险较高的创新研发活动。故此，当企业拥有的冗余资源较充足时，市场竞争威胁对儒家文化与企业创新之间关系的弱化作用可能表现更突出。基于以上分析提出如下假设：

假设 6.3：企业拥有的冗余资源越充足，业绩反馈压力对儒家文化与企业创新之间关系的弱化作用越明显。

假设6.4：企业拥有的冗余资源越充足，市场竞争压力对儒家文化与企业创新之间关系的弱化作用越明显。

第三节　研究设计

一、样本选择与数据来源

本章以沪深两市A股上市公司2007～2017年度数据为样本来源，并对样本进行了如下筛选：（1）剔除金融保险类行业样本；（2）剔除ST或PT公司样本；（3）剔除外资控股企业样本；（4）剔除数据存在缺失样本。经过上述筛选，最终得到18347个年度样本观测值。本章核心解释变量儒家文化数据源自手工收集整理，详细计算过程参见第四章变量定义部分。企业专利数据源自CSMAR数据库和中国国家知识产权局（SIPO）专利数据库收集整理获得。公司财务和公司治理数据均来自CSMAR和WIND数据库。为避免极端异常值对实证结果造成的干扰，实证检验时对所有连续变量均进行了1%水平的Winsorize缩尾处理。

二、业绩反馈压力的测度

根据先前研究（连燕玲等，2014；贺小刚等，2016），本章使用期望落差来反映企业所面临的业绩反馈压力。根据企业行为理论和业绩反馈理论，当决策者感受到现实与期望的差距较大时，将激发其冒险决策动机，进行创新等变革性活动。在现有研究中，学者们往往通过公司实际业绩与期望业绩的差距测度期望落差。其中，期望业绩既可以采用历史比较方法将自己的历史业绩水平设定为参照点（Chen，2008；Chrisman and Patel，2012；连燕玲等，2014；贺小刚等，2017a），也可以采用社会比较方法以所在行业业绩水平作为参照对象（Greve，2003；Chen，2008；连燕玲等，2014；贺小刚等，2016）。参考陈（Chen，2008）、连燕玲等（2014）及贺

小刚等（2017b）的研究，本书同时使用历史期望落差（HisGap）和行业
期望落差（SocGap）测度期望落差，并使用净资产回报率衡量公司业绩
（Roe）。

历史期望落差（HisGap）等于 I_1（$P_{i,t-1}-A_{i,t-1}$）。考虑到是研究公司过
去的期望落差对其后续决策行为产生的影响，因而本部分使用公司 i 在 t−1
期的实际业绩（$P_{i,t-1}$）与 t−1 期的历史期望业绩（$A_{i,t-1}$）进行比较。历
史期望业绩的计算公式如下：

$$A_{i,t-1}=(1-\alpha_1)P_{i,t-2}+\alpha_1 A_{i,t-2} \tag{6.1}$$

其中，α_1 代表权重，取值为 ［0，1］。权重设定不同可能会对结果产生影
响，参考 Chen（2008）及贺小刚等（2017b）研究，本书在主检验中取
$\alpha_1=0.4$，并在稳健性检验中赋予 α_1 其他值以确保实证结论的可靠性。具
体而言，公司 i 在 t−1 期的历史期望业绩（$A_{i,t-1}$）等于 0.6 倍的公司 i 在
t−2 期的实际业绩加上 0.4 倍的公司 i 在 t−2 期的历史期望业绩，即两者
权重设置为 0.6 和 0.4 时的加权平均值。$P_{i,t-1}-A_{i,t-1}$ 为公司 i 在 t−1 期的
历史期望业绩差距，当其值小于 0 时，表示公司处于期望落差状态，I_1 取
1；当其值大于 0 时，表示公司处于期望顺差状态，I_1 取 0。I_1 与（$P_{i,t-1}-$
$A_{i,t-1}$）相乘，即可以得到如下截尾的历史期望落差变量：HisGap $I_1=$
（$P_{i,t-1}-A_{i,t-1}$）。

行业期望落差（SocGap），等于 $I_2(P_{i,t-1}-IE_{i,t-1})$，基于上述类似的方
法得到。其中，$IE_{i,t-1}$ 表示行业期望业绩，其计算公式如下：

$$IE_{i,t-1}=(1-\alpha_1)IP_{i,t-2}+\alpha_1 IE_{i,t-2} \tag{6.2}$$

同式（6.2），取 $\alpha_1=0.4$，公司 i 在 t−1 期的行业期望业绩（$IE_{i,t-1}$）
等于 0.6 倍的公司 i 在 t−2 期所处行业业绩中值 $IP_{i,t-2}$ 加上 0.4 倍的公司 i
在 t−2 期的行业期望业绩，即两者权重设置为 0.6 和 0.4 时的加权平均
值。$P_{i,t-1}-IE_{i,t-1}$ 为公司 i 在 t−1 期的行业期望业绩差距，当其值小于 0
时，则认为公司 i 在 t−1 期的实际业绩低于行业期望业绩，I_2 取 1；当其
值大于 0 时，则表示公司 i 在 t−1 期的实际业绩高于行业期望业绩，I_2 取
0。I_2 与（$P_{i,t-1}-IE_{i,t-1}$）相乘，即可以得到如下截尾的行业期望落差变
量：SocGap $=I_2(P_{i,t-1}-IE_{i,t-1})$。

三、市场竞争威胁的测度

根据先前研究，本书使用企业所面临的产品市场竞争激烈程度来作为市场竞争威胁的代理变量（Market Competition Threat，MCT）。特别地，借鉴豪沙尔特等（Haushalter et al.，2007）、吴昊旻等（2012）的研究，本章分别使用赫芬达尔指数（HHI）与勒纳指数（PCM）度量企业所面临的产品市场竞争激烈程度。具体计算方法如下：

赫芬达尔指数（HHI）等于行业内每家公司营业收入与所属行业营业收入总和的比值的平方累加。即 $HHI = sum[(X_i/X)^2]$，其中 X_i 代表公司 i 的营业收入，X 为代表公司 i 所处行业全部公司营业收入的加总。HHI 值越小，表明市场集中度越低，公司面临的产品市场竞争越激烈，也即面临的市场竞争威胁越大。

行业勒纳指数（PCM）等于行业内每家公司营业收入与所属行业营业收入总和的比值乘以个股勒纳指数的累加。即 $sum[(X_i/X) × 个股勒纳指数]$，其中个股勒纳指数等于（营业收入 – 营业成本 – 销售费用 – 管理费用）/营业收入。PCM 值越小，表明公司面临的产品市场竞争越激烈，也即面临市场竞争压力越大。

四、模型设计与变量定义

（一）儒家文化、业绩反馈压力与企业创新

为考察儒家文化对企业创新的影响效应是否会受到业绩反馈压力的影响，本书构建如下模型：

$$
\begin{aligned}
Innovation_{i,t} = &\ \alpha_0 + \alpha_1 Confucian_{i,t} + \alpha_2 NegAdi_{i,t-1} + \alpha_3 NegAdi_{i,t-1} \\
&\times Confucian_{i,t} + \alpha_4 Size_{i,t} + \alpha_5 Lev_{i,t} + \alpha_6 CF_{i,t} + \alpha_7 Age_{i,t} \\
&+ \alpha_8 Growth_{i,t} + \alpha_9 Roa_{i,t} + \alpha_{10} Liquidity_{i,t} + \alpha_{11} Tangibility_{i,t} \\
&+ \alpha_{12} Soe_{i,t} + \alpha_{13} Dual_{i,t} + \alpha_{14} MH_{i,t} + \alpha_{15} Top1_{i,t} + \alpha_{16} Indep_{i,t} \\
&+ Industry + Year + \varepsilon_{i,t}
\end{aligned}
\tag{6.3}
$$

式（6.3）是在式（4.4）基础上，将期望落差（NegAdi）纳入回归方程，并引入期望落差与儒家文化的交互项（NegAdi × Confucian）。期望落差分别使用历史期望落差（HisGap）和行业期望落差（SocGap）测度。

（二）儒家文化、市场竞争威胁与企业创新

进一步，为检验儒家文化对企业创新的影响效应是否还会受到市场竞争威胁的影响，本书构建如下模型：

$$
\begin{aligned}
Innovation_{i,t} = &\ \alpha_0 + \alpha_1 Confucian_{i,t} + \alpha_2 Com_{i,t-1} + \alpha_3 Com_{i,t-1} \times Confucian_{i,t} \\
&+ \alpha_4 Size_{i,t} + \alpha_5 Lev_{i,t} + \alpha_6 CF_{i,t} + \alpha_7 Age_{i,t} + \alpha_8 Growth_{i,t} \\
&+ \alpha_9 Roa_{i,t} + \alpha_{10} Liquidity_{i,t} + \alpha_{11} Tangibility_{i,t} + \alpha_{12} Dual_{i,t} \\
&+ \alpha_{13} MH_{i,t} + \alpha_{14} Top1_{i,t} + \alpha_{15} Indep_{i,t} + Industry + Year + \varepsilon_{i,t}
\end{aligned}
$$

$$(6.4)$$

其中，式（6.4）是在式（4.4）的基础上，将市场竞争威胁与儒家文化的交互项（Com × Confucian）纳入回归方程。市场竞争威胁（Com）分别使用赫芬达尔指数（HHI）与勒纳指数（PCM）进行度量。

上述两个模型中，被解释变量 Innovation 表示企业创新，本章分别使用专利申请总数（LnPatent1）、发明专利申请数量（LnPatent2）和非发明专利申请数量（即实用新型专利和外观设计专利之和，LnPatent3）加 1 的自然对数度量企业创新水平，并使用研发支出占总资产的比重、研发支出占营业收入的比重及研发人员占人员总数的比例作为替代变量做稳健性检验。解释变量 Confucian 表示儒家文化影响强度，分别采用企业注册地 200公里（Confu_200）和 300 公里（Confu_300）半径范围内儒家书院数量加1 的自然对数作为儒家文化影响力的代理变量。

资源冗余（Slack）：参考乔治（George，2005）、解维敏和魏化倩(2016)及傅皓天等（2018）研究，本书重点从财务视角度量企业的资源冗余程度。具体来讲，本章使用企业期初现金及现金等价物与期初总资产的比值来衡量企业资源冗余程度，并按照年度行业中值，将样本划分为资源冗余程度较高组（Slack_高）和资源冗余程度较低组（Slack_低）。在稳健性检验部分，本研究还使用速动比率作为资源冗余的替代指标以确保结果的可靠性

（Iyer and Miller，2008；李晓翔和刘春林，2011；解维敏和魏化倩，2016）。

　　此外，同前面章节，上述模型还引入了如下控制变量：企业规模（Size）、财务杠杆（Lev）、经营性现金流（CF）、上市年龄（Age）、销售增长率（Growth）、总资产收益率（Roa）、流动比率（Liquidity）、固定资产占比（Tangibility）、产权性质（Soe）、两职合一（Dual）、管理层持股比例（MH）、第一大股东持股比例（Top1）、独立董事占比（Indep）等，并将所有控制变量做滞后一期处理。此外，还控制了行业（Industry）和年度（Year）固定效应，各变量定义如表 6.1 所示。由于企业专利数据为左断尾分布的"归并数据"，因而采用 Tobit 模型进行回归分析。

表 6.1　　　　　　　　　　变量定义及度量方法

变量名称	变量符号	变量定义
创新水平	LnPatent1	发明专利、实用新型专利和外观设计专利申请总量加 1 的自然对数
	LnPatent2	发明专利申请总量加 1 的自然对数
	LnPatent3	非发明专利（实用新型专利和外观设计专利）加 1 的自然对数
儒家文化	Confu_200	公司注册地 200 公里范围内儒家书院数量加 1 的自然对数
	Confu_300	公司注册地 300 公里范围内儒家书院数量加 1 的自然对数
业绩期望落差	HisGap	历史期望落差，等于 $I_1(P_{i,t-1} - A_{i,t-1})$。其中，$P_{i,t-1}$ 为公司 i 在 t−1 期的实际业绩，$A_{i,t-1}$ 为公司 i 在 t−1 期的历史期望业绩；当 $P_{i,t-1} - A_{i,t-1} < 0$ 时，$I_1 = 1$，否则等于 0
	SocGap	行业期望落差，等于 $I_2(P_{i,t-1} - IE_{i,t-1})$。其中，$P_{i,t-1}$ 为公司 i 在 t−1 期的实际业绩，$IE_{i,t-1}$ 为公司 i 在 t−1 期的行业期望业绩；当 $P_{i,t-1} - IE_{i,t-1} < 0$ 时，$I_2 = 1$，否则等于 0
市场竞争威胁	HHI	赫芬达尔指数，等于 $sum[(X_i/X)^2]$，即行业内每家公司营业收入与所属行业营业收入合计比值的平方累加。其中，X_i 为公司 i 的营业收入，X 为公司 i 所属行业的营业收入合计
	PCM	行业勒纳指数，等于 $sum[(X_i/X) \times 个股勒纳指数]$。其中，个股勒纳指数等于（营业收入 − 营业成本 − 销售费用 − 管理费用）/营业收入
资源冗余	Slack	企业期初现金及现金等价物除以期初总资产

续表

变量名称	变量符号	变量定义
企业规模	Size	企业总资产的自然对数
资产负债率	Lev	企业负债总额除以总资产
经营性现金流	CF	企业经营活动产生的现金流净额除以总资产
企业年龄	Age	企业自成立年份至当期的年限
销售增长率	Growth	（当年销售收入 - 上一年度销售收入）/上一年度销售收入
总资产收益率	Roa	企业净利润除以总资产
流动比率	Liquidity	企业流动负债除以流动资产
固定资产占比	Tangibility	企业固定资产净额除以总资产
两职合一	Dual	总经理和董事长为同一人取值为1，否则为0
管理层持股比例	MH	管理层持股数量占总股数的比例
第一大股东持股比例	Top1	第一大股东持股数量占总股数的比例
独立董事占比	Indep	独立董事人数占董事会总人数的比例
年度效应	Year	年度虚拟变量
行业效应	Industry	行业虚拟变量

第四节　实证结果与分析

一、描述性统计分析

表6.2报告了主要变量的描述性统计结果。可以看到，公司历史期望落差（HisGap）的均值为 - 0.0423，公司行业期望落差（SocGap）的均值为 - 0.0406。历史期望落差和行业期望落差几乎相等，表明与历史期望落差一样，企业决策者同样会感受到与同行业其他公司的业绩差距。赫芬达尔指数（HHI）的均值为 0.0679，且最大值为 0.4256，最小值 0.0085，说明不同行业市场集中度差距较大，企业面临的市场竞争压力存在明显不同。类似地，勒纳指数（PCM）的均值为 0.0961，且最大值为 0.7302，最小值为 0.0006，不同企业间也存在较大差异。进一步企业资源冗余（Slack）

的均值是 0.1877，最大值和最小值分别为 0.6648 和 0.0111，表明不同公司之间资源冗余程度存在明显差异。此外，专利申请总数量（LnPatent1）的均值为 1.4382，最大值（6.0591）和最小值（0）差距较大，标准差（1.6158）大于均值。这意味着不同企业间专利申请数量存在较大差异，各企业之间创新能力参差不齐。同时，企业发明专利（LnPatent2）（0.9995）小于非发明专利（LnPatent3）（1.0441），说明我国企业创新质量整体不高，技术性创新有待提升。解释变量儒家文化的代理变量 Confu_200（Confu_300）的均值为 5.2700（5.9183），最大值为 6.6567（7.1428），最小值为 0（0）。由此可见，不同企业受到儒家文化影响程度的大小也存在明显差异。

表 6.2 主要变量描述性统计

变量	样本数	均值	标准差	最小值	中值	最大值
LnPatent1	18347	1.4382	1.6158	0	1.0986	6.0591
LnPatent2	18347	0.9995	1.3338	0	0	8.6752
LnPatent3	18347	1.0441	1.4241	0	0	5.5872
Confu_200	18347	5.2700	1.3257	0	5.7807	6.6567
Confu_300	18347	5.9183	1.3013	0	6.2500	7.1428
HisGap	18347	−0.0423	0.1164	0.9022	−0.0043	0
SocGap	18347	−0.0406	0.0934	−0.6680	−0.0070	0
HHI	18347	0.0679	0.0996	0.0085	0.0692	0.4256
PCM	18347	0.0961	0.1541	0.0006	0.0357	0.7302
Slack	18347	0.1877	0.1366	0.0111	0.1503	0.6648
Size	18347	21.9491	1.2727	19.2616	21.7877	25.7883
Lev	18347	0.4521	0.2147	0.0501	0.4518	0.9526
CF	18347	0.0437	0.0761	−0.1968	0.0431	0.2608
Age	18347	15.2773	5.3076	3.9167	15.1667	28.6667
Growth	18347	0.1576	0.3676	−0.5916	0.1063	2.1174
Roa	18347	0.0395	0.0539	−0.1798	0.0361	0.2053
Liquidity	18347	2.3186	2.5977	0.2282	1.5187	17.1732
Tangibility	18347	0.2360	0.1738	0.0023	0.2008	0.7432
Dual	18347	0.4462	0.4971	0	0	1.0000

变量	样本数	均值	标准差	最小值	中值	最大值
MH	18347	0.2284	0.4198	0	0	1.0000
Top1	18347	0.0534	0.1236	0	0.0001	0.5777
Indep	18347	0.3538	0.1510	0.0879	0.3341	0.7498

表 6.3 呈现了相关系数分析的结果。结果显示，Confu_200、Confu_300 与 LnPatent1、LnPatent2、LnPatent3 的相关系数均在 1% 水平上显著为正。HisGap、SocGap 与 LnPatent1、LnPatent2、LnPatent3 的相关系数基本都至少在 10% 以上水平显著为负，表明历史期望落差和行业期望落差对企业创新均具有显著激励作用。同时，HHI、PCM 与 LnPatent1、LnPatent2、LnPatent3 的相关系数也都在 1% 水平上显著为负，表明产品市场竞争压力也会促进企业积极开展创新活动。此外，资源冗余（Slack）与专利产出也存在显著的正相关关系，说明企业拥有的财务资源越充足，企业开展创新活动的程度越高。

表 6.3　　　　　　　　　　　　主要变量相关系数分析

变量	LnPatent1	LnPatent2	LnPatent3	Confu_200	Confu_300	HisGap	SocGap	HHI	PCM
LnPatent1	1.000	0.909 ***	0.915 ***	0.117 ***	0.108 ***	−0.075 ***	−0.091 ***	−0.112 ***	−0.220 ***
LnPatent2	0.910 ***	1.000	0.726 ***	0.101 ***	0.094 ***	−0.065 ***	−0.088 ***	−0.080 ***	−0.189 ***
LnPatent3	0.897 ***	0.712 ***	1.000	0.105 ***	0.097 ***	−0.063 ***	−0.074 ***	−0.126 ***	−0.186 ***
Confu_200	0.103 ***	0.086 ***	0.102 ***	1.000	0.978 ***	−0.063 ***	−0.067 ***	−0.037 ***	0.014 *
Confu_300	0.095 ***	0.080 ***	0.096 ***	0.946 ***	1.000	−0.057 ***	−0.057 ***	−0.041 ***	0.004
HisGap	−0.013 *	−0.013 *	−0.007	−0.027 ***	−0.026 ***	1.000	0.746 ***	0.022 ***	0.006
SocGap	−0.091 ***	−0.101 ***	−0.059 ***	−0.061 ***	−0.051 ***	0.396 ***	1.000	0.008	−0.003
HHI	−0.304 ***	−0.291 ***	−0.251 ***	−0.061 ***	−0.065 ***	0.011	−0.007	1.000	0.300 ***
PCM	−0.336 ***	−0.290 ***	−0.322 ***	−0.066 ***	−0.070 ***	0.006	0.006	0.619 ***	1.000
Slack	0.116 ***	0.110 ***	0.088 ***	0.067 ***	0.050 ***	−0.009	−0.117 ***	−0	−0.002

注：下三角和上三角分别为 Pearson 和 Spearman 相关系数检验。***、**、* 分别表示 1%、5%、10% 的显著性水平。

二、儒家文化与企业创新：业绩反馈压力的调节效应检验

为检验儒家文化对企业创新的影响效应是否会受到业绩反馈压力的影

响，需要对式（6.3）进行实证检验。需要注意的是，历史期望落差和行业期望落差均为反指标，其值越小，表示企业的实际业绩低于期望业绩的程度越高，管理者面临的业绩反馈压力越大。为了便于理解，在以下的所有回归分析中，对其取相反数，使得其值越大表示管理者面临的业绩反馈压力越大。

表6.4回归结果显示，历史期望落差（HisGap）与LnPatent1、LnPatent2、LnPatent3基本均在10%水平以上显著正相关。这与贺小刚等（2016）研究结果相一致，表明期望落差会激发管理者的冒险创新动力，企业实际业绩与期望水平的差距越大，管理者从事冒险性创新活动的动机越强。进一步，历史期望落差与儒家文化的交互项HisGap × Confu_200、HisGap × Confu_300回归系数均在1%水平上显著为负。这表明，当企业面临严重的业绩反馈压力时，管理者会主动地突破现有的制度与文化框架，更加积极地寻求变革与冒险创新，从而削弱了儒家文化对企业创新行为的影响效应。以上结果支持了研究假设6.1。

表6.4　　　　　　　儒家文化、历史期望落差与企业创新

因变量	(1)	(2)	(3)	(4)	(5)	(6)
	LnPatent1		LnPatent2		LnPatent3	
Confu_200	0.2262 *** (14.10)		0.2003 *** (14.20)		0.2143 *** (12.19)	
HisGap × Confu_200	−0.4885 *** (−4.47)		−0.4592 *** (−4.88)		−0.4745 *** (−4.01)	
Confu_300		0.2247 *** (13.72)		0.1986 *** (14.08)		0.2163 *** (11.90)
HisGap × Confu_300		−0.4417 *** (−3.86)		−0.4085 *** (−4.23)		−0.4211 *** (−3.37)
HisGap	1.1627 ** (2.14)	1.2339 * (1.91)	1.1307 ** (2.44)	1.1636 ** (2.17)	1.0945 * (1.86)	1.1212 (1.59)
Size	0.5378 *** (26.50)	0.5396 *** (26.56)	0.5198 *** (27.84)	0.5216 *** (27.90)	0.5368 *** (24.56)	0.5386 *** (24.62)
Lev	−0.8155 *** (−5.88)	−0.8129 *** (−5.85)	−0.4453 *** (−3.50)	−0.4422 *** (−3.47)	−0.8235 *** (−5.49)	−0.8214 *** (−5.47)

续表

因变量	(1)	(2)	(3)	(4)	(5)	(6)
	LnPatent1		LnPatent2		LnPatent3	
CF	0.1823	0.2017	0.1602	0.1773	0.1167	0.1335
	(0.65)	(0.72)	(0.62)	(0.69)	(0.38)	(0.44)
Age	−0.0764***	−0.0766***	−0.0604***	−0.0606***	−0.0649***	−0.0651***
	(−19.94)	(−19.96)	(−17.16)	(−17.18)	(−15.50)	(−15.51)
Growth	−0.1405**	−0.1418**	−0.0924*	−0.0934*	−0.1399**	−0.1405**
	(−2.49)	(−2.51)	(−1.80)	(−1.82)	(−2.37)	(−2.38)
Roa	3.7691***	3.7856***	4.0263***	4.0406***	3.1062***	3.1213***
	(8.83)	(8.87)	(10.20)	(10.24)	(6.67)	(6.71)
Liquidity	−0.0240***	−0.0241***	−0.0062	−0.0064	−0.0390***	−0.0390***
	(−3.00)	(−3.01)	(−0.82)	(−0.83)	(−4.23)	(−4.23)
Tangibility	0.4457***	0.4268***	0.0449	0.0282	0.8790***	0.8639***
	(3.13)	(3.00)	(0.34)	(0.21)	(5.69)	(5.59)
Soe	−0.0129	−0.0222	0.1486***	0.1402***	−0.1123**	−0.1208**
	(−0.30)	(−0.51)	(3.68)	(3.48)	(−2.35)	(−2.53)
Dual	−0.0533	−0.0549	0.0420	0.0404	−0.0965*	−0.0980**
	(−1.19)	(−1.22)	(0.99)	(0.96)	(−1.94)	(−1.97)
MH	1.2876***	1.3075***	0.9568***	0.9749***	1.0919***	1.1094***
	(8.57)	(8.70)	(6.73)	(6.85)	(6.50)	(6.61)
Top1	−0.0716	−0.0671	−0.3667***	−0.3633***	0.2629*	0.2662**
	(−0.57)	(−0.54)	(−3.11)	(−3.07)	(1.94)	(1.97)
Indep	−1.3400***	−1.3581***	−1.1367***	−1.1523***	−0.9630***	−0.9798***
	(−3.90)	(−3.95)	(−3.53)	(−3.59)	(−2.61)	(−2.66)
Constant	−11.910***	−12.103***	−12.032***	−12.205***	−13.069***	−13.271***
	(−25.16)	(−25.38)	(−27.61)	(−27.84)	(−25.17)	(−25.35)
Industry	控制	控制	控制	控制	控制	控制
Year	控制	控制	控制	控制	控制	控制
N	18347	18347	18347	18347	18347	18347
Pseudo R^2	0.149	0.148	0.147	0.147	0.143	0.143

注：***、**、* 分别表示 1%、5%、10% 的显著性水平，括号内为异方差调整后（Robust）的 t 值。

表 6.5 报告了行业期望落差对儒家文化与企业创新关系的影响。结果显示，行业期望落差（SocGap）与专利产出均至少在 10% 水平以上显著正相关，表明企业的实际业绩低于行业期望水平之间的落差越大，企业决策者越倾向于开展冒险性创新活动。与此同时，行业期望落差与儒家文化的交互项 SocGap × Confu_200、SocGap × Confu_300 的回归系数也都在 1% 水平上显著为负。上述结果表明，企业面临的行业期望落差越大，儒家文化对企业创新的影响效应越弱，也即业绩反馈压力削弱了儒家文化对企业创新行为的作用效果。这为本章研究假设 6.1 提供了进一步的证据支持。

表 6.5 儒家文化、行业期望落差与企业创新

因变量	(1)	(2)	(3)	(4)	(5)	(6)
	LnPatent1		LnPatent2		LnPatent3	
Confu_200	0.2062 *** (14.27)		0.2062 *** (14.27)		0.2171 *** (12.01)	
SocGap × Confu_200	−0.5871 *** (−5.03)		−0.5871 *** (−5.03)		−0.5057 *** (−3.65)	
Confu_300		0.2265 *** (13.44)		0.2027 *** (14.00)		0.2174 *** (11.64)
SocGap × Confu_300		−0.4771 *** (−3.50)		−0.5118 *** (−4.24)		−0.4302 *** (−2.93)
SocGap	1.8663 *** (3.14)	1.7422 ** (2.21)	1.8663 *** (3.14)	1.8466 *** (2.65)	1.7268 ** (2.44)	1.6452 * (1.94)
Size	0.5238 *** (28.19)	0.5458 *** (27.01)	0.5238 *** (28.19)	0.5255 *** (28.25)	0.5439 *** (25.04)	0.5456 *** (25.10)
Lev	−0.5592 *** (−4.46)	−0.9470 *** (−6.91)	−0.5592 *** (−4.46)	−0.5529 *** (−4.41)	−0.9656 *** (−6.54)	−0.9602 *** (−6.50)
CF	0.2029 (0.79)	0.2733 (0.98)	0.2029 (0.79)	0.2249 (0.87)	0.2026 (0.66)	0.2230 (0.73)
Age	−0.0607 *** (−17.25)	−0.0770 *** (−20.05)	−0.0607 *** (−17.25)	−0.0609 *** (−17.27)	−0.0652 *** (−15.56)	−0.0654 *** (−15.58)
Growth	−0.0876 * (−1.72)	−0.1342 ** (−2.39)	−0.0876 * (−1.72)	−0.0892 * (−1.75)	−0.1274 ** (−2.17)	−0.1287 ** (−2.19)

续表

因变量	(1)	(2)	(3)	(4)	(5)	(6)
	LnPatent1		LnPatent2		LnPatent3	
Roa	3.3182 ***	3.1049 ***	3.3182 ***	3.3462 ***	2.4661 ***	2.4936 ***
	(8.43)	(7.27)	(8.43)	(8.50)	(5.32)	(5.37)
Liquidity	−0.0077	−0.0261 ***	−0.0077	−0.0079	−0.0411 ***	−0.0411 ***
	(−1.02)	(−3.26)	(−1.02)	(−1.03)	(−4.45)	(−4.45)
Tangibility	0.0628	0.4338 ***	0.0628	0.0429	0.8795 ***	0.8623 ***
	(0.47)	(3.04)	(0.47)	(0.32)	(5.70)	(5.59)
Soe	0.1535 ***	−0.0183	0.1535 ***	0.1444 ***	−0.1087 **	−0.1178 **
	(3.80)	(−0.42)	(3.80)	(3.58)	(−2.27)	(−2.46)
Dual	0.0417	−0.0562	0.0417	0.0400	−0.0973 *	−0.0990 **
	(0.99)	(−1.25)	(0.99)	(0.94)	(−1.95)	(−1.99)
MH	0.9521 ***	1.3074 ***	0.9521 ***	0.9712 ***	1.0909 ***	1.1096 ***
	(6.70)	(8.70)	(6.70)	(6.83)	(6.50)	(6.61)
Top1	−0.3837 ***	−0.0794	−0.3837 ***	−0.3790 ***	0.2542 *	0.2585 *
	(−3.25)	(−0.63)	(−3.25)	(−3.21)	(1.88)	(1.91)
Indep	−1.1529 ***	−1.3747 ***	−1.1529 ***	−1.1685 ***	−0.9768 ***	−0.9937 ***
	(−3.59)	(−4.01)	(−3.59)	(−3.64)	(−2.65)	(−2.70)
Constant	−12.092 ***	−12.198 ***	−12.092 ***	−12.256 ***	−13.202 ***	−13.395 ***
	(−27.76)	(−25.58)	(−27.76)	(−27.96)	(−25.42)	(−25.57)
Industry	控制	控制	控制	控制	控制	控制
Year	控制	控制	控制	控制	控制	控制
N	18347	18347	18347	18347	18347	18347
Pseudo R^2	0.147	0.148	0.147	0.147	0.142	0.142

注：***、**、* 分别表示1%、5%、10%的显著性水平，括号内为异方差调整后（Robust）的 t 值。

三、儒家文化与企业创新：市场竞争威胁的调节效应检验

为考察儒家文化对企业创新的影响效应是否会受到市场竞争威胁的影响，本书对模型（6.4）进行实证检验。同样需要说明的是，由于赫芬达

尔指数（HHI）与勒纳指数（PCM）均为反指标，其值越小，表示企业所处的产品市场竞争环境越激烈，市场竞争威胁越大。为了便于理解，在以下所有回归分析中，对其取相反数，使得其值越大表示面临的市场竞争威胁越大。

表6.6中 Panel A 回归结果显示，HHI 与 LnPatent1、LnPatent2、LnPatent3 基本均呈现显著正相关关系，表明市场竞争压力能够一定程度上激发企业创新动力。与此同时，交互项 HHI × Confu_200、HHI × Confu_300 的回归系数均至少在5%水平以上显著为负。这些结果表明，儒家文化对企业创新行为的影响效应还会受到市场竞争威胁的影响，当企业面临的产品市场竞争越激烈时，儒家文化对企业创新的影响效应越弱，即市场竞争威胁削弱了儒家文化对企业创新行为的影响效果。Panel B 报告了使用勒纳指数（PCM）作为市场竞争威胁度量指标的回归结果，与 Panel A 基本一致。上述结果支持了本章研究假设6.2。

表6.6　　　　　　　　　　儒家文化、市场竞争威胁与企业创新

因变量	(1)	(2)	(3)	(4)	(5)	(6)
	LnPatent1		LnPatent2		LnPatent3	
Panel A：使用赫芬达尔指数作为市场竞争威胁的度量指标						
Confu_200	0.1922 ***		0.1740 ***		0.1897 ***	
	(11.06)		(11.30)		(9.90)	
HHI × Confu_200	−0.5853 ***		−0.4346 ***		−0.5315 ***	
	(−3.77)		(−3.07)		(−3.09)	
Confu_300		0.1967 ***		0.1768 ***		0.1958 ***
		(10.99)		(11.36)		(9.83)
HHI × Confu_300		−0.4917 ***		−0.3606 **		−0.4726 ***
		(−3.05)		(−2.45)		(−2.62)
HHI	2.1998 **	1.9954 *	1.4156	1.2343	2.0620 *	2.0388
	(2.12)	(1.73)	(1.46)	(1.15)	(1.79)	(1.59)
控制变量	控制	控制	控制	控制	控制	控制
N	18347	18347	18347	18347	18347	18347
Pseudo R^2	0.147	0.147	0.145	0.144	0.139	0.139

续表

因变量	(1)	(2)	(3)	(4)	(5)	(6)
	LnPatent1		LnPatent2		LnPatent3	
Panel B：使用勒纳指数作为市场竞争威胁的度量指标						
Confu_200	0.1954***		0.1659***		0.1928***	
	(11.31)		(10.80)		(10.10)	
PCM × Confu_200	−0.4661***		−0.5326***		−0.4237**	
	(−2.70)		(−3.29)		(−2.19)	
Confu_300		0.1943***		0.1643***		0.1947***
		(10.78)		(10.40)		(9.68)
PCM × Confu_300		−0.4802**		−0.5525***		−0.4464**
		(−2.53)		(−3.07)		(−2.07)
PCM	0.3067	0.6617	0.0724	0.5035	0.8425	1.2188
	(0.29)	(0.53)	(0.08)	(0.43)	(0.71)	(0.86)
控制变量	控制	控制	控制	控制	控制	控制
N	18347	18347	18347	18347	18347	18347
Pseudo R^2	0.148	0.148	0.146	0.146	0.139	0.139

注：***、**、*分别表示1%、5%、10%的显著性水平，括号内为异方差调整后（Robust）的 t 值。

四、儒家文化、业绩反馈压力与企业创新：基于资源冗余状态的进一步检验

表6.7报告了不同资源禀赋条件下，当企业实际业绩低于历史期望水平时，业绩反馈压力对儒家文化与企业创新关系的影响是否存在差异。从Panel A可以发现，当企业拥有的资源较充足时，HisGap × Confu_200 与 LnPatent1、LnPatent2、LnPatent3 的回归系数分别为 −0.5752、−0.5671、−0.5267，且均在1%水平上显著；然而，当企业拥有的资源较缺乏时，历史期望落差与儒家文化交互项（HisGap × Confu_200）的回归系数分别为 −0.2444、−0.2645、−0.1873，且都未能通过统计检验。Panel B 的回归结果与此完全一致。以上结果支持了本章研究假设6.3，表明充足的冗余

资源将进一步增强管理者冒险动机，导致管理者对业绩反馈压力更加敏感。因此，当企业拥有的冗余资源较充足时，业绩反馈压力对儒家文化与企业创新之间关系的弱化作用表现更加明显。

表 6.7　　儒家文化、历史期望落差与企业创新：基于资源冗余的进一步检验

Panel A：使用 Confu_200 作为儒家文化的度量指标

因变量	(1)	(2)	(3)	(4)	(5)	(6)
	LnPatent1		LnPatent2		LnPatent3	
	Slack_高	Slack_低	Slack_高	Slack_低	Slack_高	Slack_低
Confu_200	0.2604 ***	0.2024 ***	0.2494 ***	0.1588 ***	0.2169 ***	0.2231 ***
	(11.07)	(9.48)	(12.13)	(8.23)	(8.67)	(9.04)
HisGap	1.8214 ***	− 0.6040	1.8060 ***	− 0.1347	1.5894 **	− 1.0574
	(2.91)	(− 0.58)	(3.42)	(− 0.15)	(2.42)	(− 0.72)
HisGap × Confu_200	− 0.5752 ***	− 0.2444	− 0.5671 ***	− 0.2645	− 0.5267 ***	− 0.1873
	(− 4.46)	(− 1.21)	(− 5.04)	(− 1.53)	(− 3.86)	(− 0.68)
控制变量	控制	控制	控制	控制	控制	控制
N	9060	9287	9060	9287	9060	9287
Pseudo R^2	0.147	0.156	0.148	0.153	0.143	0.149

Panel B：使用 Confu_300 作为儒家文化的度量指标

因变量	(1)	(2)	(3)	(4)	(5)	(6)
	LnPatent1		LnPatent2		LnPatent3	
	Slack_高	Slack_低	Slack_高	Slack_低	Slack_高	Slack_低
Confu_300	0.2533 ***	0.2104 ***	0.2421 ***	0.1668 ***	0.2165 ***	0.2282 ***
	(10.45)	(9.83)	(11.80)	(8.68)	(8.30)	(9.12)
HisGap	1.9081 ***	− 0.6982	1.8412 ***	− 0.1383	1.6545 **	− 1.6290
	(2.68)	(− 0.57)	(3.19)	(− 0.13)	(2.16)	(− 0.92)
HisGap × Confu_300	− 0.5195 ***	− 0.1997	− 0.5025 ***	− 0.2324	− 0.4719 ***	− 0.0701
	(− 4.00)	(− 0.96)	(− 4.61)	(− 1.27)	(− 3.38)	(− 0.24)
控制变量	控制	控制	控制	控制	控制	控制
N	9060	9287	9060	9287	9060	9287
Pseudo R^2	0.146	0.157	0.147	0.153	0.143	0.149

注：***、**、* 分别表示 1%、5%、10% 的显著性水平，括号内为异方差调整后（Robust）的 t 值。

表 6.8 报告了不同资源禀赋条件下，行业期望落差导致的业绩反馈压力对儒家文化与企业创新关系的影响是否有所区别。Panel A 的结果显示，对于冗余资源较为丰富的企业，行业期望落差与儒家文化交互项（SocGap × Confu_200）的估计系数均在 1% 水平上显著为负；然而，对于冗余资源较为匮乏的企业，HisGap × Confu_200 的估计系数均不显著。Panel B 得到的结果与此完全一致。上述结果表明，当实际业绩低于行业期望水平时，企业拥有的冗余资源越充足，其实施冒险性创新活动的基础条件和空间弹性越大，因而业绩反馈压力对儒家文化与企业创新之间关系的弱化作用表现更强。由此假设 6.3 得到了进一步的支持。

表 6.8　　儒家文化、行业期望落差与企业创新：基于资源冗余的进一步检验

Panel A：使用 Confu_200 作为儒家文化的度量指标

因变量	(1)	(2)	(3)	(4)	(5)	(6)
	LnPatent1		LnPatent2		LnPatent3	
	Slack_高	Slack_低	Slack_高	Slack_低	Slack_高	Slack_低
Confu_200	0.2673 ***	0.2037 ***	0.2609 ***	0.1592 ***	0.2205 ***	0.2251 ***
	(10.89)	(9.42)	(12.28)	(8.10)	(8.43)	(9.15)
SocGap	2.4672 ***	−0.1064	2.7108 ***	0.1748	2.0760 ***	−0.3372
	(3.18)	(−0.08)	(3.99)	(0.14)	(2.60)	(−0.21)
SocGap × Confu_200	−0.6340 ***	−0.2933	−0.7180 ***	−0.3140	−0.5224 ***	−0.2467
	(−4.13)	(−1.12)	(−5.23)	(−1.33)	(−3.29)	(−0.79)
控制变量	控制	控制	控制	控制	控制	控制
N	9060	9287	9060	9287	9060	9287
Pseudo R^2	0.146	0.156	0.148	0.153	0.143	0.148

Panel B：使用 Confu_300 作为儒家文化的度量指标

因变量	(1)	(2)	(3)	(4)	(5)	(6)
	LnPatent1		LnPatent2		LnPatent3	
	Slack_高	Slack_低	Slack_高	Slack_低	Slack_高	Slack_低
Confu_300	0.2549 ***	0.2146 ***	0.2495 ***	0.1686 ***	0.2148 ***	0.2359 ***
	(10.02)	(10.00)	(11.71)	(8.64)	(7.85)	(9.61)
SocGap	2.2531 **	0.3180	2.6445 ***	0.3940	1.8008 *	0.1694
	(2.44)	(0.20)	(3.31)	(0.27)	(1.86)	(0.09)

续表

因变量	(1)	(2)	(3)	(4)	(5)	(6)
	LnPatent1		LnPatent2		LnPatent3	
	Slack_高	Slack_低	Slack_高	Slack_低	Slack_高	Slack_低
SocGap × Confu_300	− 0.5179 *** (− 3.21)	− 0.3317 (− 1.25)	− 0.6165 *** (− 4.35)	− 0.3152 (− 1.30)	− 0.4080 ** (− 2.40)	− 0.3043 (− 0.95)
控制变量	控制	控制	控制	控制	控制	控制
N	9060	9287	9060	9287	9060	9287
Pseudo R²	0.146	0.156	0.147	0.153	0.143	0.148

注：***、**、* 分别表示 1%、5%、10% 的显著性水平，括号内为异方差调整后（Robust）的 t 值。

五、儒家文化、市场竞争威胁与企业创新：基于资源冗余状态的进一步检验

表 6.9 报告了不同资源禀赋条件下，市场竞争威胁对儒家文化与企业创新关系的影响效应是否存在差异。从 Panel A 的回归结果可以发现，当企业拥有的资源较充足时，市场竞争威胁与儒家文化交互项 HHI × Confu_200 与 LnPatent1、LnPatent2、LnPatent3 的回归系数分别为 − 1.0109、− 0.8023、− 1.1062，且均在 1% 水平上显著；然而，当企业拥有的资源较缺乏时，HHI × Confu_200 的回归系数分别为 − 0.1862、− 0.0937、− 0.0167，且都未能通过统计检验。Panel B 的结果完全一致。以上结果支持了假设 6.4，表明当企业面临的市场竞争威胁较大时，丰富的冗余资源能够为企业开展冒险性创新活动提供更加充足的资金保障，从而激励管理者更加积极主动地寻求创新变革。因此，当拥有充足的冗余资源时，市场竞争威胁对儒家文化与企业创新之间关系的弱化作用表现越明显。进一步，使用勒纳指数（PCM）作为市场竞争威胁度量指标得到的结果与此完全一致，限于篇幅其结果未列示。

表 6.9　儒家文化、市场竞争威胁与企业创新：基于资源冗余的进一步检验

Panel A：使用 Confu_200 作为儒家文化的度量指标

因变量	（1）	（2）	（3）	（4）	（5）	（6）
	LnPatent1		LnPatent2		LnPatent3	
	Slack_高	Slack_低	Slack_高	Slack_低	Slack_高	Slack_低
Confu_200	0.1796 ***	0.2169 ***	0.1802 ***	0.1741 ***	0.1377 ***	0.2580 ***
	（7.12）	（9.30）	（8.14）	（8.19）	（5.10）	（9.71）
HHI	3.0115 *	1.0139	2.1901	0.4200	3.6002 **	0.1648
	（1.93）	（0.72）	（1.44）	（0.32）	（2.18）	（0.10）
HHI × Confu_200	− 1.0109 ***	− 0.1862	− 0.8023 ***	− 0.0937	− 1.1062 ***	− 0.0167
	（ − 4.40）	（ − 0.87）	（ − 3.65）	（ − 0.49）	（ − 4.57）	（ − 0.07）
控制变量	控制	控制	控制	控制	控制	控制
N	9060	9287	9060	9287	9060	9287
Pseudo R^2	0.147	0.152	0.146	0.148	0.139	0.145

Panel B：使用 Confu_300 作为儒家文化的度量指标

因变量	（1）	（2）	（3）	（4）	（5）	（6）
	LnPatent1		LnPatent2		LnPatent3	
	Slack_高	Slack_低	Slack_高	Slack_低	Slack_高	Slack_低
Confu_300	0.1846 ***	0.2218 ***	0.1855 ***	0.1767 ***	0.1469 ***	0.2605 ***
	（6.99）	（9.42）	（8.24）	（8.28）	（5.14）	（9.64）
HHI	2.5243	1.1076	1.5780	0.6293	3.3874 *	0.2712
	（1.47）	（0.70）	（0.95）	（0.44）	（1.85）	（0.15）
HHI × Confu_300	− 0.8234 ***	− 0.1801	− 0.6178 ***	− 0.1163	− 0.9546 ***	− 0.0288
	（ − 3.47）	（ − 0.80）	（ − 2.73）	（ − 0.58）	（ − 3.78）	（ − 0.11）
控制变量	控制	控制	控制	控制	控制	控制
N	9060	9287	9060	9287	9060	9287
Pseudo R^2	0.146	0.153	0.145	0.149	0.138	0.145

注：***、**、* 分别表示 1%、5%、10% 的显著性水平，括号内为异方差调整后（Robust）的 t 值。

六、稳健性检验

为确保研究结论的可靠性，做出如下几方面的稳健性检验。

（一）使用财务困境作为期望落差的替代变量

企业行为理论和前景理论认为，在穷困状态下，企业决策者往往会通过战略变革或冒险创新等方式来应对经营困境。因此，参考贺小刚等（2017a）研究，进一步利用企业事实上的财务困境来体现企业面临的业绩反馈压力。具体来讲，使用 Z 指数测度企业财务困境，Z 指数 = 1.2 × ［（流动资产－流动负债）/总资产］+ 1.4 ×［未分配利润/总资产］+ 3.3 × ［息税前利润/总资产］+ 0.6 ×［净资产市场价值/总负债］+ 1.0 ×［营业收入/总资产］。当 Z 指数低于 2.99 时，表明企业面临财务困境，$I_3 = 1$；相反，大于 2.99 时表明其处于健康状态，$I_3 = 0$。同期望落差的定义，将 Z 指数与 I_3 相乘，得到以下截尾变量：$I_3 \times Z$ 指数，即为财务困境（Trouble）。表 6.10 结果显示，财务困境（Trouble）与企业创新显著正相关，且财务困境与儒家文化的交叉项的回归系数显著为负。这表明，当企业面临财务困境时，管理者会更加主动地突破现有的制度和文化框架，激发其冒险创新动力，从而削弱了儒家文化对企业创新的影响效果。这进一步支持了前面的研究结论。

表 6.10　　　　　　　　　　儒家文化、财务困境与企业创新

因变量	(1)	(2)	(3)	(4)	(5)	(6)
	LnPatent1		LnPatent2		LnPatent3	
Confu_200	0.2706 ***		0.2373 ***		0.2839 ***	
	(11.74)		(11.62)		(10.74)	
Trouble × Confu_200	-0.0401 ***		-0.0343 **		-0.0570 ***	
	(-2.71)		(-2.49)		(-3.50)	
Confu_300		0.2533 ***		0.2282 ***		0.2686 ***
		(10.79)		(11.34)		(9.95)
Trouble × Confu_300		-0.0247		-0.0268 *		-0.0402 **
		(-1.61)		(-1.94)		(-2.37)
Trouble	0.2313 ***	0.1527	0.2085 ***	0.1777 **	0.3259 ***	0.2463 **
	(2.72)	(1.59)	(2.68)	(2.07)	(3.48)	(2.33)
Size	0.5045 ***	0.5079 ***	0.4931 ***	0.4956 ***	0.4870 ***	0.4908 ***
	(25.10)	(25.24)	(26.44)	(26.53)	(22.80)	(22.98)

续表

因变量	（1）	（2）	（3）	（4）	（5）	（6）
	LnPatent1		LnPatent2		LnPatent3	
Lev	− 1. 0550 ***	− 1. 0689 ***	− 0. 6639 ***	− 0. 6696 ***	− 0. 9878 ***	− 1. 0045 ***
	（ − 7. 63）	（ − 7. 74）	（ − 5. 23）	（ − 5. 28）	（ − 6. 59）	（ − 6. 71）
CF	0. 6659 **	0. 6848 **	0. 4682 *	0. 4871 *	0. 7760 **	0. 7909 ***
	（2. 39）	（2. 46）	（1. 82）	（1. 89）	（2. 54）	（2. 59）
Age	− 0. 0785 ***	− 0. 0787 ***	− 0. 0631 ***	− 0. 0633 ***	− 0. 0662 ***	− 0. 0665 ***
	（ − 20. 66）	（ − 20. 68）	（ − 18. 02）	（ − 18. 04）	（ − 15. 85）	（ − 15. 88）
Growth	− 0. 1083 **	− 0. 1073 *	− 0. 0427	− 0. 0421	− 0. 1235 **	− 0. 1215 **
	（ − 1. 96）	（ − 1. 95）	（ − 0. 85）	（ − 0. 83）	（ − 2. 12）	（ − 2. 09）
Roa	3. 2544 ***	3. 2939 ***	3. 4539 ***	3. 4857 ***	2. 6408 ***	2. 6820 ***
	（7. 68）	（7. 79）	（8. 78）	（8. 87）	（5. 73）	（5. 84）
Liquidity	− 0. 0281 ***	− 0. 0300 ***	− 0. 0071	− 0. 0084	− 0. 0452 ***	− 0. 0476 ***
	（ − 3. 49）	（ − 3. 72）	（ − 0. 92）	（ − 1. 08）	（ − 4. 74）	（ − 4. 99）
Tangibility	− 0. 2811 **	− 0. 3051 **	− 0. 4513 ***	− 0. 4724 ***	− 0. 1047	− 0. 1262
	（ − 2. 02）	（ − 2. 19）	（ − 3. 49）	（ − 3. 65）	（ − 0. 70）	（ − 0. 84）
Soe	− 0. 0245	− 0. 0348	0. 1394 ***	0. 1294 ***	− 0. 1410 ***	− 0. 1503 ***
	（ − 0. 57）	（ − 0. 81）	（3. 48）	（3. 24）	（ − 2. 97）	（ − 3. 18）
Dual	− 0. 0872 *	− 0. 0880 *	0. 0203	0. 0189	− 0. 1474 ***	− 0. 1478 ***
	（ − 1. 93）	（ − 1. 95）	（0. 48）	（0. 44）	（ − 2. 93）	（ − 2. 94）
MH	1. 5751 ***	1. 5960 ***	1. 1694 ***	1. 1892 ***	1. 4855 ***	1. 5038 ***
	（10. 69）	（10. 82）	（8. 34）	（8. 47）	（8. 97）	（9. 08）
Top1	− 0. 1442	− 0. 1350	− 0. 4780 ***	− 0. 4711 ***	0. 2036	0. 2123
	（ − 1. 16）	（ − 1. 09）	（ − 4. 07）	（ − 4. 00）	（1. 52）	（1. 58）
Indep	− 1. 1785 ***	− 1. 1967 ***	− 0. 9528 ***	− 0. 9678 ***	− 0. 7647 **	− 0. 7790 **
	（ − 3. 42）	（ − 3. 48）	（ − 2. 94）	（ − 2. 99）	（ − 2. 07）	（ − 2. 11）
Constant	− 11. 300 ***	− 11. 438 ***	− 11. 583 ***	− 11. 736 ***	− 12. 262 ***	− 12. 419 ***
	（ − 23. 97）	（ − 24. 03）	（ − 26. 46）	（ − 26. 63）	（ − 23. 81）	（ − 23. 84）
Industry	控制	控制	控制	控制	控制	控制
Year	控制	控制	控制	控制	控制	控制
N	18306	18306	18306	18306	18306	18306
Pseudo R^2	0. 147	0. 147	0. 144	0. 144	0. 139	0. 139

注：***、**、* 分别表示 1% 、5% 、10% 的显著性水平，括号内为异方差调整后（Robust）的 t 值。

（二）采用 Roa 作为业绩期望落差测量的基础指标

业绩反馈模型中选取的参照点不同，决策者所评估出的业绩期望落差可能存在差异，从而影响其后续决策行为。前文选取净资产回报率（Roe）衡量公司业绩，并将其作为业绩期望落差测量的基础指标。为避免业绩指标选取对结果可能造成的干扰，进一步使用总资产回报率（Roa）作为业绩反馈的参照点，重新计算业绩期望落差。表 6.11 结果显示，历史期望落差和行业期望落差与儒家文化的交互项回归系数依然显著为负，与前文结果基本一致。此外，本书还使用销售利润率（Ros）作为业绩期望落差测量的基础指标，得到的结论保持不变。

表 6.11 使用 Roa 作为业绩期望落差测量的基础指标

因变量	(1)	(2)	(3)	(4)	(5)	(6)
	LnPatent1		LnPatent2		LnPatent3	
Panel A：使用历史期望落差作为期望落差的度量指标						
Confu_200	0.2161 ***		0.1928 ***		0.2048 ***	
	(12.64)		(12.82)		(10.96)	
HisGap × Confu_200	−0.7691 *		−0.8214 **		−0.7619 *	
	(−1.88)		(−2.17)		(−1.77)	
Confu_300		0.2159 ***		0.1924 ***		0.2072 ***
		(12.34)		(12.76)		(10.74)
HisGap × Confu_300		−0.7048 *		−0.7558 *		−0.6363
		(−1.65)		(−1.94)		(−1.39)
HisGap	−0.0631	0.0552	0.6889	0.8335	0.0214	−0.2245
	(−0.03)	(0.02)	(0.34)	(0.35)	(0.01)	(−0.08)
控制变量	控制	控制	控制	控制	控制	控制
N	18349	18349	18349	18349	18349	18349
Pseudo R^2	0.148	0.148	0.147	0.147	0.143	0.143
Panel B：使用行业期望落差作为期望落差的度量指标						
Confu_200	0.2260 ***		0.2019 ***		0.2157 ***	
	(13.08)		(13.29)		(11.43)	
SocGap × Confu_200	−1.0509 ***		−1.0964 ***		−1.0555 ***	
	(−3.00)		(−3.39)		(−2.91)	

续表

因变量	（1）	（2）	（3）	（4）	（5）	（6）
	LnPatent1		LnPatent2		LnPatent3	
Confu_300		0.2234 ***		0.1991 ***		0.2167 ***
		(12.59)		(13.02)		(11.07)
SocGap × Confu_300		− 0.9073 **		− 0.9464 ***		− 0.9096 **
		(− 2.42)		(− 2.79)		(− 2.31)
SocGap	1.7301	1.5891	1.8789	1.7351	2.5810	2.4355
	(0.92)	(0.71)	(1.08)	(0.85)	(1.34)	(1.04)
控制变量	控制	控制	控制	控制	控制	控制
N	18349	18349	18349	18349	18349	18349
Pseudo R^2	0.148	0.148	0.147	0.147	0.142	0.142

注：***、**、* 分别表示 1%、5%、10% 的显著性水平，括号内为异方差调整后（Robust）的 t 值。

（三）其他稳健性检验

此外，本书还进行了如下稳健性测试：（1）调整 α_1 的权重设定，例如取 α_1 等于 0.3 或 0.5。（2）参考艾尔和米勒（Iyer and Miller，2008）及李晓翔和刘春林（2011）、解维敏和魏化倩（2016）等研究，使用速动比率度量企业资源冗余程度。（3）借鉴吴昊旻等（2012）做法，使用熵指数（EI）作为市场集中度的度量指标，反映公司所面临的产品市场竞争激烈程度。（4）剔除专利值存在缺失的样本。（5）使用研发支出占总资产的比重、研发支出占营业收入的比重及研发人员占人员总数的比例作为企业创新的替代变量。（6）考虑使用 200 公里和 300 公里半径范围内儒家书院度量儒家文化影响强度，由此导致样本分布可能会受地理距离影响。为避免上市公司分布过于集中可能带来的影响，剔除上市公司数量排名前十城市的公司样本。（7）采用专利授权数量度量企业创新产出。（8）将使用公司注册地改为利用公司办公地 200（Office_200）公里和 300（Office_300）公里半径范围内的儒家书院数量，重新计算儒家文化影响力。（9）参考金智等（2017）、陈等（Chen et al.，2019）的研究，使用公司注册地 200 公里和 300 公里半径范围内孔庙数量作为儒家文化强度的替代变量。经过上述检验，本书的实证结论依然是保持不变。

第五节　本章小结

企业创新活动不仅受制于外部制度环境和文化因素的约束，同样也会受到企业内部组织情境的影响。根据企业行为理论、前景理论和产业组织理论，当企业面临严重的业绩反馈压力和市场竞争威胁时，经营者可能会更加积极主动地突破现有制度和文化框架，激发战略变革或冒险创新动力。基于此，本书将企业内部组织情境纳入分析框架，深入考察了业绩反馈压力和市场竞争威胁对儒家文化与企业创新之间关系的调节作用。利用沪深两市 A 股上市公司 2007～2017 年数据，实证研究发现，企业面临的历史（或行业）期望落差越大，儒家文化对企业创新的影响效应越弱，即业绩反馈压力削弱了儒家文化对企业创新的影响效果。类似地，企业面临的产品市场竞争越激烈，儒家文化对企业创新的影响效应越弱，即市场竞争威胁也削弱了儒家文化对企业创新的影响效果。进一步研究表明，企业拥有的冗余资源越充足，业绩反馈压力和市场竞争威胁对儒家文化与企业创新之间关系的弱化作用表现越明显。

上述研究结果表明，当企业面临严重的业绩反馈压力和市场竞争威胁时，管理者会更加积极主动地突破现有制度和文化框架，激发其战略变革或冒险创新动力，从而弱化了传统文化对企业创新行为的作用效果。本章通过将企业内部组织情境纳入分析框架，揭示了不同组织情境下儒家文化对企业创新行为的异质性影响。这不仅有助于全面理解儒家文化的创新效果及其边际作用条件，也进一步深化了对企业创新决定因素的理论认知，在一定程度上丰富了企业行为理论的相关研究文献。

第七章

儒家文化对企业创新效率 及经营绩效的影响研究

在前面几章，本书仅从研发投入或专利产出单一维度来考察儒家文化对企业创新行为的影响效应。然而，企业完整的创新活动包括研发投入、创新产出及成果转化三个方面，创新型国家建设不仅注重创新资源的投入，更注重创新资源的利用效率及创新成果的转化。基于此，本章沿袭"研发投入—专利产出—成果转化"的逻辑链条，将儒家文化、研发投入、专利产出及企业绩效纳入统一分析框架，综合考察儒家文化对企业创新（投入产出）效率及创新业绩提升功能的影响，并利用中介效应模型检验儒家文化、企业创新与经营绩效三者之间的关系。本章研究不仅有助于加深对儒家文化影响企业整个创新过程作用效果的理解，也能够拓展企业创新主题的研究视角，并为缓解我国技术创新领域面临的"高投入低产出"及成果转化效率低下等难题提供一定的启示和政策参考。

第一节 引 言

创新是引领发展的第一动力，是建设现代化经济体系的战略支撑。根据《国家中长期科学和技术发展规划纲要（2006—2020 年)》，提高自主创新能力，建设创新型国家是我国发展战略的核心和提高综合国力的关键。在国家自主创新体系建设战略指导下，近年来我国创新研发投入逐年攀升。《2018 年全国科技经费投入统计公报》数据显示，2018 年我国研发经费已由 2000 年的 895.7 亿元增长到 2018 年的 19677.9 亿元，年均增长速度 18.73%，其绝对投入量仅次于美国居世界第二位；与此同时，研发投入强度也由 2000 年的 0.90% 上升至 2018 年的 2.19%，已达到中等发达国家水平。然而，创新型国家建设不仅依赖于创新资源的投入数量，更依赖于创新资源的利用效率及技术创新成果的转化，即提高研发投入仅仅是建立创新型国家的必要条件而非充分条件（Jefferson et al.，2006；李平等，2007；白俊红等，2009）。诸多研究表明，虽然近年我国研发投入持续高速增长，但自主创新水平却并未得到显著提升，整体技术创新水平依然较为落后（朱有为和徐康宁，2006；白俊红等，2009；肖文和林高榜，2014；戴魁早和刘友金，2016）。因此，在创新资源有限的硬约束条件下，如何提高创新资源的配置效率及创新成果的转化是创新型国家建设过程中亟须解决的关键问题。

目前，关于创新效率的研究主要聚焦于区域创新效率的测算及整体评价（Jefferson et al.，2006；朱有为和徐康宁，2006；李平等，2007；白俊红等，2009），且大都基于行业和省级等中观或宏观层面数据考察影响区域创新效率的关键因素。已有研究发现，外国直接投资（FDI）、要素市场扭曲及政府支持等会对区域创新效率产生抑制作用（Girma and Wakelin，2004；肖文和林高榜，2014；戴魁早和刘友金，2016），而金融发展、知识产权保护、互联网、财政分权和税收优惠政策等对产业或区域创新效率具有积极的提升作用（李后建和张宗益，2014；Seyoum et al.，2015；李政和杨思莹，2018；李彦龙，2018；韩先锋等，2019）。然而，已有研究缺乏微观层面企业创新效率的经验证据，仅少数几篇文献考察了管理层激励（梁彤缨等，2015）、股权制衡（朱德胜和周晓珮，2016）、技术独董（胡元木和纪端，2017）和所得税优惠政策（张俊瑞等，2016）对企业创新投入产出效率的影响效应。而基于微观企业层面考察技术创新成果转化效率的研究则更是少见。

基于此，本章沿袭"研发投入—专利产出—成果转化"的逻辑链条，将儒家文化、研发投入、专利产出及企业绩效纳入统一分析框架，综合考察儒家文化对企业创新（投入产出）效率及经营绩效的影响。具体来讲，本章主要解决以下几个关键问题：首先，不同于以往文献仅从研发投入或专利产出单一维度来考察企业创新活动的某一环节，本章将研发投入和专利产出结合起来，从整体上综合考察儒家文化对企业创新效率的影响，即儒家文化是否还能够提高企业创新资源的利用效率，从而有助于缓解我国技术创新领域面临的"高投入低产出"难题。其次，技术创新成果需要转化为实际生产力，才能实现价值增值功能。已有研究表明，技术创新成果有助于提升企业经营业绩。因此，本章进一步检验儒家文化是否能够显著提高技术创新成果的转化效率，增强专利技术对企业经营绩效的边际贡献①。最后，本章利用中介效应模型检验儒家文化、企业创新与经营绩效三者之间的关系，以揭示儒家文化是否会通过创新渠道来对企业绩效起到价值提升功能。对上述问题的明晰，不仅有助于加深对儒家文化影响企业整个创新过程作用效果的理解，也能够为儒家文化在实现创新驱动战略和高质量发展目标中的积极作用提供进一步的理论依据和经验支持。

第二节　理论分析与研究假设

一、儒家文化与企业创新效率

创新效率取决于研发投入和创新产出两方面，如何利用有限的创新资源获得更多的创新产出是企业提高创新能力的根本途径。然而，创新活动本身的特殊性质往往使得企业的创新投入和创新产出发生偏离。作为一种隐性价值规范和约束机制，本书认为儒家文化可能会对企业创新投入产出效率产生积极影响。

---

① 企业创新活动及创新成果的实际转化必然会在经营绩效和市场价值中得到反映。因此，本书将专利产出对企业经营业绩的提升作用视为技术创新成果的转化。

首先，儒家文化倡导的"忠信"伦理思想有助于提高管理者在企业创新活动中的努力程度。X 效率理论（X-efficiency theory）认为，个人努力程度大小是影响工作效率的重要因素，在所有权和经营权相分离的现代企业制度中，企业内个人努力程度的出发点往往并不是企业价值最大化目标，而是基于个人私利，由此造成 X 低效率（Leibenstein，1966）。具体到企业的创新效率，作为创新活动的主要推动者和关键负责人，管理者个人在创新活动中的努力程度将对企业创新效率产生直接影响。管理者在创新执行过程中投入的时间和精力越多，既定的创新资源投入所带来的创新产出会越高（梁彤缨等，2015；雷鹏等，2016）。然而，管理者在实际工作中的努力程度通常是不可直接观测的。根据代理理论，在缺乏有效监督和激励的情况下，管理者可能会为了获取个人私利而侵害股东财富或为了享受平静安逸的生活而偷懒卸责（Jensen and Meckling，1976）。为此，企业往往通过优化监督或激励机制设计来激发管理者在创新活动中的努力程度，进而提高企业创新投入产出效率（梁彤缨等，2015；雷鹏等，2016；胡元木和纪端，2017）。

作为一种隐性的价值规范和约束机制，儒家文化能够在缓解代理冲突、提高代理效率方面发挥积极作用（Du，2015；古志辉，2015；Chen et al.，2019）。一方面，儒家文化倡导的"忠信"伦理思想要求管理者在实际管理工作中应信守合约承诺，坚持以股东利益最大化为原则，兢兢业业、竭尽心力为委托人工作。这将有助于激发管理者在企业创新活动中的努力程度，抑制其卸责或偷懒行为出现。另一方面，在财富创造过程中，儒家还强调"克勤克俭"① 的基本准则，"勤"意指工作的努力程度，"俭"代表减少不必要的支出（古志辉，2015）。这有助于进一步激发管理者的努力程度，并降低研发过程中不必要的资金浪费。此外，儒家还主张通过"修身"来提高个人自律能力，以达到"君子慎其独也"② 的目的。这要求管理者即使无他人在场或缺乏必要监督的情况下，也能够进行自我约束，努

---

① 尚书·大禹谟//王世舜和王翠叶译注. 尚书正读［M］. 北京：中华书局，2012：360. 其原文为："克勤于邦，可俭于民。"

② 礼记·中庸//王文锦译解. 礼记译解［M］. 北京：中华书局，2016：692.

力为委托人工作（Woods and Lamond，2011）。由此可见，作为一种隐性价值规范，儒家伦理将对管理者行为产生强大的内在道德约束，激发其在创新活动中的努力程度，进而提高企业创新投入产出效率。

其次，儒家文化倡导的"忠信"伦理思想也有利于提高技术研发人员在企业创新活动中的努力程度。企业内部完整的委托代理链条包括股东、管理者和员工三部分，管理者和员工是企业重要的价值创造者，两者的努力程度都会影响到企业经营目标和股东价值最大化目标的实现（陈冬华等，2015；孔东民等，2017）。企业创新活动通常是由管理者推动，员工参与实现的（陈效东，2017）。作为创新活动的直接参与者和执行者，技术研发人员努力程度与企业创新产出直接相关。已有研究表明，对非高管员工进行股权激励，能够显著提高企业的创新产出水平（Chang et al.，2015；周冬华等，2019）。特别是对于那些拥有专业技术和掌握核心业务的核心员工进行股权激励，其对创新产出的促进作用甚至高于对高管实施股权激励的作用效果（陈效东，2017；姜英兵和于雅萍，2017）。文化呈现全员辐射的特性，它会对企业内每个员工的行为都产生引导作用。杨国枢和郑伯勋（1987）发现，儒家价值观较强的员工对工作本身具有更高的期望。王庆娟和张金成（2012）也表明，儒家传统价值观能够较好地预测员工的集体行动和组织公民行为。由此可见，儒家文化"忠信"伦理价值理念和慎独思想不仅有助于提高管理者的努力程度，也有利于激发技术研发人员在研发过程中的努力程度，从而使得企业在既定研发投入水平下可以获得更多的创新产出。

此外，与一般实物资产投资相比，创新活动具有不可预见性、不确定性、风险性和长期性等特征，给会计确认、计量和披露带来了较大困难；同时，基于商业机密的考虑，为了不让竞争对手获知创新活动相关信息，企业对研发消息的披露往往较少。这将造成严重的信息不对称，降低监管效率，从而为管理者通过操纵研发费用来获取私人收益提供了便利（胡元木，2012；胡元木和纪端，2017）。已有研究发现，完善的公司治理机制能够优化资源配置效率，加强对管理者的监督，从而提高研发资金的利用效率（胡元木，2012；朱德胜和周晓珮，2016）。而作为一种隐性替代治理机制，儒家文化能够抑制管理者的自利行为（古志辉，2015；Chen et al.，2019）。由此可以推测，儒家文化也将有助于防止管理者利用研发活动来追求私人收益，从而进一步提高企业研发投入产出效率。基于以上分析提出如下假设：

假设 7.1：企业受到儒家文化的影响程度越强，其创新（投入产出）效率越高。

二、儒家文化、专利产出与企业经营绩效

企业完整的创新活动不仅包括创新投入和创新产出，还包括创新成果的转化，即技术创新成果需要转化为实际生产力，从而实现企业价值增值。已有研究表明，企业的专利产出能够显著提升企业未来的经营业绩（Ciftci and Cready，2011；Pandit et al.，2011；吴超鹏和唐菂，2016）。本书认为儒家文化还将有助于提高技术创新成果的转化效率，增强专利技术对企业经营绩效的边际贡献。

一方面，管理者、研发人员和普通员工都是企业价值的创造者，但三者在创新活动中所承担的责任却不尽相同（陈冬华等，2015；孔东民等，2017）。管理者是企业创新活动的推动者直接影响着企业的研发投入，研发人员作为研发活动的直接参与者和执行者则与企业创新产出直接相关，而普通员工作为实际作业者和生产者会直接影响企业技术创新成果的转化效率（Bradley et al.，2016；陈效东，2017）。由此可见，技术创新成果的价值实现将依赖于企业全体员工的共同努力。因此，儒家文化的全员辐射和引领特性将有利于激发全体员工的努力程度，进而提升技术创新成果的实际转化效率，增强专利技术对企业经营绩效的边际贡献。

另一方面，技术创新之所以能够提高企业经营绩效，实现价值增值，是因为技术创新能为企业带来技术垄断利润或专利授权收益。当企业所在地区的法律制度环境较差时，企业专利技术成果被竞争对手模仿或剽窃的风险较高，这会严重降低专利技术所带来的垄断收益。吴超鹏等（2016）发现，企业所在地区的知识产权保护水平越强，专利产出对企业未来经营

绩效的提升作用越大。根据前文研究，儒家倡导的义利观和诚信思想有助于规范竞争者行为，降低创新技术成果被模仿或剽窃的风险，进而能够为企业创新活动营造良好的外部知识产权保护环境。由此可以推测，儒家文化将能够降低企业专利技术被模仿或侵权的概率，从而提高专利技术所带来的垄断利润或专利授权收益，进一步增强专利技术对企业经营绩效的边际贡献。基于以上分析提出如下假设：

假设7.2：企业受到儒家文化的影响程度越强，其专利产出对未来经营绩效的提升作用越大，即儒家文化能够显著提高技术创新成果的转化效率，增强专利技术对企业经营绩效的边际贡献。

第三节　研究设计

一、样本选择与数据来源

本章选取中国沪深两市 A 股上市公司 2007～2017 年度数据为研究样本，并对样本进行了如下筛选：（1）删除金融保险类行业公司样本；（2）删除 ST 或 PT 公司样本；（3）删除变量数值存在缺失的公司样本；（4）删除外资控股公司样本。经过上述筛选后，最终得到了 21053 个公司年度样本观测值。企业研发投入数据来自 WIND 和 CSMAR 数据库；专利数据通过 CSMAR 数据库和中国国家知识产权局（SIPO）专利数据库收集整理获得；儒家文化数据源自手工收集，具体过程参见第四章变量定义；模型中其他公司治理和公司财务数据均源自 WIND 和 CSMAR 数据库。为消除极端异常值对实证结论产生的影响，本书对模型中所有连续变量进行了上下 1% 水平的缩尾处理。

二、创新效率的测度

创新效率是指一定条件下，创新主体的单位投入产出比。目前，关于创新效率的测算方式主要包括随机前沿分析方法（SFA）和数据包络分析方法（DEA）两种。前者主要是通过估计前沿生产函数来对生产过程进行分析，由此测算创新效率（Battese and Corra，1977），后者则是采用线性规划技术测量多种投入与多种产出的一种效率度量方法。与随机前沿分析方法相比，数据包络分析方法（DEA）的优势在于不受量纲选取的影响，也不需要预先假定生产函数的结构，进而可以在一定程度上避免因主观设定错误而导致结论失真；同时，其允许存在无效行为，可以对全要素生产率进行分解。班克尔和娜塔拉詹（Banker and Natarajan，2008）的仿真结果证明，数据包络分析方法确实比参数估计方法的效果更好。因此，借鉴余泳泽和刘大勇（2013）、董晓庆等（2014）、胡元木和纪端（2017）及李政和杨思莹（2018）等研究，本书选用 DEA 方法来测算企业的创新效率。

具体而言，基于 DEA 模型的分式规划为：

$$\max h_{j0} = \frac{\sum_{r=1}^{s} u_r y_{rj0}}{\sum_{i=1}^{m} v_i x_{ij0}}$$

$$\text{s. t.} \quad \frac{\sum_{r=1}^{s} u_r y_{rj}}{\sum_{i=1}^{m} v_i x_{ij}} \leqslant 1,$$

$$j = 1, 2, \cdots, n; u_r \geqslant 0, v_i \geqslant 0; i = 1, 2, \cdots, m \qquad (7.1)$$

其中，y_r 和 u_r 分别是第 r 种创新产出及其所占权重；x_i 和 v_i 分别是第 i 种创新投入及其所占权重；h_{j0} 为创新主体 j0 的效率值，它的值越大，意味着效率越高，即能够通过较少的创新投入获取更多的创新产出。进一步通过Charnes—Cooper 进行转换，令：

$$t = \frac{1}{v^T x_0}, w = tv, \mu = tu \quad \text{由} \ t = \frac{1}{v^t x_0} \Rightarrow w^t x_0 = 1 \qquad (7.2)$$

可变成如下对偶规划：

$$\max h_{j0} = \mu^T y_o$$

$$\text{s. t.} \ w^T x_j - \mu^T y_j \geqslant 0, j = 1, 2, \cdots, n$$

$$w^T x_0 = 1$$

$$w \geq 0, \mu \geq 0 \quad (7.3)$$

式 (7.3) 为规模收益固定 (constant return scale) 的 CCR 模型，对其

施加 $\sum_{j=1}^{n} \lambda_j = 1$ 的约束条件后，即转化为规模收益可变的 BCC 模型：

$$\min \theta$$

$$\text{s. t.} \quad \sum_{j=1}^{n} \lambda_j x_j + s^+ = \theta x_0$$

$$\sum_{j=1}^{n} \lambda_j y_j - s^- = \theta y_0$$

$$\lambda_j \geq 0, j = 1, 2, \cdots, n$$

$$\theta \quad 无约束, s^+ \geq 0, s^- \leq 0 \quad (7.4)$$

其中，θ 表示相对效率指数，取值范围为 [0，1]。其值越大，表明创新主
体的创新效率越高，也即创新主体在创新活动过程中的资源浪费越少。当
θ 等于 1 时，表示创新主体的创新活动处在最优创新活动的前沿面上，其
创新投入对应的创新产出达到了综合效率最优水平。λ、s^-i 和 s^+i 分别代
表权重变量、松弛变量以及剩余变量，且它们的值均是非负的。

参考董晓庆等 (2014)、胡元木和纪端 (2017) 及李政和杨思莹
(2018) 等的研究，本书使用企业专利申请数量 (加 1 取自然对数) 表示
企业创新产出，并使用企业研发支出 (加 1 取自然对数) 和研发人员数量
(加 1 取自然对数) 反映企业创新资金和人力资本两类投入要素。与前几
章内容相仿，分别选用专利申请总数 (LnPatent1)、发明专利申请数量
(LnPatent2) 和非发明专利申请数量 (实用新型专利和外观设计专利申请
数量之和，LnPatent3) 衡量企业创新产出水平，并使用 DEA 模型分别进行
测算，最终得到企业创新总效率 (IE1)、发明创新效率 (IE2) 和非发明
创新效率 (IE3)。

此外，在稳健性检验中，本书也借鉴权小锋和尹洪英 (2017) 及朱德
胜和周晓珊 (2016) 等研究，直接使用每单位研发投入的专利申请数即
$Ln(Patent1 + 1)/Ln(RD + 1)$、$Ln(Patent2 + 1)/Ln(RD + 1)$、$Ln(Patent3 + 1)/Ln(RD + 1)$ 作为创新效率的替代度量指标做稳健性检验。

三、模型设计与变量定义

（一）儒家文化与企业创新效率

为考察儒家文化对企业创新效率的影响，本书构建如下模型：

$$
\begin{aligned}
IE_{i,t} = & \alpha_0 + \alpha_1 Confucian_{i,t} + \alpha_2 Size_{i,t} + \alpha_3 Lev_{i,t} + \alpha_4 CF_{i,t} + \alpha_5 Age_{i,t} \\
& + \alpha_6 Growth_{i,t} + \alpha_7 Roa_{i,t} + \alpha_8 Liquidity_{i,t} + \alpha_9 Tangibility_{i,t} \\
& + \alpha_{10} Soe_{i,t} + \alpha_{11} Dual_{i,t} + \alpha_{12} MH_{i,t} + \alpha_{13} Top1_{i,t} + \alpha_{14} Indep_{i,t} \\
& + Industry + Year + \varepsilon_{i,t}
\end{aligned}
\tag{7.5}
$$

其中，i 代表第 i 家上市公司，t 代表第 t 年。被解释变量 IE 表示企业创新效率，分别使用 IE1、IE2、IE3 进行度量。解释变量 Confucian 表示儒家文化影响强度，分别使用 Confu_200、Confu_300 进行度量。

同式（4.3），上述模型中引入了企业规模（Size）、财务杠杆（Lev）、经营性现金流（CF）、上市年龄（Age）、销售增长率（Growth）、总资产收益率（Roa）、流动比率（Liquidity）、固定资产占比（Tangibility）、产权性质（Soe）、两职合一（Dual）、管理层持股比例（MH）、第一大股东持股比例（Top1）、独立董事占比（Indep）等系列控制变量，并将所有控制变量做滞后一期处理。此外，还控制了行业（Industry）和年度（Year）固定效应。由于 DEA 测算出的创新效率值介于 0～1，具有明显的截断特征，且企业研发投入和专利缺失数据使用了 0 进行代替，因而此处采用 Tobit 模型进行回归分析。

（二）儒家文化、专利产出与企业经营绩效

进一步，为考察儒家文化能否提高技术创新成果的转化效率，增强专利技术对企业经营绩效的边际贡献，借鉴池弗特斯和克里迪（Ciftci and Cready，2011）及吴超鹏和唐菂（2016）等的研究，本书构建如下模型：

$$
\begin{aligned}
Perform_{i,t+1\ to\ t+3} = & \alpha_0 + \alpha_1 Lnpatent_{i,t} + \alpha_2 Confucian_{i,t} + \alpha_3 Confucian_{i,t} \\
& \times Lnpatent_{i,t} + \alpha_4 Size_{i,t} + \alpha_3 Lev_{i,t} + \alpha_6 CF_{i,t} + \alpha_7 Age_{i,t}
\end{aligned}
$$

$$+ \alpha_8 \text{Growth}_{i,t} + \alpha_9 \text{Roa}_{i,t} + \alpha_{10} \text{Liquidity}_{i,t}$$

$$+ \alpha_{11} \text{Tangibility}_{i,t} + \alpha_{12} \text{Soe}_{i,t} + \alpha_{13} \text{Dual}_{i,t} + \alpha_{14} \text{MH}_{i,t}$$

$$+ \alpha_{15} \text{Top1}_{i,t} + \alpha_{16} \text{Indep}_{i,t} + \text{Industry} + \text{Year} + \varepsilon_{i,t} \quad (7.6)$$

其中，被解释变量 $\text{Perform}_{i,t+1 \text{ to } t+3}$ 表示企业未来三年的经营业绩，参考已有文献（Ciftci and Cready，2011；吴超鹏和唐菂，2016），使用企业 t+1 年至 t+3 年营业利润的平均值除以第 t 年总资产来对其进行度量。解释变量 LnPatent 表示企业专利产出水平，与前面章节一致，分别采用专利申请总数（LnPatent1）、发明专利申请数量（LnPatent2）和非发明专利申请数量（实用新型专利和外观设计专利申请数量之和，LnPatent3）作为企业专利产出的代理变量。Confucian × LnPatent 表示儒家文化与专利产出的交互项，预期其符号显著为正。

同式（7.5），上述模型中进一步引入企业规模（Size）、财务杠杆（Lev）、经营性现金流（CF）、上市年龄（Age）、销售增长率（Growth）、总资产收益率（Roa）、流动比率（Liquidity）、固定资产占比（Tangibility）、产权性质（Soe）、两职合一（Dual）、管理层持股比例（MH）、第一大股东持股比例（Top1）、独立董事占比（Indep）等系列控制变量，并将所有控制变量做滞后一期处理。此外，还控制了行业（Industry）和年度（Year）固定效应（见表7.1）。

表7.1 变量定义及度量方法

变量名称	变量符号	变量定义
未来经营业绩	Perform	企业 t+1 年至 t+3 年营业利润的平均值除以第 t 年总资产
创新效率	IE1	使用专利申请总数作为创新产出，DEA 测算出的创新效率
	IE2	使用发明专利数作为创新产出，DEA 测算出的创新效率
	IE3	使用非发明专利数作为创新产出，DEA 测算出的创新效率
创新水平	LnPatent1	发明专利、实用新型专利和外观设计专利申请总量加 1 的自然对数
	LnPatent2	发明专利申请总量加 1 的自然对数
	LnPatent3	非发明专利（实用新型专利和外观设计专利）加 1 的自然对数

续表

变量名称	变量符号	变量定义
儒家文化	Confu_200	公司注册地 200 公里范围内儒家书院数量加 1 的自然对数
	Confu_300	公司注册地 300 公里范围内儒家书院数量加 1 的自然对数
法律制度环境	Law	《中国分省份市场化指数报告（2016）》中"市场中介组织的发育和法律制度环境"指数
产权性质	Soe	企业实际控制人为国有性质时为国有企业，并取值 1；否则为民营企业，并取值为 0
企业规模	Size	企业总资产的自然对数
资产负债率	Lev	企业负债总额除以总资产
经营性现金流	CF	企业经营活动产生的现金流净额除以总资产
企业年龄	Age	企业自成立年份至当期的年限
销售增长率	Growth	（当年销售收入 - 上一年度销售收入）/ 上一年度销售收入
总资产收益率	Roa	企业净利润除以总资产
流动比率	Liquidity	企业流动负债除以流动资产
固定资产占比	Tangibility	企业固定资产净额除以总资产
两职合一	Dual	总经理和董事长为同一人取值为 1，否则为 0
管理层持股比例	MH	管理层持股数量占总股数的比例
第一大股东持股比例	Top1	第一大股东持股数量占总股数的比例
独立董事占比	Indep	独立董事人数占董事会总人数的比例
年度效应	Year	年度虚拟变量
行业效应	Industry	行业虚拟变量

第四节　实证结果与分析

一、描述性统计分析

表 7.2 报告了主要变量的描述性统计结果。可以发现，企业未来经营业绩（Perform）的均值为 0.0672，且最大值和最小值分别为 0.6509 和 -0.1430，表明不同企业间盈利能力存在较大差距。创新效率 IE1 的均值

为0.1160，最大值为0.6183，最小值为0。这意味着，我国企业创新效率整体水平不高，且不同企业创新效率高低也存在明显差距。同时，发明创新效率（IE2）均值为0.0881，低于非发明创新效率（IE3）的均值0.1006。此外，与前面章节相同，专利申请总数量（LnPatent1）的均值为1.4353，最大值和最小值分别为6.0039和0，差距较大，说明不同企业之间创新能力存在明显不同。同时，企业发明专利申请数量均值为0.9786，也低于非发明专利申请数量的均值1.0418，表明我国企业创新质量整体不高，高质量的技术发明专利有待提高。儒家文化Confu_200、Confu_300的均值分别为5.2809、5.9270，最大值和最小值存在较大差距。可见，不同企业受到儒家文化的影响强度的强弱也存在明显不同。

表7.2 主要变量描述性统计

变量	样本数	均值	标准差	最小值	中值	最大值
Perform	13253	0.0672	0.1081	-0.1430	0.0457	0.6509
IE1	21053	0.1160	0.1595	0	0	0.6183
IE2	21053	0.0881	0.1351	0	0	0.5599
IE3	21053	0.1006	0.1653	0	0	0.6874
LnPatent1	21053	1.4353	1.5963	0	1.0986	6.0039
LnPatent2	21053	0.9786	1.2711	0	0	5.1059
LnPatent3	21053	1.0418	1.4114	0	0	5.5413
Confu_200	21053	5.2809	1.3157	0	5.7961	6.6580
Confu_300	21053	5.9270	1.2929	0	6.2500	7.1428
Law	21053	8.3075	4.4892	1.2500	7.5400	16.1900
Soe	21053	0.4319	0.4953	0	0	1.0000
Size	21053	21.8405	1.2743	19.2377	21.6812	25.7146
Lev	21053	0.4436	0.2173	0.0465	0.4415	0.9695
CF	21053	0.0448	0.0767	-0.1954	0.0444	0.2640
Age	21053	14.7597	5.4356	3.0000	14.5833	28.5000
Growth	21053	0.1628	0.3610	-0.5856	0.1131	2.0789
Roa	21053	0.0420	0.0548	-0.1817	0.0390	0.2106
Liquidity	21053	2.5083	3.0123	0.2240	1.5510	19.9388
Tangibility	21053	0.2338	0.1736	0.0023	0.1981	0.7451

续表

变量	样本数	均值	标准差	最小值	中值	最大值
Dual	21053	0. 2395	0. 4268	0	0	1. 0000
MH	21053	0. 0618	0. 1348	0	0. 0001	0. 6096
Top1	21053	0. 3568	0. 1507	0. 0887	0. 3376	0. 7500
Indep	21053	0. 3697	0. 0520	0. 3000	0. 3333	0. 5714

在回归分析之前，本章先对关键变量进行了单变量分析。首先，根据儒家文化影响强度高低将样本划分为两组：儒家文化影响较强组（大于样本中值）和儒家文化影响较弱组（小于样本中值）。其次，进行单变量组间差异检验。表 7.3 中 Panel A 和 Panel B 分别报告了按照 Confu_200、Confu_300 分组的检验结果。从 Panel A 的结果可以发现，对于受儒家文化影响较强的企业，其未来经营业绩（Perform）的均值和中值分别为 0. 0706 和 0. 0504，在 1% 水平上显著高于受儒家文化影响较弱企业的 0. 0641 和 0. 0418。与此同时，在儒家文化影响较强组，企业创新效率 IE1、IE2、IE3 的均值分别为 0. 1322、0. 0985、0. 1179，高于受儒家文化影响较弱组企业创新效率的均值 0. 1010、0. 0783、0. 0846，且它们之间的差异均在 1% 水平上显著。Panel B 得到的结果与 Panel A 基本一致。以上结果表明，相比受儒家文化影响较弱的企业，受儒家文化影响较强企业的经营绩效和创新效率会更高，这与假设 7.1 预期相符，也为假设 7.2 的检验提供了依据。

表 7.3   单变量组间差异检验

Panel A：按照 Confu_200 中值将样本划分为受儒家文化影响较弱组与受儒家文化影响较强组

变量	受儒家文化影响较弱组			受儒家文化影响较强组			均值差异检验	中值差异检验
	样本数	均值	中值	样本数	均值	中值		
Perform	6967	0. 0641	0. 0418	6286	0. 0706	0. 0504	− 0. 0065 ***	37. 60 ***
IE1	10898	0. 1010	0	10155	0. 1322	0	− 0. 0312 ***	237. 50 ***
IE2	10898	0. 0783	0	10155	0. 0985	0	− 0. 0202 ***	208. 72 ***
IE3	10898	0. 0846	0	10155	0. 1179	0	− 0. 0333 ***	254. 98 ***

续表

Panel B：按照 Confu_300 中值将样本划分为受儒家文化影响较弱组与受儒家文化影响较强组

变量	受儒家文化影响较弱组			受儒家文化影响较强组			均值差异检验	中值差异检验
	样本数	均值	中值	样本数	均值	中值		
Perform	6722	0.0643	0.0434	6531	0.0702	0.0486	-0.0059 ***	14.54 ***
IE1	10588	0.1048	0	10465	0.1273	0	-0.0225 ***	118.17 ***
IE2	10588	0.0807	0	10465	0.0955	0	-0.0148 ***	107.63 ***
IE3	10588	0.0885	0	10465	0.1130	0	-0.0245 ***	123.06 ***

注：Panel A 和 Panel B，组间均值差异为 T 检验法，组间中值差异为 Wilcoxon 秩和检验法。*** 、 ** 、 * 分别表示1%、5%、10%的显著性水平。

表7.4 下三角区域和上三角区域分别报告了关键变量的 Spearman 和 Pearson 相关系数分析结果[1]。从下三角区域的 Spearman 检验结果可以发现，IE1、IE2、IE3、LnPatent1、LnPatent2、LnPatent3、Confu_200、Confu_300 与 Perform 的相关系数均至少在 5% 水平以上显著为正，表明儒家文化也能够显著提高企业未来经营业绩，且企业专利产出越多，创新效率越高，企业未来经营业绩也越好。这也意味着，儒家文化可能会借助创新渠道对企业经营业绩起到价值提升作用。进一步，Confu_200、Confu_300 与 LnPatent1、LnPatent2、LnPatent3 均在 1% 水平上显著正相关，且与 IE1、IE2、IE3 的相关系数也都在 1% 水平上显著正相关，说明儒家文化不仅能够提高企业创新产出水平，还能够提升企业创新投入产出效率，这初步支持了假设 7.1 的预期。上三角区域 Pearson 检验结果与此基本相同。但由于其他控制变量也与企业创新效率及未来经营业绩存在高度相关性，因此需要在控制其他影响因素情况下进行多元回归分析，以便得到更为可靠的结论。

表 7.4 关键变量相关系数分析

变量	Perform	IE1	IE2	IE3	LnPatent1	LnPatent2	LnPatent3	Confu_200	Confu_300
Perform	1.000	0.013	0.025 ***	0.009	0.014	0.016 *	0.003	0.046 ***	0.041 ***
IE1	0.057 ***	1.000	0.911 ***	0.921 ***	0.782 ***	0.704 ***	0.708 ***	0.115 ***	0.103 ***

① 受限于页面边距问题，表7.4 仅列式了部分关键变量的相关系数分析结果。

续表

变量	Perform	IE1	IE2	IE3	LnPatent1	LnPatent2	LnPatent3	Confu_200	Confu_300
IE2	0.065 ***	0.920 ***	1.000	0.735 ***	0.734 ***	0.809 ***	0.573 ***	0.100 ***	0.091 ***
IE3	0.023 ***	0.895 ***	0.744 ***	1.000	0.728 ***	0.565 ***	0.795 ***	0.103 ***	0.093 ***
LnPatent1	0.051 ***	0.806 ***	0.760 ***	0.748 ***	1.000	0.905 ***	0.914 ***	0.123 ***	0.114 ***
LnPatent2	0.054 ***	0.742 ***	0.839 ***	0.603 ***	0.906 ***	1.000	0.717 ***	0.104 ***	0.096 ***
LnPatent3	0.020 **	0.709 ***	0.590 ***	0.832 ***	0.895 ***	0.703 ***	1.000	0.111 ***	0.102 ***
Confu_200	0.075 ***	0.116 ***	0.099 ***	0.114 ***	0.109 ***	0.090 ***	0.108 ***	1.000	0.978 ***
Confu_300	0.058 ***	0.100 ***	0.087 ***	0.100 ***	0.099 ***	0.082 ***	0.100 ***	0.945 ***	1.000

注：下三角和上三角分别为 Pearson 和 Spearman 相关系数检验结果。*** 、** 、* 分别表示 1% 、5% 、10% 的显著性水平。

二、儒家文化对企业创新效率的影响效应检验

表 7.5 报告了儒家文化与企业创新投入产出效率的回归结果。结果显示，Confu_200 与 IE1、IE2、IE3 的估计系数分别为 0.0236、0.0218、0.0268，且均在 1% 水平上显著。与此类似，Confu_300 与 IE1、IE2、IE3 的估计系数分别为 0.0225、0.0211、0.0257，也都在 1% 水平上显著。上述结果表明，企业受到儒家文化的影响程度越强，其创新投入产出效率越高。这意味着，儒家文化不仅仅能够增强企业的创新投入意愿和专利产出水平，同时还能够显著提高企业的创新资源的利用效率，以更少的研发投入获得更多的专利产出。这些结果支持了假设 7.1。此外，从控制变量回归结果可以发现，产权性质（Soe）与创新效率呈负相关关系，表明与国有企业相比，民营企业的创新效率更高。

表 7.5　　　　　　　　儒家文化与企业创新效率

因变量	(1)	(2)	(3)	(4)	(5)	(6)
	IE1		IE2		IE3	
Confu_200	0.0236 *** (13.44)		0.0218 *** (13.30)		0.0268 *** (11.55)	
Confu_300		0.0225 *** (12.55)		0.0211 *** (12.83)		0.0257 *** (10.75)

续表

因变量	(1)	(2)	(3)	(4)	(5)	(6)
	IE1		IE2		IE3	
Size	0.0268 ***	0.0269 ***	0.0330 ***	0.0331 ***	0.0327 ***	0.0328 ***
	(12.39)	(12.43)	(15.59)	(15.64)	(11.93)	(11.97)
Lev	−0.1207 ***	−0.1208 ***	−0.0819 ***	−0.0818 ***	−0.1472 ***	−0.1473 ***
	(−8.09)	(−8.10)	(−5.65)	(−5.65)	(−7.61)	(−7.62)
CF	0.0090	0.0120	0.0111	0.0137	0.0176	0.0210
	(0.29)	(0.38)	(0.36)	(0.45)	(0.43)	(0.52)
Age	−0.0095 ***	−0.0095 ***	−0.0083 ***	−0.0083 ***	−0.0098 ***	−0.0098 ***
	(−23.17)	(−23.21)	(−20.66)	(−20.70)	(−18.29)	(−18.33)
Growth	−0.0122 **	−0.0122 **	−0.0026	−0.0026	−0.0195 **	−0.0195 **
	(−2.01)	(−2.01)	(−0.44)	(−0.44)	(−2.51)	(−2.51)
Roa	0.3924 ***	0.3952 ***	0.4351 ***	0.4375 ***	0.3977 ***	0.4010 ***
	(8.54)	(8.60)	(9.67)	(9.73)	(6.60)	(6.66)
Liquidity	−0.0004	−0.0005	0.0013 *	0.0013 *	−0.0038 ***	−0.0038 ***
	(−0.58)	(−0.63)	(1.73)	(1.69)	(−3.48)	(−3.51)
Tangibility	−0.0456 ***	−0.0479 ***	−0.0677 ***	−0.0698 ***	−0.0343 *	−0.0367 *
	(−2.90)	(−3.04)	(−4.40)	(−4.53)	(−1.70)	(−1.81)
Soe	−0.0194 ***	−0.0209 ***	−0.0003	−0.0016	−0.0348 ***	−0.0365 ***
	(−3.85)	(−4.15)	(−0.06)	(−0.33)	(−5.27)	(−5.54)
Dual	−0.0111 **	−0.0113 **	−0.0038	−0.0040	−0.0174 **	−0.0177 **
	(−2.21)	(−2.26)	(−0.76)	(−0.80)	(−2.62)	(−2.66)
MH	0.1723 ***	0.1747 ***	0.1342 ***	0.1364 ***	0.1963 ***	0.1990 ***
	(11.57)	(11.72)	(8.97)	(9.10)	(9.85)	(9.98)
Top1	0.0114	0.0122	−0.0295 **	−0.0289 **	0.0541 ***	0.0550 ***
	(0.83)	(0.88)	(−2.15)	(−2.10)	(3.03)	(3.08)
Indep	−0.1308 ***	−0.1324 ***	−0.1351 ***	−0.1363 ***	−0.0616	−0.0634
	(−3.46)	(−3.50)	(−3.58)	(−3.62)	(−1.28)	(−1.32)
Constant	−0.9297 ***	−0.9427 ***	−1.0720 ***	−1.0863 ***	−1.2631 ***	−1.2790 ***
	(−17.73)	(−17.86)	(−20.90)	(−21.05)	(−18.50)	(−18.59)
Industry	控制	控制	控制	控制	控制	控制
Year	控制	控制	控制	控制	控制	控制
N	21053	21053	21053	21053	21053	21053
Pseudo R^2	0.551	0.550	0.515	0.514	0.403	0.402

注：***、**、* 分别表示 1%、5%、10% 的显著性水平，括号内为异方差调整后（Robust）的 t 值。

三、儒家文化对专利产出业绩提升功能的影响效应检验

进一步，本书考察儒家文化能否提高技术创新成果的转化效率，增强专利技术对企业经营绩效的边际贡献。检验在中国资本市场上，企业专利产出是否能够提高企业未来的经营业绩，实现价值增值功能。表 7.6 结果显示，专利产出 LnPatent1、LnPatent2、LnPatent3 与企业未来经营业绩（Perform）的回归系数分别为 0.0034、0.0044、0.0033，且三者都在 1% 水平上显著。这些结果与池弗特斯和克里迪（Ciftci and Cready，2011）及吴超鹏和唐菂（2016）的研究发现相一致，表明专利产出确实有助于提升企业未来的经营业绩，实现价值增值功能。与此同时，从回归结果可以看到，发明专利（LnPatent2）对企业未来经营业绩的估计系数（0.0044）高于非发明专利（LnPatent3）的估计系数（0.0033）。这意味着，相比于非发明专利，发明专利对企业未来经营业绩的提升作用更强。

表 7.6　　　　　　　　　　专利产出与企业经营绩效

因变量	(1)	(2)	(3)
	Perform	Perform	Perform
LnPatent1	0.0034 ***		
	(5.33)		
LnPatent2		0.0044 ***	
		(6.00)	
LnPatent3			0.0033 ***
			(4.67)
Size	−0.0127 ***	−0.0128 ***	−0.0124 ***
	(−10.34)	(−10.38)	(−10.18)
Lev	−0.0095	−0.0102	−0.0101
	(−1.09)	(−1.17)	(−1.15)
CF	0.1933 ***	0.1932 ***	0.1936 ***
	(13.23)	(13.21)	(13.25)
Age	0.0006 ***	0.0005 ***	0.0005 **
	(2.76)	(2.67)	(2.54)

续表

因变量	(1)	(2)	(3)
	Perform	Perform	Perform
Growth	0.0047	0.0047	0.0047
	(1.28)	(1.27)	(1.28)
Roa	0.4037***	0.4031***	0.4054***
	(12.58)	(12.55)	(12.64)
Liquidity	0.0004	0.0004	0.0004
	(1.01)	(0.89)	(1.06)
Tangibility	−0.0359***	−0.0356***	−0.0363***
	(−4.70)	(−4.66)	(−4.76)
Soe	−0.0158***	−0.0162***	−0.0157***
	(−7.53)	(−7.72)	(−7.45)
Dual	0.0015	0.0013	0.0017
	(0.57)	(0.49)	(0.64)
MH	−0.0173*	−0.0167*	−0.0167*
	(−1.95)	(−1.88)	(−1.88)
Top1	0.0290***	0.0298***	0.0284***
	(4.89)	(5.03)	(4.79)
Indep	−0.0031	−0.0035	−0.0044
	(−0.18)	(−0.20)	(−0.25)
Constant	0.2702***	0.2737***	0.2673***
	(11.43)	(11.48)	(11.32)
Industry	控制	控制	控制
Year	控制	控制	控制
N	13253	13253	13253
Adj. R^2	0.156	0.156	0.155

注：***、**、* 分别表示1%、5%、10%的显著性水平，括号内为异方差调整后（Robust）的t值。

进一步，本书实证检验儒家文化是否能够增强专利产出对企业未来经营绩效的提升功能。表7.7的回归结果显示，儒家文化与专利产出的交互项 Confu_200 × LnPatent1、Confu_300 × LnPatent1 与 Perform 均在1%水平上显著正相关；同时，儒家文化与发明专利交互项（Confu_200 × LnPatent2、Confu_300 × LnPatent2）、非发明专利交互项（Confu_200 × LnPatent3、Confu_

300 × LnPatent3）的回归系数也都至少在5%水平以上显著为正。以上结果表明，企业所受儒家文化的影响程度越强，专利技术对企业未来经营业绩的提升作用越大。由此可见，儒家文化不仅能够显著提高企业的专利产出水平，其全员辐射和引领特性也有利于激发全体员工创新和工作热情，进而提升技术创新成果的实际转化效率，增强专利技术对企业经营绩效的边际贡献。

表7.7　　　　　　　　　儒家文化、专利产出与企业经营绩效

因变量	(1) Perform	(2) Perform	(3) Perform	(4) Perform	(5) Perform	(6) Perform
LnPatent1	-0.0035 (-1.56)	-0.0033 (-1.34)				
Confu_200 × LnPatent1	0.0013 *** (3.13)					
Confu_300 × LnPatent1		0.0011 *** (2.76)				
LnPatent2			-0.0035 (-1.13)	-0.0035 (-1.01)		
Confu_200 × LnPatent2			0.0015 *** (2.60)			
Confu_300 × LnPatent2				0.0013 ** (2.31)		
LnPatent3					-0.0050 ** (-2.08)	-0.0043 * (-1.65)
Confu_200 × LnPatent3					0.0015 *** (3.48)	
Confu_300 × LnPatent3						0.0012 *** (2.92)
Confu_200	-0.0011 (-1.16)		-0.0007 (-0.75)		-0.0008 (-0.93)	
Confu_300		-0.0010 (-1.06)		-0.0006 (-0.71)		-0.0007 (-0.82)
Size	-0.0125 *** (-10.24)	-0.0125 *** (-10.23)	-0.0127 *** (-10.29)	-0.0127 *** (-10.27)	-0.0123 *** (-10.07)	-0.0123 *** (-10.07)

续表

因变量	(1)	(2)	(3)	(4)	(5)	(6)
	Perform	Perform	Perform	Perform	Perform	Perform
Lev	−0.0096	−0.0097	−0.0103	−0.0104	−0.0101	−0.0102
	(−1.10)	(−1.11)	(−1.18)	(−1.19)	(−1.16)	(−1.17)
CF	0.1926***	0.1928***	0.1926***	0.1928***	0.1928***	0.1931***
	(13.18)	(13.20)	(13.17)	(13.19)	(13.19)	(13.21)
Age	0.0006***	0.0006***	0.0005***	0.0005***	0.0005**	0.0005**
	(2.78)	(2.77)	(2.68)	(2.67)	(2.54)	(2.53)
Growth	0.0047	0.0047	0.0047	0.0047	0.0047	0.0047
	(1.28)	(1.28)	(1.27)	(1.27)	(1.28)	(1.28)
Roa	0.4031***	0.4031***	0.4028***	0.4026***	0.4049***	0.4049***
	(12.57)	(12.57)	(12.54)	(12.54)	(12.63)	(12.63)
Liquidity	0.0004	0.0004	0.0004	0.0004	0.0004	0.0004
	(1.07)	(1.05)	(0.94)	(0.92)	(1.11)	(1.09)
Tangibility	−0.0358***	−0.0358***	−0.0354***	−0.0355***	−0.0361***	−0.0361***
	(−4.67)	(−4.68)	(−4.62)	(−4.63)	(−4.71)	(−4.71)
Soe	−0.0155***	−0.0156***	−0.0160***	−0.0161***	−0.0154***	−0.0156***
	(−7.33)	(−7.40)	(−7.55)	(−7.60)	(−7.28)	(−7.35)
Dual	0.0015	0.0015	0.0013	0.0013	0.0016	0.0016
	(0.56)	(0.56)	(0.50)	(0.50)	(0.62)	(0.62)
MH	−0.0176**	−0.0174*	−0.0170*	−0.0168*	−0.0169*	−0.0167*
	(−1.98)	(−1.96)	(−1.92)	(−1.89)	(−1.91)	(−1.89)
Top1	0.0290***	0.0289***	0.0298***	0.0298***	0.0282***	0.0282***
	(4.88)	(4.87)	(5.03)	(5.02)	(4.75)	(4.75)
Indep	−0.0029	−0.0032	−0.0030	−0.0033	−0.0044	−0.0046
	(−0.17)	(−0.18)	(−0.17)	(−0.19)	(−0.25)	(−0.26)
Constant	0.2730***	0.2733***	0.2751***	0.2753***	0.2687***	0.2689***
	(11.28)	(11.22)	(11.28)	(11.23)	(11.14)	(11.09)
Industry	控制	控制	控制	控制	控制	控制
Year	控制	控制	控制	控制	控制	控制
N	13253	13253	13253	13253	13253	13253
Adj. R^2	0.156	0.156	0.156	0.156	0.156	0.156

注：***、**、* 分别表示 1%、5%、10% 的显著性水平，括号内为异方差调整后（Robust）的 t 值。

四、儒家文化与企业绩效：基于创新渠道的中介效应检验

前文研究表明，儒家文化能够增强专利产出对企业未来经营业绩的提升作用。由此可以推测，儒家文化可能会通过创新渠道最终提高企业绩效。因此，进一步考察儒家文化对企业绩效的影响，并利用中介效应模型检验其是否通过创新渠道来实现。借鉴巴伦和肯尼（Baron and Kenny，1986）及温忠麟等（2004）提出的中介效应检验方法，构建如下递归模型：

$$Perform = \alpha_0 + \alpha_1 Confucian + \alpha_j Controls + Industry + Year + \varepsilon \qquad \text{(Path a)}$$

$$Lnpatent = \beta_0 + \beta_1 Confucian + \beta_j Controls + Industry + Year + \varepsilon \qquad \text{(Path b)}$$

$$Perform = \lambda_0 + \lambda_1 Confucian + \lambda_2 Lnpatent + \lambda_j Controls + Industry + Year + \varepsilon$$

$$\text{(Path c)}$$

其中，Perform 表示企业绩效，Confucian 表示儒家文化影响强度，Lnpatent 表示企业创新产出，控制变量同式（7.5），相关变量定义同前文。根据巴伦和肯尼（Baron and Kenny，1986）及温忠麟等（2004）的研究，中介效应的检验共分三步展开：第一步对 Path a 进行回归，检验儒家文化是否能够提高企业绩效，如果 α_1 的系数显著为正，则表明儒家文化能够显著提高企业绩效，可以进行下一步检验，否则停止检验；第二步对 Path b 进行回归，检验儒家文化能否促进企业创新，如果 β_1 的系数显著为正，则说明儒家文化能够显著促进企业创新，可以继续下一步检验；第三步对 Path c 进行回归，如果 α_1、β_1 显著，且 λ_1、λ_2 也都显著，但 λ_1 的系数与 α_1 的系数相比有所下降，则表明创新产出在儒家文化对企业绩效的提升作用中扮演部分中介作用；倘若 α_1、β_1 显著，且 λ_2 显著，但 λ_1 不再显著，则意味着儒家文化对企业绩效的提升作用完全是通过创新渠道实现的，也即创新产出在儒家文化对企业绩效的提升作用中扮演完全中介作用。

中介效应检验结果见表 7.8。Panel A 是使用 Confu_200 作为儒家文化度量指标的回归结果，第（1）列 Confu_200 与 Perform 的回归系数为

0.0007，且在1%水平上显著，表明儒家文化能够显著提高企业绩效；第
（2）~（4）列结果显示，儒家文化对企业专利产出具有显著促进作用；第
（5）~（7）列发现，引入 LnPatent1、LnPatent2、LnPatent3 后，Confu_200
与 Perform 的回归系数由 0.0007 分别降为 0.0005、0.0006、0.0006，且显
著性水平也由1%降为5%。Panel B 报告了采用 Confu_300 测度儒家文化的
回归结果，结果同 Panel A 完全一致。以上结果表明，儒家文化最终能够
提高企业绩效，且部分是通过创新渠道实现的，也即创新在儒家文化对企
业绩效的提升作用中扮演着部分中介的作用。

表 7.8　　　　儒家文化与企业绩效：基于创新渠道的中介效应检验

Panel A：使用 Confu_200 作为儒家文化的代理变量

因变量	（1）	（2）	（3）	（4）	（5）	（6）	（7）
	Path a		Path b		Path c		
	Perform	LnPatent1	LnPatent2	LnPatent3	Perform	Perform	Perform
Confu_200	0.0007 *** (2.87)	0.2282 *** (16.38)	0.1957 *** (15.83)	0.2252 *** (14.52)	0.0005 ** (2.10)	0.0006 ** (2.20)	0.0006 ** (2.37)
LnPatent1					0.0016 *** (7.58)		
LnPatent2						0.0020 *** (8.21)	
LnPatent3							0.0013 *** (5.73)
控制变量	控制	控制	控制	控制	控制	控制	控制
N	21053	21053	21053	21053	21053	21053	21053
Pseudo/ Adj. R^2	0.3611	0.147	0.144	0.138	0.363	0.363	0.362

Panel B：使用 Confu_300 作为儒家文化的代理变量

因变量	（1）	（2）	（3）	（4）	（5）	（6）	（7）
	Path a		Path b		Path c		
	Perform	LnPatent1	LnPatent2	LnPatent3	Perform	Perform	Perform
Confu_300	0.0006 ** (2.54)	0.2271 *** (15.92)	0.1946 *** (15.63)	0.2274 *** (14.20)	0.0004 * (1.77)	0.0005 * (1.88)	0.0005 ** (2.04)

续表

因变量	(1)	(2)	(3)	(4)	(5)	(6)	(7)
	Path a		Path b		Path c		
	Perform	LnPatent1	LnPatent2	LnPatent3	Perform	Perform	Perform
LnPatent1					0.0016*** (7.66)		
LnPatent2						0.0020*** (8.27)	
LnPatent3							0.0013*** (5.80)
控制变量	控制	控制	控制	控制	控制	控制	控制
N	21053	21053	21053	21053	21053	21053	21053
Pseudo/ Adj. R²	0.361	0.147	0.144	0.138	0.363	0.363	0.362

注：***、**、* 分别表示 1%、5%、10% 的显著性水平，括号内为异方差调整后（Robust）的 t 值。

五、稳健性检验

为确保研究结论的可靠性，本书做了如下稳健性检验：

（一）创新效率的指标替换

创新效率是指创新活动的投入产出比。前文参考董晓庆等（2014）、胡元木和纪端（2017）及李政和杨思莹（2018）等的研究，本书采用 DEA 模型测算企业创新效率。进一步，也借鉴权小锋和尹洪英（2017）及朱德胜和周晓珊（2016）等的研究，直接使用每单位研发投入的专利申请数即 $Ln(Patent1+1)/Ln(RD+1)$、$Ln(Patent2+1)/Ln(RD+1)$、$Ln(Patent3+1)/Ln(RD+1)$ 作为创新效率的替代度量指标。回归结果如表 7.9 所示，可以看到，Confu_200、Confu_300 对 $Ln(Patent1+1)/Ln(RD+1)$、$Ln(Patent2+1)/Ln(RD+1)$、$Ln(Patent3+1)/Ln(RD+1)$ 均在 1% 水平上存在显著正向影响。这与前文实证结果完全一致。

表 7.9 创新效率的指标替换

因变量	（1）	（2）	（3）	（4）	（5）	（6）
	$\dfrac{\text{Ln}（\text{Pantent1}+1）}{\text{Ln}（\text{RD}+1）}$		$\dfrac{\text{Ln}（\text{Pantent2}+1）}{\text{Ln}（\text{RD}+1）}$		$\dfrac{\text{Ln}（\text{Pantent3}+1）}{\text{Ln}（\text{RD}+1）}$	
Confu_200	0.0127*** (13.58)		0.0107*** (13.42)		0.0120*** (11.66)	
Confu_300		0.0121*** (12.62)		0.0104*** (12.90)		0.0115*** (10.81)
Size	0.0150*** (13.03)	0.0150*** (13.07)	0.0167*** (16.22)	0.0167*** (16.26)	0.0151*** (12.44)	0.0152*** (12.48)
Lev	-0.0576*** (-7.29)	-0.0576*** (-7.30)	-0.0359*** (-5.12)	-0.0359*** (-5.11)	-0.0576*** (-6.76)	-0.0577*** (-6.77)
CF	0.0095 (0.58)	0.0112 (0.68)	0.0053 (0.36)	0.0066 (0.45)	0.0141 (0.79)	0.0156 (0.87)
Age	-0.0050*** (-22.85)	-0.0050*** (-22.89)	-0.0039*** (-20.21)	-0.0039*** (-20.25)	-0.0042*** (-17.99)	-0.0043*** (-18.03)
Growth	-0.0064* (-1.94)	-0.0064* (-1.95)	-0.0009 (-0.32)	-0.0009 (-0.32)	-0.0090*** (-2.60)	-0.0090*** (-2.60)
Roa	0.2398*** (9.78)	0.2413*** (9.84)	0.2325*** (10.57)	0.2338*** (10.63)	0.2026*** (7.58)	0.2042*** (7.64)
Liquidity	-0.0004 (-0.89)	-0.0004 (-0.94)	0.0005 (1.34)	0.0005 (1.31)	-0.0016*** (-3.42)	-0.0016*** (-3.45)
Tangibility	-0.0214** (-2.57)	-0.0226*** (-2.71)	-0.0312*** (-4.17)	-0.0322*** (-4.30)	-0.0122 (-1.37)	-0.0133 (-1.49)
Soe	-0.0102*** (-3.85)	-0.0110*** (-4.15)	-0.0004 (-0.16)	-0.0010 (-0.42)	-0.0151*** (-5.23)	-0.0159*** (-5.50)
Dual	-0.0069*** (-2.61)	-0.0070*** (-2.65)	-0.0028 (-1.14)	-0.0029 (-1.18)	-0.0083*** (-2.85)	-0.0084*** (-2.89)
MH	0.0923*** (11.68)	0.0936*** (11.84)	0.0660*** (9.08)	0.0670*** (9.22)	0.0875*** (9.96)	0.0887*** (10.10)
Top1	0.0064 (0.88)	0.0069 (0.94)	-0.0142** (-2.13)	-0.0139** (-2.09)	0.0249*** (3.16)	0.0253*** (3.21)
Indep	-0.0703*** (-3.53)	-0.0711*** (-3.57)	-0.0661*** (-3.62)	-0.0667*** (-3.65)	-0.0298 (-1.41)	-0.0306 (-1.44)

续表

因变量	(1)	(2)	(3)	(4)	(5)	(6)
	$\dfrac{\text{Ln（Pantent1 +1）}}{\text{Ln（RD +1）}}$		$\dfrac{\text{Ln（Pantent2 +1）}}{\text{Ln（RD +1）}}$		$\dfrac{\text{Ln（Pantent3 +1）}}{\text{Ln（RD +1）}}$	
Constant	−0.5292 *** (−19.01)	−0.5361 *** (−19.12)	−0.5479 *** (−22.02)	−0.5551 *** (−22.17)	−0.5907 *** (−19.48)	−0.5977 *** (−19.56)
Industry	控制	控制	控制	控制	控制	控制
Year	控制	控制	控制	控制	控制	控制
N	21053	21053	21053	21053	21053	21053

注：***、**、* 分别表示 1%、5%、10% 的显著性水平，括号内为异方差调整后（Robust）的 t 值。

（二）剔除专利值缺失样本

前文参考相关研究（余明桂等，2016；孔东民等，2017；潘越等，2017），本书对专利数据缺失样本使用了 0 来代替，并以此通过 DEA 模型测算企业创新效率。为确保结论的可靠性，进一步剔除专利值缺失的样本。回归结果见表 7.10，可以发现，Confu_200、Confu_300 与 IE1、IE2、IE3 依然在 1% 水平上显著正相关；同时，儒家文化与专利产出的交互项与 Perform 也都至少在 10% 水平以上显著正相关。上述结果表明，前文研究结论依然保持不变。

表 7.10　　　　　　　　　剔除专利值缺失样本

Panel A：儒家文化与企业创新效率

因变量	(1)	(2)	(3)	(4)	(5)	(6)
	IE1		IE2		IE3	
Confu_200	0.0054 *** (4.97)		0.0048 *** (4.93)		0.0069 *** (5.21)	
Confu_300		0.0050 *** (4.41)		0.0048 *** (4.91)		0.0065 *** (4.73)
控制变量	控制	控制	控制	控制	控制	控制
N	11584	11584	11584	11584	11584	11584
Adj. R^2	0.336	0.335	0.257	0.257	0.275	0.275

Panel B：儒家文化、专利产出与企业经营业绩

因变量	(1)	(2)	(3)	(4)	(5)	(6)
	Perform	Perform	Perform	Perform	Perform	Perform
LnPatent1	−0.0059 (−1.37)	−0.0071 (−1.47)				
Confu_200 × LnPatent1	0.0022*** (2.79)					
Confu_300 × LnPatent1		0.0021*** (2.73)				
LnPatent2			−0.0036 (−0.72)	−0.0053 (−0.93)		
Confu_200 × LnPatent2			0.0016* (1.75)			
Confu_300 × LnPatent2				0.0017* (1.80)		
LnPatent3					−0.0059* (−1.82)	−0.0057 (−1.62)
Confu_200 × LnPatent3					0.0018*** (3.11)	
Confu_300 × LnPatent3						0.0016*** (2.79)
控制变量	控制	控制	控制	控制	控制	控制
N	6934	6934	6934	6934	6934	6934
Adj. R^2	0.223	0.222	0.221	0.221	0.221	0.220

注：***、**、* 分别表示1%、5%、10%的显著性水平，括号内为异方差调整后（Robust）的t值。

（三）其他稳健性检验

此外，本书还进行了下列稳健性检验：（1）为避免企业存在专利申请数量故意多报的问题，采用专利授权数量度量企业创新产出。（2）借鉴吴超鹏和唐莳（2016）等的研究，使用企业未来五年的经营业绩，即使用企业 t+1 年至 t+5 年营业利润的平均值除以第 t 年总资产来度量企业未来经

营业绩。（3）儒家文化可能与地区经济发展水平存在较强相关性。为排除地区层面相关因素的潜在干扰，控制了企业所在地区人均国内生产总值、法律环境、金融发展水平、教育水平及税负等地区经济和制度环境变量。（4）考虑使用 200 公里和 300 公里半径范围内儒家书院度量儒家文化影响强度，由此导致样本分布可能会受地理距离影响。为避免上市公司分布过于集中可能带来的影响，剔除上市公司数量排名前十城市的公司样本。（5）将使用公司注册地改为利用公司办公地 200（Office_200）公里和 300（Office_300）公里半径范围内的儒家书院数量，重新计算儒家文化影响力。（6）使用 50（Confu_50）公里和 100（Confu_100）公里范围内儒家书院数量作为儒家文化的替代指标。（7）参考金智等（2017）及陈等（Chen et al.，2019）研究，使用公司注册地 200 公里和 300 公里半径范围内孔庙数量作为儒家文化强度的替代变量。（8）为排除部分公司注册地址发生变更带来的影响，剔除注册地发生过变更的公司样本。经过上述检验，先前的研究结论依然成立。

第五节　拓展性检验

一、基于外部法律环境的进一步检验

本书第五章研究发现，非正式制度的儒家伦理与正式制度的法律环境在促进企业创新产出方面存在相互替代的关系，即在法律制度环境不够完善时，儒家文化作为一种隐性替代机制，弥补了正式制度的不足，其对企业创新的促进效果更加明显。与此同时，相关文献也表明，完善的知识产权保护等法律制度体系有助于提高企业的创新效率（李后建和张宗益，2014），增强专利产出对企业未来经营绩效的提升作用（吴超鹏等，2016）。基于此，本章进一步考察儒家文化和法律制度环境在提高企业创新效率及创新业绩提升功能方面是否也存在替代关系。

表 7.11 回归结果显示，法律制度环境（Law）与 IE1、IE2 均在 1% 水

平上显著正相关，而与 IE3 呈负相关关系。上述结果表明，法律制度环境能够显著提高企业创新效率，尤其是对发明创新效率，其提升作用更强，但却会降低非发明专利的创新效率。这与第五章表 5.6 的结果相类似。与此同时，法律制度环境与儒家文化的交互项 Law×Confu_200、Law×Confu_300 与 IE1、IE2 的回归系数均为负，且除第（2）列外，都至少在 10% 水平以上显著。这意味着，非正式制度的儒家文化与正式制度的法律环境不仅在促进企业专利产出方面存在替代关系，二者在提升企业创新效率方面同样也存在着替代关系。

表 7.11　　　　　　　　儒家文化、法律环境与企业创新效率

因变量	（1）	（2）	（3）	（4）	（5）	（6）
	IE1		IE2		IE3	
Confu_200	0.0258 ***		0.0253 ***		0.0244 ***	
	(8.84)		(9.35)		(6.35)	
Law × Confu_200	− 0.0007 *		− 0.0014 ***		0.0010 *	
	(− 1.72)		(− 3.43)		(1.73)	
Confu_300		0.0230 ***		0.0233 ***		0.0203 ***
		(7.88)		(8.79)		(5.27)
Law × Confu_300		− 0.0005		− 0.0013 ***		0.0015 **
		(− 1.12)		(− 2.89)		(2.45)
Law	0.0051 *	0.0046	0.0103 ***	0.0106 ***	− 0.0071 **	− 0.0104 **
	(1.95)	(1.50)	(4.10)	(3.60)	(− 2.06)	(− 2.57)
控制变量	控制	控制	控制	控制	控制	控制
N	21053	21053	21053	21053	21053	21053
Pseudo R²	0.552	0.550	0.516	0.515	0.404	0.403

注：***、**、* 分别表示 1%、5%、10% 的显著性水平，括号内为异方差调整后（Robust）的 t 值。

表 7.12 报告了不同法律制度环境下，儒家文化对企业创新业绩提升作用的影响效果。可以发现，法律制度环境与专利总产出交互项（Law×LnPatent1、Law×LnPatent1）的回归系数均在 10% 水平上显著为正；同时，法律制度环境与发明专利交互项（Law×LnPatent2、Law×LnPatent2）的回归系数也都至少在 5% 水平以上显著为正，但法律制度环境与非发明专利

交互项（Law×LnPatent3、Law×LnPatent3）的回归系数均不显著。这表明，当法律制度环境越完善时，企业专利产出对未来经营业绩的提升作用越大，尤其对发明专利，其提升效果更强。与此同时，法律制度环境、儒家文化与专利总产出三项交互项（Law×Confu_200×LnPatent1、Law×Confu_300×LnPatent1）的回归系数均在10%水平上显著为负，且法律制度环境、儒家文化与发明专利三项交互项（Law×Confu_200×LnPatent2、Law×Confu_300×LnPatent2）的回归系数也都在5%水平上显著为负。上述结果表明，当法律制度环境越不完善时，儒家文化对专利技术业绩提升功能的增强效应越明显，即法律环境与儒家文化在增强专利技术对企业经营绩效的边际贡献方面也存在替代关系。

表 7. 12　　　　　　　　儒家文化、法律环境与创新业绩提升功能

| 因变量 | (1) | (2) | (3) | (4) | (5) | (6) |
	Perform	Perform	Perform	Perform	Perform	Perform
LnPatent1	−0. 0077 ** （−2. 43）	−0. 0078 ** （−2. 21）				
Confu_200	−0. 0018 * （−1. 81）		−0. 0005 （−0. 51）		−0. 0010 （−1. 03）	
Confu_200 × LnPatent1	0. 0020 *** （3. 29）					
Law × LnPatent1	0. 0011 * （1. 81）	0. 0012 * （1. 76）				
Law × Confu_200 × LnPatent1	−0. 0002 * （−1. 81）					
Confu_300		−0. 0016 （−1. 64）		−0. 0004 （−0. 44）		−0. 0008 （−0. 82）
Confu_300 × LnPatent1		0. 0017 *** （2. 93）				
Law × Confu_300 × LnPatent1		−0. 0002 * （−1. 71）				
LnPatent2			−0. 0162 *** （−3. 60）	−0. 0170 *** （−3. 29）		

续表

因变量	(1)	(2)	(3)	(4)	(5)	(6)
	Perform	Perform	Perform	Perform	Perform	Perform
Confu_200 × LnPatent2			0.0025 *** (2.94)			
Law × LnPatent2			0.0021 *** (2.61)	0.0024 ** (2.48)		
Law × Confu_ 200 × LnPatent2			-0.0003 ** (-2.35)			
Confu_300 × LnPatent2				0.0023 *** (2.69)		
Law × Confu_300 × LnPatent2				-0.0003 ** (-2.22)		
LnPatent3					-0.0117 *** (-3.25)	-0.0122 *** (-3.10)
Confu_200 × LnPatent3					0.0022 *** (3.15)	
Law × LnPatent3					0.0005 (0.77)	0.0009 (1.14)
Law × Confu_ 200 × LnPatent3					-0.0001 (-1.05)	
Confu_300 × LnPatent3						0.0019 *** (2.90)
Law × Confu_300 × LnPatent3						-0.0002 (-1.31)
Law	0.0006 * (1.79)	0.0006 * (1.69)	0.0006 * (1.84)	0.0006 * (1.83)	0.0010 *** (3.08)	0.0010 *** (3.04)
控制变量	控制	控制	控制	控制	控制	控制
N	13253	13253	13253	13253	13253	13253
Pseudo R^2	0.156	0.156	0.134	0.134	0.134	0.134

注: *** 、 ** 、 * 分别表示1%、5%、10%的显著性水平, 括号内为异方差调整后 (Robust) 的 t 值。

二、基于企业产权性质的进一步检验

前文第五章研究结果表明，儒家文化对企业专利产出的影响效应会因企业产权性质的不同而有所区别。即相对于国有企业，儒家文化对专利产出的促进作用在民营企业中更加凸显。因此，本章进一步考察，企业产权性质不同，儒家文化对企业创新效率及创新业绩提升作用的积极影响是否也会存在差异。

表 7.13 的回归结果显示，产权性质与儒家文化的交互项 Soe × Confu_200 与 IE1、IE2、IE3 的估计系数分别为 -0.0140、-0.0132、-0.0155，且均在 1% 水平上显著；与此类似，交互项 Soe × Confu_300 与 IE1、IE2、IE3 的估计系数分别为 -0.0128、-0.0125、-0.0144，且也都在 1% 水平上显著。以上结果表明，与国有企业相比，儒家文化对企业创新投入产出效率的提升作用在民营企业中表现更强。

表 7.13　　　　　　　儒家文化、产权性质与企业创新效率

因变量	(1)	(2)	(3)	(4)	(5)	(6)
	IE1		IE2		IE3	
Confu_200	0.0302 *** (12.50)		0.0281 *** (12.77)		0.0341 *** (10.60)	
Soe × Confu_200	-0.0140 *** (-4.02)		-0.0132 *** (-4.07)		-0.0155 *** (-3.37)	
Confu_300		0.0287 *** (11.20)		0.0273 *** (11.97)		0.0327 *** (9.53)
Soe × Confu_300		-0.0128 *** (-3.60)		-0.0125 *** (-3.85)		-0.0144 *** (-3.05)
Soe	0.0543 *** (2.84)	0.0547 ** (2.51)	0.0693 *** (3.89)	0.0725 *** (3.65)	0.0471 * (1.86)	0.0492 * (1.69)
控制变量	控制	控制	控制	控制	控制	控制
N	21053	21053	21053	21053	21053	21053
Pseudo R^2	0.552	0.551	0.516	0.515	0.404	0.403

注：***、**、* 分别表示 1%、5%、10% 的显著性水平，括号内为异方差调整后（Robust）的 t 值。

表 7.14 报告了不同产权属性下，儒家文化对企业创新业绩提升功能的影响效果。结果发现，产权性质、儒家文化与专利产出三项交互项与企业经营业绩均不存在显著相关关系，且产权性质、儒家文化与发明专利产出（或非发明专利产出）三项交互项的回归系数也均不显著。这表明，儒家文化对专利技术业绩提升功能的增强效应在国有企业和民营企业之间并不存在显著差异。

表 7.14　　　　　　儒家文化、产权性质与创新业绩提升功能

因变量	(1)	(2)	(3)	(4)	(5)	(6)
	Perform	Perform	Perform	Perform	Perform	Perform
LnPatent1	-0.0019 (-0.61)	-0.0017 (-0.51)				
Confu_200	0.0001 (0.08)		0.0005 (0.59)		0.0001 (0.17)	
Confu_200 × LnPatent1	0.0007 (1.28)					
Soe × LnPatent1	-0.0010 (-0.28)	-0.0002 (-0.04)				
Soe × Confu_200 × LnPatent1	0.0007 (1.08)					
Confu_300		0.0002 (0.23)		0.0006 (0.65)		0.0003 (0.36)
Confu_300 × LnPatent1		0.0006 (1.11)				
Soe × Confu_300 × LnPatent1		0.0004 (0.73)				
LnPatent2			0.0013 (0.28)	0.0000 (0.01)		
Confu_200 × LnPatent2			0.0004 (0.53)			
Soe × LnPatent2			-0.0036 (-0.70)	-0.0007 (-0.12)		
Soe × Confu_200 × LnPatent2			0.0009 (0.99)			

续表

因变量	(1)	(2)	(3)	(4)	(5)	(6)
	Perform	Perform	Perform	Perform	Perform	Perform
Confu_300 × LnPatent2				0.0006 (0.72)		
Soe × Confu_300 × LnPatent2				0.0003 (0.33)		
LnPatent3					−0.0052 (−1.49)	−0.0039 (−1.01)
Confu_200 × LnPatent3					0.0011* (1.72)	
Soe × LnPatent3					0.0003 (0.07)	0.0001 (0.03)
Soe × Confu_200 × LnPatent3					0.0009 (1.21)	
Confu_300 × LnPatent3						0.0007 (1.20)
Soe × Confu_300 × LnPatent3						0.0008 (1.08)
控制变量	控制	控制	控制	控制	控制	控制
N	13253	13253	13253	13253	13253	13253
Pseudo R^2	0.162	0.162	0.162	0.162	0.163	0.162

注：***、**、* 分别表示 1%、5%、10% 的显著性水平，括号内为异方差调整后（Robust）的 t 值。

第六节　本章小结

企业完整的创新活动包括研发投入、专利产出及成果转化三个方面，创新型国家的建设不仅依赖于创新资源的投入数量，更依赖于创新资源的利用效率及创新成果的转化。虽然近年我国研发投入持续高速增长，但自主创新水平却并未得到显著提升，整体技术创新水平依然较为落后。因此，在创新资源有限的硬约束条件下，如何提高创新资源的配置效率及创新成果的转化是创新型国家建设过程中亟须解决的关键问题。基于此，本章综合考察了儒家文化对企业创新（投入产出）效率及创新业绩提升功能的影响，并利用中介效应模型检验了儒家文化、企业创新与经营绩效三者之间的关系。

利用沪深两市 A 股上市公司 2007～2017 年度数据，实证研究发现，企业受到儒家文化的影响程度越强，其创新投入产出效率越高。这意味着，儒家文化不仅能够增强企业的创新投入意愿和专利产出水平，还能够显著提高企业创新资源的利用效率，以更少的研发投入获得更多的专利产出。同时，企业受到儒家文化的影响程度越强，其专利产出对未来经营业绩的提升作用也越大，表明儒家文化能够显著提高技术创新成果的转化效率，增强专利技术对企业经营绩效的边际贡献。进一步中介效应检验结果显示，儒家文化最终能够提高企业绩效，且部分是通过创新渠道实现的，表明创新在儒家文化对企业绩效的提升作用中扮演着部分中介作用。拓展性检验还发现，企业所在地区的法律环境越不完善，儒家文化对企业创新效率及创新业绩提升功能的影响越强；且相比国有企业，儒家文化对创新效率的积极影响在民营企业中表现更突出。

本章研究具有重要的理论贡献和现实意义。理论方面，现有文献大都仅从研发投入或专利产出单一维度来考察企业创新活动的某一环节，这难以反映企业创新活动的全貌。本章将研发投入和专利产出相结合，从整体上综合考察了儒家文化对企业创新投入产出效率及创新业绩提升功能的影响。这不仅有助于加深对儒家文化影响企业整个创新过程的理解，也丰富和拓展了企业创新主题的研究视角。实践方面，创新型国家的建设不仅注重创新资源的投入，更注重创新资源的利用效率及成果的转化。本章研究结果表明，儒家文化不仅能够提高企业的研发投入和专利产出水平，还能够显著提高企业创新投入产出效率及创新成果的价值创造功能。这意味着，作为一种隐性替代治理机制，儒家文化能够有助于缓解我国技术创新领域面临的"高投入低产出"及科技成果转化效率低下等难题，因此也为儒家文化在实现创新型国家建设和高质量发展目标中的积极作用提供了进一步的理论依据和经验支持。

第八章

结论与启示

本章将对全书研究结果进行高度概括总结，并根据研究结论提出潜在的政策启示和相关建议。同时指出本书存在的局限和不足，以及未来可能的研究方向。

第一节　研究结论

在创新型国家建设和高质量发展进程中，中华优秀传统文化到底具有怎样的时代价值和独特功能？这是一个值得研究的重要问题。基于此，本书突破传统的制度和契约理论框架，综合运用典籍解读、理论分析和实证检验方法，从非正式制度视角系统考察了儒家传统文化及其隐性价值规范对当代企业创新行为的影响效应及作用机理。在此基础上，本书进一步将传统文化与正式制度相融合，综合形成正式制度和非正式制度双重视角的企业创新决策二元分析范式和理论框架，探讨了不同制度与组织情境下儒家文化对企业创新行为的异质性影响。最后，本书还检验了儒家文化对企业创新（投入产出）效率及经营绩效的影响。本书主要研究结论可归纳为以下几个方面。

第一，本书结合新制度经济学、高阶梯队理论和烙印理论，通过对儒家经典的解读和现代企业创新理论的剖析，基于认知烙印和伦理约束的双重视角构建了"儒家文化、隐性规范与企业创新"的理论分析框架，并从促进效应和桎梏效应两个维度阐释了儒家文化对企业创新的影响效应及内在机理：一方面，儒家文化内嵌的中庸思想、等级观念、集体主义等价值规范可能会抑制思想碰撞和扼杀创新思维，从而对企业创新产生负面影响；另一方面，儒家倡导的"忠信"伦理观、"诚信"义利观、"尊师重教"人才观等能够缓解企业代理冲突、降低专利侵权风险和提高企业人力资本投资水平，进而对企业创新产生促进作用。利用沪深两市 A 股上市公司 2007～2017 年度数据，本书实证研究发现，儒家传统文化对当代企业创新具有明显的促进效应，即企业受到儒家文化的影响程度越强，其研发投入和专利产出水平显著越高。进一步机制检验结果表明，儒家文化与企业代理成本和专利侵权风险显著负相关，与企业人力资本投资显著正相关，表明儒家文化能够通过缓解企业代理冲突、提高人力资本投资水平和降低专利侵权风险三条渠道对企业创新产生积极影响。

第二，正式制度和非正式制度作为制度体系的两个重要组成部分，对人们的行为决策都会产生重要影响。基于此，结合中国特殊的法律和产权制度情境及全球化浪潮下多元文化融合与碰撞的国际背景，本书综合形成正式制度和非正式制度双重视角的企业创新决策二元分析范式和理论框架，探讨了儒家文化与正式制度两种不同约束力量对企业创新的交互影响。利用沪深两市 A 股上市公司 2007～2017 年度数据，实证研究发现，企业所在地区的法律制度环境越不完善，儒家文化促进企业创新的积极效果表现越明显。这意味着，非正式制度的儒家文化和正式制度的法律环境在促进企业创新方面存在一定的相互替代关系，即在法律制度环境不够完善时，儒家文化作为一种隐性替代治理机制，弥补了新兴资本市场正式制度的不足。进一步研究发现，儒家文化对企业创新的影响效应会因企业产权性质的不同而有所区别。具体而言，相对于国有企业，儒家文化对企业创新的促进作用在民营企业中表现更突出。此外，在全球化浪潮下，儒家文化对企业创新的作用效果还会受到多元文化融合与碰撞的影响，其结果支持了文化冲突理论的预期，发现外来文化冲击显著削弱了儒家文化对我国企业创新的影响效果。

　　第三，企业创新活动不仅受制于外部制度环境和文化因素的约束，同样也会受到企业内部组织情境的影响。根据企业行为理论、前景理论和产业组织理论，当企业面临严重的业绩反馈压力和市场竞争威胁时，经营者可能会更加积极主动地突破现有制度和文化框架，激发战略变革或冒险创新动力。基于此，本书还进一步将企业组织情境纳入分析框架，实证检验了业绩反馈压力和市场竞争威胁对儒家文化与企业创新之间关系的调节作用。利用沪深两市 A 股上市公司 2007～2017 年年度数据，实证研究发现，企业面临的历史（或行业）期望落差越大，儒家文化对企业创新的影响效应越弱，即业绩反馈压力削弱了儒家文化对企业创新的影响效果。与此类似，企业面临的产品市场竞争越激烈，儒家文化对企业创新的影响效应越弱，表明市场竞争威胁也削弱了儒家文化对企业创新的作用效果。拓展性检验还发现，当企业拥有的冗余资源越充足时，业绩反馈压力和市场竞争威胁对儒家文化与企业创新之间关系的弱化作用会表现得更加明显。

　　第四，企业完整的创新活动包括研发投入、专利产出及成果转化三个方面，创新型国家的建设不仅依赖于创新资源的投入数量，更依赖于创新资源的利用效率及成果转化。基于此，本书沿袭"研发投入—专利产出—成果转化"的逻辑链条，将儒家文化、研发投入、专利产出及企业绩效纳入统一分析框架，综合考察了儒家文化对企业创新效率及经营绩效的影响。实证研究发现，企业受到儒家文化的影响程度越强，创新投入产出效率显著越高，表明儒家文化不仅可以促进企业的创新投入意愿和专利产出水平，还能够显著提高企业创新资源的利用效率。同时，企业受到儒家文化的影响程度越强，专利产出对未来经营业绩的提升作用也越大。这意味着，儒家文化能够显著提高技术创新成果的转化效率，增强专利技术对企业经营绩效的边际贡献。通过进一步中介效应检验表明，儒家文化最终能够提高企业绩效，且部分是通过创新渠道实现的，即创新在儒家文化对企业绩效的提升作用中扮演着部分中介作用。拓展性检验还发现，企业所在地区的法律环境越不完善，儒家文化对企业创新效率及创新业绩提升功能的影响越强；且相比国有企业，儒家文化对创新效率的积极影响在民营企业中表现得更突出。

第二节 研究启示与政策建议

本书实证考察了儒家传统文化对当代企业创新行为的影响效应和内在机理，揭示了儒家传统文化在实现创新型国家建设和高质量发展战略目标中的时代价值和独特功能。其主要研究启示和政策建议包括以下几个方面。

第一，作为中华优秀传统文化的主体和精髓，儒家传统对中国社会的影响是广泛且深远的。杜维明（2003）认为，儒家传统不但塑造了中国企业精神，而且是中国现代化进程中的重要精神支柱，对社会经济发展的各个方面都具有重要影响。然而，韦伯（Weber，1951）也总结了儒家思想的特点，指出儒家文化主要包括集体主义导向的生活观念和以适应世界为核心原则的处世观念，这些观念不可能会对资本积累和财富创造产生积极作用。因此，他认为儒家文化只能消极被动地适应世界，且在现代商业管理和经济建设中将被淘汰。列文森（2000）更是悲观地认为，儒家传统文化已经成为历史博物馆的陈列品，在现代社会中已失去存在的价值。杜维明先生于2013年在《儒学第三期发展前景》中指出：儒学发展的重要瓶颈是面对科学主义的挑战，暴露出很多缺陷。本书将实证科学方法与儒家思想有机结合，实证揭示了儒家传统思想在促进当代企业创新中的积极作用。研究结论在一定程度上消除或纠正了部分学者对儒家文化价值的消极认知和偏见，表明中国儒家传统文化并未失效，其在现代化建设进程中仍具有重要的时代价值和实践意义。这启示了，不应片面否定儒家传统文化的经济价值和合法性，而应更全面、理性和客观地评价儒家文化对现代经济活动所产生的影响。与此同时，未来也应更深入挖掘儒家传统文化在现代化建设中其他方面的时代价值，从而更好地实现新时代儒家传统文化的传承与发展。

第二，党的十九大报告指出，"深入挖掘中华优秀传统文化蕴含的思想观念、人文精神、道德规范，结合时代要求继承创新，让中华文化展现出永久魅力和时代风采"①。习近平总书记也在多个场合强调"我们要坚持道路自信、理论自信、制度自信，最根本的还有一个文化自信"②，要多从中华优秀传统文化中寻求解决现实难题的办法。儒家思想是中华民族优秀传统文化的根和源，在中国社会非正式制度体系中扮演非常重要的角色。本书实证发现儒家传统文化对当代企业创新具有积极的促进作用，这为充分发挥中华优秀传统文化在实现创新型国家建设和高质量发展战略目标中的时代价值和独特功能提供了理论依据和政策参考。因此，应进一步增强文化自信，高度重视中华优秀传统文化的传承与发展，认真汲取和传承中华优秀传统文化的思想精华和道德精髓，多从中华优秀传统文化中寻求解决实际问题的办法。特别是在现代经济管理实践中，应将西方管理理论与中华优秀传统文化所蕴含的商业智慧有机契合起来，充分发挥中华优秀传统文化在构建现代商业文明建设、推动高质量发展中的时代价值与治理功能。

第三，正式制度和非正式制度作为制度体系的两个重要组成部分，对人们的行为决策都会产生重要影响。虽然法律等正式制度体系的构建与执行对社会经济发展具有重要的推动作用，但一个国家长期历史沉淀下来的文化、信仰、风俗习惯等各类非正式制度也有少部分构成了正式制度生长及发挥作用的土壤，平行地推动着社会的演进。特别是对于中国这样一个历史文化源远流长但市场机制尚不健全、制度环境仍需完善的新兴国家，文化因素甚至可能发挥着更为重要的作用。本书实证结果发现，企业所在地区的法律制度环境越不完善，儒家文化促进企业创新的积极效果表现越明显。这意味着，在法律体系尚不健全、知识产权保护薄弱的情境下，作为一种隐性的非正式约束和规范机制，儒家传统文化能够弥补新兴市场正式制度的不足，激励企业创新投资。因此，在中国经济转型的当下，除了加快完善和健全法律监管等正式制度体系的构建与执行外，还应特别重视

---

① 习近平：决胜全面建成小康社会　夺取新时代中国特色社会主义伟大胜利——在中国共产党第十九次全国代表大会上的报告［EB/OL］.新华社，2017－10－27.

② 习近平在庆祝中国共产党成立95周年大会上的讲话（全文）［EB/OL］.中国新闻网，2016－07－01.

非正式制度安排，积极推进中国特色社会主义文化建设，即同步优化和完善我国企业创新的软硬件制度环境与动力机制。

第四，近代中国在社会发展和文化建设方面一直面临中西方文化冲突与选择的问题。西方社会的民主与法治思想固然对推动中国现代化建设具有一定的借鉴意义，但同时也不能忽视数千年历史传承中缓慢形成且影响深远的中华优秀传统文化在中国现代化建设进程中的时代价值。特别是在经济全球一体化迅猛发展的今天，跨国资本与人才流动日益频繁，这使得不同国家间文化融合与碰撞更加激烈。本书实证结果还发现，外来文化冲击会削弱儒家文化对企业创新的积极作用效果。因此，在全球化经济一体化浪潮下，面对西方外来思想和文化的涌入，我国应保持客观审慎的态度，要立足于本民族的传统文化，取其精华，去其糟粕；对西方文化既不可持全面否定的态度，更不可有全盘西化的理念。与此同时，我国应对本民族文化保持高度自信，进一步增强对中华优秀传统文化的保护与传承，要做到"不忘本来、吸收外来、面向未来"。

第三节　研究局限与研究展望

创新一直是经济金融、企业管理与公司治理等领域研究的热点话题。本书通过对已有的相关研究进行系统回顾和文献梳理，基于我国特殊制度背景和文化情境，综合运用典籍解读、理论分析和实证检验方法，从非正式制度视角系统考察了儒家传统文化及其隐性价值规范对当代企业创新行为的影响效应及作用机理。虽然本书在一定程度上丰富和拓展了企业创新及"文化与金融"领域的相关研究，但由于作者个人时间精力、认知能力及研究水平有限，导致本研究不可避免地存在一定局限和不足之处，从而有待未来进一步拓展和完善。

第一，儒家文化的测度方式存在一定缺陷，有待进一步改进和完善。直接度量文化、意识形态等对经济活动及企业决策行为的影响必然会遇到一些难以克服的困难，且其度量方法一直以来也都备受争议。本书参考古志辉（2015）、程博等（2016）、陈等（Chen et al.，2019）及许等（Xu et al.，2019）做法，利用公司注册地一定半径范围内的历史儒家书院分布密度测度儒家文化影响力。虽然这种基于地理历史信息的测度方法近年已在"文化与金融"领域得到了较为广泛的应用，但这毕竟是一种间接的替代性测度方式，存在一定的噪音，可能会受到一定质疑。与此同时，受限于数据的可获得性，本书将所有书院影响力赋予同等权重。但因书院的规模不同、存续时间长短不同及知名程度不同（如岳麓书院和一个不知名的小书院），其影响力显然会存在一定差异。为克服上述缺陷，未来研究可尝试运用问卷调查的方法，通过量表设计直接测度企业关键高管（如 CEO 或董事长）的儒家价值认同度，检验关键高管的儒家价值取向对企业决策行为的影响效应。

第二，儒家文化影响企业创新的作用机制有待进一步深化和拓展。作为中华优秀传统文化的主体和精髓，儒家文化蕴含有丰富的思想内涵。由于个人认知能力和研究内容篇幅的限制，本书仅基于儒家倡导的"忠信"伦理观、"诚信"义利观、"尊师重教"人才观，从儒家文化缓解企业代理冲突、提高人力资本投资水平和降低专利侵权风险三个方面揭示了儒家文化影响企业创新的潜在作用渠道。然而，还可能存在其他传导路径。例如，儒家文化可能通过提高企业财务报告质量降低信息不对称来促进企业创新，儒家文化还可能通过影响银行信贷或商业信用的获取进而对企业创新活动产生影响。此外，本书使用历史儒家书院数量测度儒家文化整体影响强度，这难以揭示儒家文化各维度价值取向对企业创新的影响效应。上述问题，将有待未来研究的进一步完善和拓展。

第三，未来可进一步探讨儒家文化对企业创新方式选择的影响。企业创新方式可分为渐进式创新和突破式创新两种。前者通常是在原有产品或技术基础上的一种改进和完善，被视为层次较低的创新；后者则往往是突破原有的知识和技术模式，通过发明新技术或创造新知识而生产出新的产品或服务，属于较高层次的创新。企业在开展创新活动时，既可以选择循序渐进、逐步积累的渐进式创新，也可以选择颠覆式的突破式创新。受数据和时间精力限制，本书仅考察了儒家文化对企业创新投入和专利产出水平的影响，并未涉及企业创新方式的选择。然而，现实中我国企业创新遭遇的重要诟病便是"应用创新居多、原始创新不足"。那么，儒家文化是否也会对企业创新方式选择产生影响？其内在机理又是什么？这值得更加深入地探讨和挖掘。

第四，未来研究可进一步考察儒家文化对微观企业其他决策行为的影响效应。近年来，金融经济学领域正在经历一场文化革新，许多学者尝试从非正式制度视角考察文化因素对微观企业决策行为的作用效果。作为中华优秀传统文化的主体和精髓，儒家文化蕴含有丰富的经济管理思想。然而，已有的儒家伦理价值研究主要基于哲学和社会学层面展开，且大都采用规范分析范式，实证考察儒家文化对企业经济管理行为影响效应的研究较为缺乏。受研究内容的局限，本书仅实证考察了儒家传统文化对当代企业创新行为的影响效应。未来研究可进一步探讨儒家文化对企业其他经济管理行为的影响。例如，儒家文化的诚信价值理念是否会对企业会计信息的生成产生影响，儒家关系主义文化能否在建立供应商与客户关系中发挥积极作用，儒家家族主义观念和子承父业的传承思想是否影响了我国家族企业的二代接班与治理效率等。

参 考 文 献

［1］［德］恩格斯. 自然辩证法［M］. 于光远等译. 北京：人民出版社，1984.

［2］白俊红，江可申，李婧. 应用随机前沿模型评测中国区域研发创新效率［J］. 管理世界，2009（10）：51 – 61.

［3］毕茜，顾立盟，张济建. 传统文化、环境制度与企业环境信息披露［J］. 会计研究，2015（3）：12 – 19.

［4］蔡昉. 理解"李约瑟之谜"的一个经济增长视角［J］. 经济学动态，2015（6）：4 – 14.

［5］蔡洪滨，周黎安，吴意云. 宗族制度、商人信仰与商帮治理：关于明清时期徽商与晋商的比较研究［J］. 管理世界，2008（8）：87 – 99.

［6］蔡洪滨. 等级观念扼杀创新力［J］. 哈佛商业评论，2013（5）：218 – 227.

［7］蔡庆丰，陈熠辉，林焜. 信贷资源可得性与企业创新：激励还是抑制？——基于银行网点数据和金融地理结构的微观证据［J］. 经济研究，2020（10）：124 – 140.

［8］蔡志岳，吴世农. 董事会特征影响上市公司违规行为的实证研究［J］. 南开管理评论，2007（6）：62 – 68.

［9］曹春方，张超. 产权权利束分割与国企创新——基于中央企业分红权激励改革的证据［J］. 管理世界，2020（9）：155 – 168.

［10］陈冬华，范从来，沈永建. 高管与员工：激励有效性之比较与互动［J］. 管理世界，2015（5）：160 – 171.

［11］陈冬华，胡晓莉，梁上坤，新夫. 宗教传统与公司治理［J］. 经济研究，2013（9）：71 – 84.

[12] 陈红，张玉，刘东霞. 政府补助、税收优惠与企业创新绩效——不同生命周期阶段的实证研究 [J]. 南开管理评论，2019 (3)：187-200.

[13] 陈立敏，刘静雅，张世蕾. 模仿同构对企业国际化—绩效关系的影响——基于制度理论正当性视角的实证研究 [J]. 中国工业经济，2016 (9)：127-143.

[14] 陈思，何文龙，张然. 风险投资与企业创新：影响和潜在机制 [J]. 管理世界，2017 (1)：158-169.

[15] 陈文哲，石宁，梁琪. 可转债能促进企业创新吗？——基于资本市场再融资方式的对比分析 [J]. 管理科学学报，2021 (7)：94-109.

[16] 陈效东. 谁才是企业创新的真正主体：高管人员还是核心员工 [J]. 财贸经济，2017 (12)：129-146.

[17] 陈颐. 儒家文化、社会信任与普惠金融 [J]. 财贸经济，2017 (4)：5-20.

[18] 陈志武. 对儒家文化的金融学反思 [J]. 制度经济学研究，2007 (1)：1-17.

[19] 代昀昊，孔东民. 高管海外经历是否能提升企业投资效率 [J]. 世界经济，2017 (1)：170-194.

[20] 戴魁早，刘友金. 要素市场扭曲与创新效率——对中国高技术产业发展的经验分析 [J]. 经济研究，2016 (7)：72-86.

[21] 戴维奇，刘洋，廖明情. 烙印效应：民营企业谁在"不务正业"?[J]. 管理世界，2016 (5)：99-115.

[22] 董晓庆，赵坚，袁朋伟. 国有企业创新效率损失研究 [J]. 中国工业经济，2014 (2)：97-108.

[23] 杜维明. 儒家伦理与东亚企业精神[M]. 北京：中华书局，2003.

[24] 杜维明. 儒学第三期发展的前景 [M]. 北京：北京大学出版社，2013.

[25] 杜维明. 体知儒学 [M]. 杭州：浙江大学出版社，2012.

[26] 杜勇，张欢，陈建英. CEO 海外经历与企业盈余管理 [J]. 会计研究，2018 (2)：27-33.

[27] 冯晨，陈舒，白彩全. 长期人力资本积累的历史根源：制度差异、儒家文化传播与国家能力塑造 [J]. 经济研究，2019（5）：146 - 163.

[28] 傅皓天，于斌，王凯. 环境不确定性、冗余资源与公司战略变革 [J]. 科学学与科学技术管理，2018（3）：92 - 105.

[29] 澹未宇，徐细雄，刘曼. 儒家传统与员工雇佣保障：文化的力量 [J]. 上海财经大学学报，2020（1）：66 - 84.

[30] 高岭，余吉双，杜巨澜. 雇员薪酬溢价对企业创新影响的异质性研究 [J]. 经济评论，2020（6）：90 - 108.

[31] 古志辉. 全球化情境中的儒家伦理与代理成本 [J]. 管理世界，2015（3）：113 - 123.

[32] 顾海峰，朱慧萍. 高管薪酬差距促进了企业创新投资吗——基于中国 A 股上市公司的证据 [J]. 会计研究，2021（12）：107 - 120.

[33] 郭庆旺，贾俊雪，赵志耘. 中国传统文化信念、人力资本积累与家庭养老保障机制 [J]. 经济研究，2007（8）：58 - 72.

[34] 韩凤芹，陈亚平. 税收优惠真的促进了企业技术创新吗？——来自高新技术企业 15% 税收优惠的证据 [J]. 中国软科学，2021（11）：19 - 28.

[35] 韩美妮，王福胜. 法治环境、财务信息与创新绩效 [J]. 南开管理评论，2016（5）：28 - 40.

[36] 韩先锋，宋文飞，李勃昕. 互联网能成为中国区域创新效率提升的新动能吗 [J]. 中国工业经济，2019（7）：119 - 136.

[37] 郝项超，梁琪，李政. 融资融券与企业创新：基于数量与质量视角的分析 [J]. 经济研究，2018（6）：127 - 141

[38] 何欢浪，任岩，章韬. 媒体宣传、知识产权保护与企业创新 [J]. 世界经济，2022（1）：57 - 81.

[39] 何轩. 互动公平真的就能治疗"沉默"病吗？——以中庸思维作为调节变量的本土实证研究 [J]. 管理世界，2009（4）：128 - 134.

[40] 何玉润，林慧婷，王茂林. 产品市场竞争、高管激励与企业创新——基于中国上市公司的经验证据 [J]. 财贸经济，2015（2）：125 - 135.

［41］贺小刚，邓浩，吕斐斐，李新春．期望落差与企业创新的动态关系——冗余资源与竞争威胁的调节效应分析［J］．管理科学学报，2017（5）：13-44．

［42］贺小刚，连燕玲，吕斐斐．期望差距与企业家的风险决策偏好——基于中国家族上市公司的数据分析［J］．管理科学学报，2016（8）：1-20．

［43］贺小刚，朱丽娜，杨婵，王博霖．经营困境下的企业变革："穷则思变"假说检验［J］．中国工业经济，2017（1）：137-156．

［44］亨廷顿，哈里森．文化的重要作用：价值观如何影响人类进步［M］．北京：新华出版社，2013．

［45］亨廷顿．文明的冲突与世界秩序的重建［M］．北京：新华出版社，2010．

［46］胡国柳，赵阳，胡珺．D&O保险、风险容忍与企业自主创新［J］．管理世界，2019（8）：121-135．

［47］胡凯，吴清．R&D税收激励、知识产权保护与企业的专利产出［J］．财经研究，2018（4）：102-115．

［48］胡元木，纪端．董事技术专长、创新效率与企业绩效［J］．南开管理评论，2017（3）：40-52．

［49］胡元木．技术独立董事可以提高R&D产出效率吗？——来自中国证券市场的研究［J］．南开管理评论，2012（2）：136-142．

［50］季啸风．中国书院辞典［M］．杭州：浙江教育出版社，1996．

［51］贾俊雪，郭庆旺，宁静．传统文化信念、社会保障与经济增长［J］．世界经济，2011（8）：3-18．

［52］江轩宇，贾婧，刘琪．债务结构优化与企业创新——基于企业债券融资视角的研究［J］．金融研究，2021（4）：131-149．

［53］姜爱华，费堃桀．政府采购、高管政府任职经历对企业创新的影响［J］．会计研究，2021（9）：150-159．

［54］姜英兵，于雅萍．谁是更直接的创新者？——核心员工股权激励与企业创新［J］．经济管理，2017（3）：111-129．

［55］解维敏，魏化倩. 市场竞争、组织冗余与企业研发投入［J］. 中国软科学，2016（8）：102－111.

［56］金智，徐慧，马永强. 儒家文化与公司风险承担［J］. 世界经济，2017（11）：172－194.

［57］鞠晓生，卢荻，虞义华. 融资约束、营运资本管理与企业创新可持续性［J］. 经济研究，2013（1）：4－16.

［58］柯东昌，李连华. 管理者权力与企业研发投入强度：法律环境的抑制效应［J］. 科研管理，2020（1）：244－253.

［59］孔东民，徐茗丽，孔高文. 企业内部薪酬差距与创新［J］. 经济研究，2017（10）：144－157.

［60］雷鹏，梁彤缨，陈修德. 融资约束视角下管理层激励对企业研发效率的影响研究［J］. 外国经济与管理，2016（10）：60－75.

［61］黎文靖，彭远怀，谭有超. 知识产权司法保护与企业创新——兼论中国企业创新结构的变迁［J］. 经济研究，2021（5）：144－161.

［62］黎文靖，郑曼妮. 实质性创新还是策略性创新？——宏观产业政策对微观企业创新的影响［J］. 经济研究，2016（4）：60－73.

［63］李承宗，彭福扬. 略论传统儒家文化对我国科技创新的影响［J］. 科学经济社会，2003（1）：16－18.

［64］李春涛，宋敏. 中国制造业企业的创新活动：所有制和 CEO 激励的作用［J］. 经济研究，2010（5）：135－137.

［65］李后建，张宗益. 金融发展、知识产权保护与技术创新效率——金融市场化的作用［J］. 科研管理，2014（12）：160－167.

［66］李金波，聂辉华. 儒家孝道、经济增长与文明分岔［J］. 中国社会科学，2011（6）：41－55.

［67］李路，贺宇倩，汤晓燕. 文化差异、方言特征与企业并购［J］. 财经研究，2018（6）：141－153.

［68］李平，崔喜君，刘建. 中国自主创新中研发资本投入产出绩效分析——兼论人力资本和知识产权保护的影响［J］. 中国社会科学，2007（2）：32－44.

［69］李姝，翟士运，古朴. 非控股股东参与决策的积极性与企业技术创新［J］. 中国工业经济，2018（7）：157 – 175.

［70］李万利，徐细雄，陈西婵. 儒家文化与企业现金持有——中国企业"高持现"的文化内因及经济后果［J］. 经济学动态，2021（1）：68 – 84.

［71］李万利. 宏观经济波动、行业特征与现金持有竞争效应［D］. 石河子：石河子大学，2016.

［72］李文贵，余明桂. 民营化企业的股权结构与企业创新［J］. 管理世界，2015（4）：112 – 125.

［73］李晓翔，刘春林. 冗余资源与企业绩效关系的情境研究——兼谈冗余资源的数量变化［J］. 南开管理评论，2011（3）：4 – 14.

［74］李亚飞，王凤荣，李安然. 技术型企业家促进了企业创新吗？［J］. 科研管理，2022（4）：1 – 17.

［75］李彦龙. 税收优惠政策与高技术产业创新效率［J］. 数量经济技术经济研究，2018（1）：60 – 76.

［76］李约瑟. 文明的滴定［M］. 北京：商务印书馆，2016.

［77］李约瑟. 中国科学技术史［M］. 中国科学技术史翻译小组译. 北京：科学出版社，1975.

［78］李政，杨思莹. 财政分权、政府创新偏好与区域创新效率［J］. 管理世界，2018（12）：29 – 42.

［79］连燕玲，贺小刚，高皓. 业绩期望差距与企业战略调整——基于中国上市公司的实证研究［J］. 管理世界，2014（11）：119 – 132.

［80］梁彤缨，雷鹏，陈修德. 管理层激励对企业研发效率的影响研究——来自中国工业上市公司的经验证据［J］. 管理评论，2015（5）：145 – 156.

［81］列文森. 儒教中国及其现代命运［M］. 北京：中国社会科学出版社，2000.

［82］林毅夫，李志赟. 政策性负担、道德风险与预算软约束［J］. 经济研究，2004（2）：17 – 27.

[83] 林毅夫. 李约瑟之谜、韦伯疑问和中国的奇迹——自宋以来的长期经济发展 [J]. 北京大学学报（哲学社会科学版），2007（4）：5-22.

[84] 刘俏. 激活高质量发展的"微观基础"[N]. 人民日报，2018-01-04.

[85] 刘诗源，林志帆，冷志鹏. 税收激励提高企业创新水平了吗？——基于企业生命周期理论的检验 [J]. 经济研究，2020（6）：105-121.

[86] 柳光强，孔高文. 高管海外经历是否提升了薪酬差距 [J]. 管理世界，2018（8）：130-142.

[87] 鲁桐，党印. 公司治理与技术创新：分行业比较 [J]. 经济研究，2014（6）：115-128.

[88] 陆国庆，王舟，张春宇. 中国战略性新兴产业政府创新补贴的绩效研究 [J]. 经济研究，2014（7）：44-55.

[89] 罗党论，唐清泉. 中国民营上市公司制度环境与绩效问题研究 [J]. 经济研究，2009（2）：106-118.

[90] 罗宏，秦际栋. 国有股权参股对家族企业创新投入的影响 [J]. 中国工业经济，2019（7）：174-192.

[91] 罗思平，于永达. 技术转移、"海归"与企业技术创新——基于中国光伏产业的实证研究 [J]. 管理世界，2012（11）：124-132.

[92] 马晶梅，赵雨薇，王成东，贾红宇. 融资约束、研发操纵与企业创新决策 [J]. 科研管理，2020（12）：171-183.

[93] 毛其淋. 外资进入自由化如何影响了中国本土企业创新？[J]. 金融研究，2019（1）：72-90.

[94] 诺思. 制度、制度变迁与经济绩效 [M]. 上海：上海三联书店，2008.

[95] 诺思. 经济史上的结构与变迁 [M]. 北京：商务印书馆，2002.

[96] 潘越，潘健平，戴亦一. 公司诉讼风险、司法地方保护主义与企业创新 [J]. 经济研究，2015（3）：131-145.

[97] 潘越，汤旭东，宁博. 俭以养德：儒家文化与高管在职消费

[J]. 厦门大学学报（哲学社会科学版），2020（1）：107-120.

[98] 潘越，肖金利，戴亦一. 文化多样性与企业创新：基于方言视角的研究 [J]. 金融研究，2017（10）：146-161.

[99] 彭花，贺正楚，张雪琳. 企业家精神和工匠精神对企业创新绩效的影响 [J]. 中国软科学，2022（3）：112-123.

[100] 权小锋，尹洪英. 中国式卖空机制与公司创新——基于融资融券分步扩容的自然实验 [J]. 管理世界，2017（1）：128-144.

[101] 任继愈. 论儒教的形成 [J]. 中国社会科学，1980（1）：61-74.

[102] 石晓军，王骜然. 独特公司治理机制对企业创新的影响——来自互联网公司双层股权制的全球证据 [J]. 经济研究，2017（1）：151-166.

[103] 史宇鹏，顾全林. 知识产权保护、异质性企业与创新：来自中国制造业的证据 [J]. 金融研究，2013（8）：136-149.

[104] 舒大刚. 中国历代大儒 [M]. 长春：吉林教育出版社，1997.

[105] 孙冠臣. 现代性视域中的"李约瑟问题"与中国 [J]. 中国社会科学评价，2020（1）：109-117，159.

[106] 孙鲲鹏，罗婷，肖星. 人才政策、研发人员招聘与企业创新 [J]. 经济研究，2021（8）：143-159.

[107] 田利辉，张伟. 政治关联影响我国上市公司长期绩效的三大效应 [J]. 经济研究，2013（11）：71-86.

[108] 王海成，吕铁. 知识产权司法保护与企业创新——基于广东省知识产权案件"三审合一"的准自然试验 [J]. 管理世界，2016（10）：118-133.

[109] 王会娟，余梦霞，张路，岳衡. 校友关系与企业创新——基于PE管理人和高管的关系视角 [J]. 会计研究，2022（3）：78-94.

[110] 王靖宇，张宏亮. 债务融资与企业创新效率——基于《物权法》自然实验的经验证据 [J]. 中国软科学，2020（4）：164-173.

[111] 王满四，徐朝辉. 银行债权、内部治理与企业创新——来自2006-2015年A股技术密集型上市公司的实证分析 [J]. 会计研究，2018

（3）：44 –51.

［112］王庆娟，张金成. 工作场所的儒家传统价值观：理论、测量与效度检验［J］. 南开管理评论，2012（4）：6 –79.

［113］王宛秋，邢悦. 创新补贴对企业技术并购后研发投入的影响机理研究［J］. 科研管理，2021（4）：82 –91.

［114］王永钦，李蔚，戴芸. 僵尸企业如何影响了企业创新？——来自中国工业企业的证据［J］. 经济研究，2018（11）：1 –116.

［115］韦伯. 新教伦理与资本主义精神［M］. 上海：三联出版社，1958.

［116］温忠麟，张雷，侯杰泰，刘红云. 中介效应检验程序及其应用［J］. 心理学报，2004（5）：614 –620.

［117］吴超鹏，唐菂. 知识产权保护执法力度、技术创新与企业绩效——来自中国上市公司的证据［J］. 经济研究，2016（11）：125 –139.

［118］吴光. 儒学：中国传统文化的主导思想［J］. 教育文化论坛，2015（4）：1 –10.

［119］吴昊旻，杨兴全，魏卉. 产品市场竞争与公司股票特质性风险——基于我国上市公司的经验证据［J］. 经济研究，2012（6）：101 –115.

［120］吴伟伟，张天一. 非研发补贴与研发补贴对新创企业创新产出的非对称影响研究［J］. 管理世界，2021（3）：10，137 –160.

［121］吴延兵，刘霞辉. 人力资本与研发行为——基于民营企业调研数据的分析［J］. 经济学（季刊），2009（4）：376 –399.

［122］夏后学，谭清美，白俊红. 营商环境、企业寻租与市场创新——来自中国企业营商环境调查的经验证据［J］. 经济研究，2019（4）：84 –98.

［123］夏立军，陈信元. 市场化进程、国企改革策略与公司治理结构的内生决定［J］. 经济研究，2007（7）：82 –95.

［124］肖文，林高榜. 政府支持、研发管理与技术创新效率——基于中国工业行业的实证分析［J］. 管理世界，2014（4）：71 –80.

［125］辛宇，李新春，徐莉萍. 地区宗教传统与民营企业创始资金来

源 [J]. 经济研究, 2016 (4): 161 – 173.

[126] 邢立全, 陈汉文. 产品市场竞争、竞争地位与审计收费——基于代理成本与经营风险的双重考量 [J]. 审计研究, 2013 (3): 50 – 58.

[127] 徐细雄, 李万利, 陈西婵. 儒家文化与股价崩盘风险 [J]. 会计研究, 2022 (4): 143 – 150.

[128] 徐细雄, 李万利. 儒家传统与企业创新: 文化的力量 [J]. 金融研究, 2019 (9): 112 – 130.

[129] 徐悦, 刘运国, 蔡贵龙. 高管薪酬粘性与企业创新 [J]. 会计研究, 2018 (7): 45 – 51.

[130] 许纪霖. 儒家孤魂, 肉身何在 [J]. 上海采风, 2014 (11): 90 – 93.

[131] 许金花, 戴媛媛, 李善民, 林秉旋. 控制权防御是企业创新的"绊脚石"吗?[J]. 管理科学学报, 2021 (7): 21 – 48.

[132] 阳镇, 陈劲, 凌鸿程. 经历越多必然创新吗? ——私营企业家职业经历多样性、政策感知与企业创新 [J]. 管理工程学报, 2022 (4): 1 – 16.

[133] 杨道广, 陈汉文, 刘启亮. 媒体压力与企业创新 [J]. 经济研究, 2017 (8): 127 – 141.

[134] 杨国枢, 郑伯勋. 传统价值观、个人现代性及组织行为: 后儒家假说的一项微观验证 [J]. 民族学研究所集刊, 1987 (64): 1 – 49.

[135] 杨薇, 孔东民. 企业内部薪酬差距与人力资本结构调整 [J]. 金融研究, 2019 (6): 150 – 168.

[136] 杨洋, 魏江, 罗来军. 谁在利用政府补贴进行创新? ——所有制和要素市场扭曲的联合调节效应 [J]. 管理世界, 2015 (1): 75 – 86.

[137] 姚洋. 高水平陷阱——李约瑟之谜再考察 [J]. 经济研究, 2003 (1): 71 – 79, 94.

[138] 叶德珠. 儒家思想、双曲线贴现与奢侈品消费不足——中国低消费、高储蓄之谜的行为经济学解析 [J]. 制度经济学研究, 2008 (3): 186 – 196.

[139] 余典范, 王佳希. 政府补贴对不同生命周期企业创新的影响研究 [J]. 财经研究, 2022 (1): 19 - 33.

[140] 余明桂, 潘红波. 政治关系、制度环境与民营企业银行贷款 [J]. 管理世界, 2008 (8): 9 - 21.

[141] 余明桂, 钟慧洁, 范蕊. 民营化、融资约束与企业创新——来自中国工业企业的证据 [J]. 金融研究, 2019 (4): 75 - 91

[142] 余明桂, 钟慧洁, 范蕊. 业绩考核制度可以促进央企创新吗? [J]. 经济研究, 2016 (12): 106 - 119.

[143] 余泳泽, 刘大勇. 我国区域创新效率的空间外溢效应与价值链外溢效应——创新价值链视角下的多维空间面板模型研究 [J]. 管理世界, 2013 (7): 6 - 20.

[144] 虞义华, 赵奇锋, 鞠晓生. 发明家高管与企业创新 [J]. 中国工业经济, 2018 (3): 136 - 154.

[145] 曾爱民, 魏志华. 宗教传统影响股价崩盘风险吗? ——基于"信息披露"和"管理自律"的双重视角 [J]. 经济管理, 2017 (11): 136 - 150.

[146] 曾建光, 张英, 杨勋. 宗教信仰与高管层的个人社会责任基调——基于中国民营企业高管层个人捐赠行为的视角 [J]. 管理世界, 2016 (4): 97 - 110.

[147] 翟胜宝, 许浩然, 唐玮. 银行关联与企业创新——基于我国制造业上市公司的经验证据 [J]. 会计研究, 2018 (7): 52 - 58.

[148] 张成, 陆旸, 郭路. 环境规制强度和生产技术进步 [J]. 经济研究, 2011 (2): 113 - 124.

[149] 张杰, 陈志远, 杨连星. 中国创新补贴政策的绩效评估: 理论与证据 [J]. 经济研究, 2015 (10): 4 - 17.

[150] 张杰, 郑文平, 翟福昕. 竞争如何影响创新: 中国情景的新检验 [J]. 中国工业经济, 2014 (11): 56 - 68.

[151] 张杰. 中国政府创新政策的混合激励效应研究 [J]. 经济研究, 2021 (8): 160 - 173.

[152] 张劲帆, 李汉涯, 何晖. 企业上市与企业创新——基于中国企业专利申请的研究 [J]. 金融研究, 2017 (5): 164 - 179.

[153] 张君劢. 新儒家思想史 [M]. 北京: 中国人民大学出版社, 2006.

[154] 张俊瑞, 陈怡欣, 汪方军. 所得税优惠政策对企业创新效率影响评价研究 [J]. 科研管理, 2016 (3): 93 - 100.

[155] 张维迎. 市场的逻辑 [M]. 上海: 上海人民出版社, 2012.

[156] 张维迎. 制度企业家与儒家社会规范 [J]. 北京大学学报 (哲学社会科学版), 2013 (1): 16 - 35.

[157] 张璇, 刘贝贝, 汪婷. 信贷寻租、融资约束与企业创新 [J]. 经济研究, 2017 (5): 163 - 176.

[158] 张远飞, 贺小刚, 连燕玲. "富则思安"吗？——基于中国民营上市公司的实证分析 [J]. 管理世界, 2013 (7): 130 - 144.

[159] 张宗益, 张湄. 关于高新技术企业公司治理与 R&D 投资行为的实证研究 [J]. 科学学与科学技术管理, 2007 (5): 23 - 26.

[160] 章元, 程郁, 佘国满. 政府补贴能否促进高新技术企业的自主创新？——来自中关村的证据 [J]. 金融研究, 2018 (10): 123 - 140.

[161] 赵龙凯, 江嘉骏, 余音. 文化、制度与合资企业盈余管理 [J]. 金融研究, 2016 (5): 138 - 155.

[162] 赵龙凯, 岳衡, 矫堃. 出资国文化特征与合资企业风险关系探究 [J]. 经济研究, 2014 (1): 70 - 82.

[163] 赵奇锋, 王永中. 薪酬差距、发明家晋升与企业技术创新 [J]. 世界经济, 2019 (7): 94 - 119.

[164] 郑志刚, 朱光顺, 李倩, 黄继承. 双重股权结构、日落条款与企业创新——来自美国中概股企业的证据 [J]. 经济研究, 2021 (12): 94 - 110.

[165] 中国企业家调查系统. 新常态下的企业创新: 现状、问题与对策——2015·中国企业家成长与发展专题调查报告 [J]. 管理世界, 2015 (6): 22 - 33.

[166] 周冬华, 黄佳, 赵玉洁. 员工持股计划与企业创新 [J]. 会计

研究，2019（3）：63-70.

[167] 周铭山，张倩倩. "面子工程" 还是 "真才实干"？——基于政治晋升激励下的国有企业创新研究 [J]. 管理世界，2016（12）：116-132.

[168] 朱宝炯，谢沛霖. 明清进士题名碑录索引（上中下）[M]. 上海：上海古籍出版社，1980.

[169] 朱冰，张晓亮，郑晓佳. 多个大股东与企业创新 [J]. 管理世界，2018（7）：151-165.

[170] 朱德胜，周晓珮. 股权制衡、高管持股与企业创新效率 [J]. 南开管理评论，2016（3）：136-144.

[171] 朱金生，朱华. 政府补贴能激励企业创新吗？——基于演化博弈的新创与在位企业创新行为分析 [J]. 中国管理科学，2021，29（12）：53-67.

[172] 朱丽娜，贺小刚，贾植涵. "穷困" 促进了企业的研发投入？——环境不确定性与产权保护力度的调节效应 [J]. 经济管理，2017（11）：69-86.

[173] 朱士嘉. 中国地方志综录 [M]. 北京：商务印书馆，1958.

[174] 朱有为，徐康宁. 中国高技术产业研发效率的实证研究 [J]. 中国工业经济，2006（11）：38-45.

[175] 祝振铎，李新春，赵勇. 父子共治与创新决策——中国家族企业代际传承中的父爱主义与深谋远虑效应 [J]. 管理世界，2021（9）：191-206，207，232.

[176] Acharya V. , Xu Z. Financial dependence and innovation: the case of public versus private firms [J]. Journal of Financial Economics, 2017, 124 (2): 223-243.

[177] Adhikari B. K. , Agrawal A. Religion, gambling attitudes and corporate innovation [J]. Journal of Corporate Finance, 2016, 37: 229-248.

[178] Aghion P. , Reenen J. V. , Zingales L. Innovation and institutional ownership [J]. American Economic Review, 2013, 103 (1): 277-304.

[179] Akcigit U. , Grigsby J. , Nicholas T. , Stantcheva S. Taxation and

Innovation in the Twentieth Century [J]. The Quarterly Journal of Economics, 2021, 137 (1): 329 – 85.

[180] Allen F. , Gale D. Corporate governance and competition. Corporate governance: Theoretical and empirical perspectives [M]. Cambridge: Cambridge University Press, 2000.

[181] Allen F. , Qian J. , Qian M. Law, finance, and economic growth in China [J]. Journal of Financial Economics, 2005, 77 (1): 57 – 116.

[182] Amore M. D. , Schneider C. , Zaldokas A. Credit supply and corporate innovation [J]. Journal of Financial Economics, 2013, 109 (3): 835 – 855.

[183] Ang J. S. , Cole R. A. , Lin J. W. Agency cost and ownership structure [J]. Journal of Finance, 2000, 55: 81 – 106.

[184] Anton J. J. , Greene H. , Yao D. A. Policy implications of weak patent rights [J]. Innovation Policy & the Economy, 2006, 6 (6): 1 – 26.

[185] Arrow K. J. The economic implications of learning by doing [J]. Review of Economic Studies, 1962, 29 (3): 155 – 173.

[186] Ashraf B. N. , Zheng C. , Arshad S. Effects of national culture on bank risk-taking behavior [J]. Research in International Business and Finance, 2016, 37: 309 – 326.

[187] Atanassov J. Arm's length financing and innovation: Evidence from publicly traded firms [J]. Management Science, 2016, 62: 128 – 155.

[188] Ayers B. C. , Ramalingegowda S. , Yeung P. E. Hometown advantage: The effects of monitoring institution location on financial reporting discretion [J]. Journal of Accounting and Economics, 2011, 52 (1): 41 – 61.

[189] Balsmeier B. , Fleming L. , Manso G. Independent boards and innovation [J]. Journal of Financial Economics, 2017, 123 (3): 536 – 557.

[190] Banker R. D. , Natarajan R. Evaluating contextual variables affecting productivity using data envelopment analysis [J]. Operations Research, 2008, 56 (1): 48 – 58.

［191］Baron R. M., Kenny D. A. The moderator – mediator variable distinction in social psychological research: conceptual, strategic, and statistical considerations ［J］. Journal of Personality and Social Psychology, 1986, 51 (6): 1173 – 1182.

［192］Battese G. E., Corra G. S. Estimation of a production frontier model with application to the pastoral zone of eastern Australia ［J］. Australian Journal of Agricultural Economics, 1977, 21 (3): 169 – 179.

［193］Baucus M. Pressure, opportunity and predisposition: A multivariate model of corporate illegality ［J］. Journal of Management, 1994, 20 (4): 699 – 721.

［194］Baum J. A., Dahlin K. B. Aspiration performance and railroads' patterns of learning from train wrecksand crashes ［J］. Organization Science, 2007, 18 (3): 368 – 385.

［195］Becker S., Woessmann O. Was Weber wrong? A human capital theory of protestant economic history ［J］. Quarterly Journal of Economics, 2009, 124: 531 – 596.

［196］Bénabou R., Ticchi D., Vindigni A. Religion and innovation ［J］. American Economic Review, 2015, 105 (5): 346 – 351.

［197］Berle A. A., Means G. C. The modern corporation and private property ［J］. Economic Journal, 1932, 20 (6): 119 – 129.

［198］Bernile G., Bhagwat V., Rau P. R. What doesn't kill you will only make you more risk – loving: Early-life disasters and CEO behavior ［J］. The Journal of Finance, 2017, 72 (1): 167 – 206.

［199］Bernile G., Bhagwat V., Yonker S. E. Board diversity, firm risk, and corporate policies ［J］. Journal of Financial Economics, 2018, 127 (3): 588 – 612.

［200］Boubakri N., Cosset J. C., Saffar W. The role of state and foreign owners in corporate risk – taking: Evidence from privatization ［J］. Journal of Financial Economics, 2013, 108 (3): 641 – 658.

［201］ Bradley D. , Kim I. , Tian X. Do unions affect innovation?［J］. Management Science, 2016, 63 (7): 2251 – 2271.

［202］ Brochet F. , Miller G. S. , Naranjo P. L. , Yu G. Managerss cultural background and disclosure attribute ［J］. The Accounting Review, 2019, 94 (3): 57 – 86.

［203］ Brown J. R. , Martinsson G. , Petersen B. C. Law, stock markets, and innovation ［J］. The Journal of Finance, 2013, 68 (4): 1517 – 1549.

［204］ Burton M. D. , Beckman C. M. Leaving a legacy: Position imprints and successor turnover in young firms ［J］. American Sociological Review, 2007, 72 (2): 239 – 266.

［205］ Cai Y. , Pan C. , Statman M. Why do countries matter so much in corporate social performance?［J］. Journal of Corporate Finance, 2016, 41: 591 – 609.

［206］ Calel R. Adopt or innovate: understanding technological responses to cap-and-trade ［J］. American Economic Journal: Economic Policy, 2020, 12 (3): 170 – 201.

［207］ Callen J. L. , Fang X. Religion and stock price crash risk ［J］. Journal of Financial & Quantitative Analysis, 2015, 50 (1 – 2): 169 – 195.

［208］ Chang X. , Fu K. , Low A. , Zhang W. Non-executive employee stock options and corporate innovation ［J］. Journal of Financial Economics, 2015, 115 (1): 168 – 188.

［209］ Chava S. , Oettl A. , Subramanian A. , Subramanian K. V. Banking deregulation and innovation ［J］. Journal of Financial Economics, 2013, 109 (3): 759 – 774.

［210］ Chen L. , Jin Z. , Ma Y. , Xu H. Confucianism, openness to the west and corporate investment efficiency ［J］. European Financial Management, 2019, 25: 554 – 590.

［211］ Chen S. , Tan H. Region effects in the internationalization-performance relationship in Chinese firms [J]. Journal of World Business, 2012, 47 (1): 73 – 80.

[212] Chen W. Determinants of firms backward and forward-looking R&D search behavior [J]. Organization Science, 2008, 19 (4): 609 – 622.

[213] Chen Y., Paul Y. D., Rhee S. G. National culture and corporate cash holdings around the world [J]. Journal of Banking & Finance, 2015, 50 (C): 1 – 18.

[214] Chen Y., Podolski E. J., Veeraraghavan M. National culture and corporate innovation [J]. Pacific-Basin Finance Journal, 2017, 43: 173 – 187.

[215] Chen Y., Puttitanun T. Intellectual property rights and innovation in developing countries [J]. Journal of Development Economics, 2005, 78 (2): 474 – 493.

[216] Chrisman J. J., Patel P. C. Variations in R&D investments of family and nonfamily firms: Behavioral agency and myopic loss aversion perspectives [J]. Academy of Management Journal, 2012, 55 (4): 976 – 997.

[217] Chui C. W., Lloyd A., Kwok C. Y. The determination of capital structure: Is national Culture a missing piece to the puzzle? [J]. Journal of International Business Studies, 2002, 33 (1): 99 – 127.

[218] Chui C. W., Titman S., Wei K. C. Individualism and momentum around the world [J]. Journal of Finance, 2010, 65 (1): 361 – 392.

[219] Ciftci M., Cready W. M. Scale effects of R&D as reflected in earnings and returns [J]. Journal of Accounting and Economics, 2011, 52: 62 – 80.

[220] Cline B. N., Williamson C. R. Trust and the regulation of corporate self-dealing [J]. Journal of Corporate Finance, 2016, 41: 572 – 590.

[221] Crossland C., Hambrick D. C. Differences in managerial discretion across countries: how nation-level institutions affect the degree to which CEOs matter [J]. Strategic Management Journal, 2011, 32 (8): 797 – 819.

[222] Cyert R. M., March J. G. A behavioral theory of the firm [M]. New Jersey: Prentice-Hall, 1963.

[223] Dang T. L. , Faff R. , Luong H. , Nguyen L. Individualistic cultures and crash risk [J]. European Financial Management, 2019, 25: 622 – 654.

[224] DeBacker J. , Heim B. T. , Tran A. Importing corruption culture from overseas: Evidence from corporate tax evasion in the United States [J]. Journal of Financial Economics, 2015, 117 (1): 122 – 138.

[225] Dong W. , Han H. , Ke Y. , Chan K. C. Social trust and corporate misconduct: Evidence from China [J]. Journal of Business Ethics, 2018, 151 (2): 539 – 562.

[226] Du X. Does religion matter to owner-manager agency costs? Evidence from China [J]. Journal of Business Ethics, 2013, 118 (2): 319 – 347.

[227] Du X. Does Confucianism reduce minority shareholder expropriation? Evidence from china [J]. Journal of Business Ethics, 2015, 132 (4): 661 – 716.

[228] Du X. , Weng J. , Zeng Q. , Pei H. Culture, marketization, and owner-manager agency costs: A case of merchant guild culture in China [J]. Journal of Business Ethics, 2017, 143 (2): 353 – 386.

[229] Ederer F. , Manso G. Is pay-for performance detrimental to innovation?[J]. Management Science, 2013, 59 (7): 1496 – 1513.

[230] El Ghoul S. , Guedhami O. , Ni Y. , Pittman J. , Saadi S. Does information asymmetry matter to equity pricing? Evidence from firms' geographic location [J]. Contemporary Accounting Research, 2013, 30 (1): 140 – 181.

[231] El Ghoul S. , Guedhamim O. , Kwok C. C. Y. , Zheng Y. Collectivism and the costs of high leverage [J]. Journal of Banking & Finance, 2019, 106: 227 – 245.

[232] El Ghoul S. , Zheng X. Trade credit provision and national culture [J]. Journal of Corporate Finance, 2016, 41: 475 – 501.

[233] Fang L. , Lerner J. , Wu C. Intellectual property rights protection,

ownership, and innovation: Evidence from China [J]. The Review of Financial Studies, 2017, 30 (7): 2446 – 2477.

[234] Fidrmuc J. P., Jacob M. Culture, agency costs, and dividends [J]. Journal of Comparative Economics, 2010, 38 (3): 321 – 339.

[235] Fiegenbaum A. Prospect theory and the risk-return association: An empirical examination in 85 industries [J]. Journal of Economic Behavior and Organization, 1990, 14 (2): 187 – 203.

[236] Francis J, Smith A. Agency costs and innovation some empirical evidence [J]. Journal of Accounting and Economics, 1995, 19 (2): 383 – 409.

[237] Fu P. P., Tsui A. S. Utilizing printed media to understand desired leadership attributes in the People's Republic of China [J]. Asia Pacific Journal of Management, 2003, 20 (4): 423 – 446.

[238] Galasso A., Simcoe T. CEO over-confidence and innovation [J]. Management Science, 2011, 57: 1469 – 1484.

[239] Galbreath J. Drivers of green innovations: the impact of export intensity, women leaders, and absorptive capacity [J]. Journal of Business Ethics, 2019, 158 (1): 47 – 61.

[240] Geelen T., Hajda J., Morellec E. Can corporate debt foster innovation and growth? [J]. The Review of Financial Studies, Forthcoming, 2021.

[241] George G. Slack resources and the performance of privately held firms [J]. Academy of Management Journal, 2005, 48 (4): 661 – 676.

[242] Giannetti M., Yafeh Y. Do cultural differences between contracting parties matter? Evidence from syndicated bank loans [J]. Management Science, 2012, 58 (2): 365 – 383.

[243] Girma R., Wakelin D. Industrial development, globalization and multinational enterprises: New realities for developing countries [J]. Oxford Development Studies, 2004, 28 (2): 331 – 339.

[244] Gorg H., Strobl E. The effect of R&D subsidies on private R&D [J]. Econometrica, 2007, 74 (294): 215 – 234.

［245］ Gorodnichenko Y. , Roland G. Culture, institutions and the wealth of nations ［J］. Review of Economics and Statistics, 2017, 99 (3): 402 –416.

［246］ Greif A. Cultural beliefs and the organization of society: A historical and theoretical reflection on collectivist and individualist societies ［J］. Journal of Political Economy, 1994, 102 (5): 912 –950.

［247］ Greve H. R. Performance, aspirations, and risky organizational change ［J］. Administrative Science Quarterly, 1998, 43 (1): 58 –86.

［248］ Greve H. R. Organizational Learning from Performance Feedback: A Behavioral Perspective on Innovation and Change ［M］. Cambridge: Cambridge University Press, 2003.

［249］ Griffin D. , Guedhami O. , Kwok C. C. Y. , Li K. , Shao L. National culture: The missing country-level determinant of corporate governance ［J］. Journal of International Business Studies, 2017, 48 (6): 740 –762.

［250］ Griffith R. , Huergo E. , Mairesse J. , Peters B. Innovation and productivity across four European countries ［J］. Oxford Review of Economic Policy, 2006, 22 (4): 483 –498.

［251］ Guiso L. , Sapienza P. , Zingales L. Trusting the stock market ［J］. Journal of Finance, 2008, 63 (6): 2557 –2600.

［252］ Guiso L. , Sapienza P. , Zingales L. The determinants of attitudes towards strategic default onmortgages ［J］. Journal of Finance, 2013, 68 (4): 1473 –1515.

［253］ Guo B. , David P. , Anna T. Firms' innovation strategy under the shadow of analyst coverage ［J］. Journal of Financial Economics, 2019, 131 (2): 456 –483.

［254］ Hacamo I. , Kleiner K. Forced entrepreneurs ［J］. The Journal of Finance, 2022, 77 (1): 49 –83.

［255］ Hambrick D. C. Upper echelons theory: An update ［J］. Academy of Management Review, 2007, 32 (2): 334 –343.

［256］ Hambrick D. C. , Finkelstein S. Managerial discretion: A bridge between polar views of organizational outcomes [J]. Research in Organizational Behavior, 1987, 9 (4): 369 - 406.

[257] Hambrick D. C. , Mason P. A. Upper echelons: The organization as a reflection of its top managers [J]. The Academy of Management Review, 1984, 9 (2): 193 - 206.

[258] Handley S. , Angst C. The impact of culture on the relationship between governance and opportunism in outsourcing relationships [J]. Strategic Management Journal, 2015, 36 (9): 1412 - 1434.

[259] Haushalter D. , Klasa S. , Maxwell W. The influence of product market dynamics on a firm's cash holdings and hedging behavior [J]. Journal of Financial Economics, 2007, 84 (3): 797 - 825.

[260] He J, Tian X. The dark side of analyst coverage: The case of innovation [J]. Journal of Financial Economics, 2013, 109 (3): 856 - 878.

[261] Hilary G. , Hui K. W. Does religion matter in corporate decision making in America [J]. Journal of Financial Economics, 2009, 93 (3): 455 - 473.

[262] Hirshleifer D. , Low A. , Teoh S. H. Are overconfident CEOs better innovators?[J]. The Journal of Finance, 2012, 67 (4): 1457 - 1498.

[263] Hofstede G. Culture's consequences: International differences in work-related values [J]. Los Angeles: SAGE Press, 1980.

[264] Hofstede G. Cultures and organizations: Software of the mind [M]. London: McGraw-Hill, 2005.

[265] Holderness C. G. Culture and the ownership concentration of public corporations around the world [J]. Journal of Corporate Finance, 2017, 44: 469 - 486.

[266] Holmstrom B. Agency costs and innovation [J]. Journal of Economic Behavior & Organization, 1989, 12 (3): 305 - 327.

[267] Hsu P. H. , Tian X. , Xu Y. Financial development and innovation: Cross-country evidence [J]. Journal of Financial Economics, 2014, 11

(1): 116 – 135.

[268] Huang D., Lu D., Luo J. H. Corporate innovation and innovation efficiency: does religion matter?[J]. Nankai Business Review International, 2016, 7 (2): 150 – 191.

[269] Hud M., Hussinger K. The impact of R&D subsidies during the crisis [J]. Research Policy, 2015, 44 (10): 1844 – 1855.

[270] Huffman R. C., Hegarty W. H. Top management influence on innovations: Effects of executive characteristics and social culture [J]. Journal of Management, 1993, 19 (3): 549 – 574.

[271] Ip P. K. Is Confucianism good for business ethics in China?[J]. Journal of Business Ethics, 2009, 88 (3): 463 – 476.

[272] Iyer D. N., Miller K. D. Performance feedback, slack, and the timing of acquisitions [J]. Academy of Management Journal, 2008, 51 (4): 808 – 822.

[273] Jefferson G. H., Bai H., Guan X., Yu X. R&D Performance in Chinese industry [J]. Economics of Innovation and New Technology, 2006, 15 (4): 345 – 366.

[274] Jensen M. C. Agency costs of free cash flow, corporate finance, and takeovers [J]. American Economic Review, 1986, 76 (2): 323 – 329.

[275] Jensen M., Meckling W. The theory of the firm: Managerial behaviour, agency costs and ownership structure [J]. Journal of Financial Economics, 1976, 3 (4): 305 – 360.

[276] Jiang F., Jiang Z., Kim K. A., Zhang M. Family-firm risk-taking: Does religion matter?[J]. Journal of Corporate Finance, 2015, 33 (8): 260 – 278.

[277] Jiang G., Lee C. M. C., Yue H. Tunneling through intercorporate loans: The China experience [J]. Journal of Financial Economics, 2010, 98 (1): 1 – 20.

[278] Jin Z., Li Y., Liang S. Confucian culture and executive compen-

sation： Evidence from China ［J］. Corporate Governance： An International Review, Forthcoming, 2022.

［279］ John K. , Knyazeva A. , Knyazeva D. Does geography matter? Firm location and corporate payout policy ［J］. Journal of Financial Economics, 2011, 101 （3）： 533 – 551.

［280］ John K. , Litov L. , Yeung B. Corporate governance and risk-taking ［J］. The Journal of Finance, 2008, 63 （4）： 1679 – 1728.

［281］ Kahn H. World development： 1979 and beyond ［M］. London： Croom Helm, 1979.

［282］ Kahneman D. , Tversky A. Prospect theory： An analysis of decision under risk ［J］. Journal of the Econometric Society, 1979, 47 （2）： 263 – 291.

［283］ Kang J. H. , Matusik J. G. , Barclay L. A. Affective and normative motives to work overtime in Asian organizations： Four cultural orientations from Confucian ethics ［J］. Journal of Business Ethics, 2017, 140 （1）： 115 – 130.

［284］ Kimberly J. R. Environmental constraints and organizational structure： A comparative analysis of rehabilitation organizations ［J］. Administrative Science Quarterly, 1975, 20 （1）： 1 – 9.

［285］ Kiridaran K. , Lim C. Y. , Lobo G. J. Influence of national culture on accounting conservatism and risk taking in the banking industry ［J］. The Accounting Review, 2014, 89 （3）： 1115 – 1149.

［286］ Kleer R. Government R&D subsidies as a signal for private investors ［J］. Research Policy, 2010, 39 （10）： 1361 – 1374.

［287］ Krieger J. , Li D. , Dimitris P. Missing novelty in drug development ［J］. The Review of Financial Studies, 2021, 35 （2）： 636 – 679.

［288］ Kung J. K. , Ma C. C. Can cultural norms reduce conflicts? Confucianism and peasant rebellions in Qing china ［J］. Journal of Development Economics, 2014, 111： 132 – 149.

[289] La Porta R. , Lopez-De-Silanes F. , Shleifer A. , Vishny R. W. Legal determinants of external finance [J]. Journal of Finance, 1997, 52 (3): 1131 – 1150.

[290] La Porta R. , Lopez-De-Silanes F. , Shleifer A. , Vishny R. W. Law and finance [J]. Journal of Political Economy, 1998, 106 (6): 1113 – 1155.

[291] La Porta R. , Lopez-De-Silanes F. , Shleifer A. , Vishny R. W. Investor protection and corporate governance [J]. Journal of Financial Economics, 2000, 58 (1): 3 – 27.

[292] Lant T. K. Aspiration level adaptation: An empirical exploration [J]. Management Science, 1992, 38 (5): 623 – 644.

[293] Leibenstein H. Allocative efficiency vs. x-efficiency [J]. American Economic Review, 1966, 56 (3): 392 – 415.

[294] Li K. , Griffin D. , Yue H. , Zhao K. How does culture influence corporate risk-taking? [J]. Journal of Corporate Finance, 2013, 23 (4): 1 – 22.

[295] Li W. F. , Cai G. L. Religion and stock price crash risk: Evidence from China [J]. China Journal of Accounting Research, 2016, 9 (3): 235 – 250.

[296] Li W. , Xu X. , Long Z. Confucian culture and trade credit: Evidence from Chinese Listed Companies [J]. Research in International Business and Finance, 2020, 53, 101232.

[297] Li X. , Wang S. S. , Wang X. Trust and stock price crash risk: Evidence from China [J]. Journal of Bank & Finance, 2017, 76: 74 – 91.

[298] Lin C. , Lin P. , Song F. M. , Li C. Managerial incentives, CEO characteristics and corporate innovation in China's private sector [J]. Journal of Comparative Economics, 2011, 39 (2): 176 – 190.

[299] Lin J. Y. , Cai F. , Li Z. Competition, policy burdens, and state-owned enterprise reform [J]. American Economic Review, 1998, 88 (2):

422 – 427.

［300］Lorenz K. Z. The companion in the bird's world ［J］. Auk, 1937, 54 (3): 245 – 273.

［301］Lungeanu R., Stern I., Zajac E. J. When do firms change technology-sourcing vehicles? The role of poor innovative performance and financial slack ［J］. Strategic Management Journal, 2016, 37 (5): 855 – 869.

［302］Luong H., Moshirian F., Nguyen L., Tian X., Zhang B. How do foreign institutional investors enhance firm innovation?［J］. Journal of Financial and Quantitative Analysis, 2017: 1 – 42.

［303］Maddison A. Chinese economic performance in the long run ［M］. Paris: OECD, 1998.

［304］Malamud S., Zucchi F. Liquidity, innovation and endogenous growth ［J］. Journal of Financial Economics, 2019, 132 (2): 519 – 541.

［305］Manso G. Motivating innovation ［J］. Journal of Finance, 2011, 66 (5): 1823 – 1860.

［306］March J. G., Shapira Z. Managerial perspectives on risk and risk taking ［J］. Management Science, 1987 (11): 1404 – 1418.

［307］Marquis C. The pressure of the past: Network imprinting in intercorporate communities ［J］. Administrative Science Quarterly, 2003, 48 (4): 655 – 689.

［308］Marquis C., Qiao K. Waking from Mao's dream: Communist ideological imprinting and the internationalization of entrepreneurial ventures in china ［J］. Administrative Science Quarterly, Forthcoming, 2018.

［309］Marquis C., Tilcsik A. Imprinting: Toward a multilevel theory ［J］. The Academy of Management Annals, 2013, 7 (1): 195 – 245.

［310］Mathias B. D., Williams D. W., Smith, A. R. Entrepreneurial inception: The role of imprinting in entrepreneurial action ［J］. Journal of Business Venturing, 2015, 30 (1): 11 – 28.

［311］Mcguire S. T., Omer T. C., Sharp N. Y. The impact of religion on financial reporting irregularities [J]. Accounting Review, 2012, 87 (2): 645 – 673.

[312] Mckinley W., Latham S., Braun M. Organizational decline and innovation: Turn arounds and downward spirals [J]. Academy of Management Review, 2014, 39 (1): 88 – 110.

[313] Moser P. How do patent laws influence innovation?[J]. American Economic Review, 2005, 95 (4): 1214 – 1236.

[314] Mukherjee A., Singh M., Žaldokas A. Do corporate taxes hinder innovation?[J]. Journal of Financial Economics, 2017, 124 (1): 195 – 221.

[315] Naghavi A., Strozzi C. Intellectual property rights, diasporas and domestic innovation [J]. Journal of International Economics, 2015, 96 (1): 150 – 161.

[316] Needham J. Science and Civilization in China [M]. Cambridge: Cambridge University Press, 1954.

[317] Nie X., Yu M., Zhai Y., Lin H. Explorative and exploitative innovation: A perspective on CEO humility, narcissism, and market dynamism [J]. Journal of Business Research, 2022, 147: 71 – 81.

[318] North D. C. Institutions, institutional change and economic performance [M]. Cambridge: Cambridge University Press, 1990.

[319] Pan W., Sun L. Y. A self-regulation model of Zhong Yong thinking and employee adaptive performance [J]. Management and Organization Review, 2017, 14 (1): 1 – 25.

[320] Pandit S., Wasley C. E., Zach T. The effect of research and development (R&D) inputs and outputs on the relation between the uncertainty of future operating performance and R&D expenditures [J]. Journal of Accounting, Auditing and Finance, 2011, 26 (1): 121 – 144.

[321] Pistor K., Xu C. Governing stock markets in transition economies: Lessons from China [J]. American Law & Economics Review, 2005, 7 (1): 184 – 210.

［322］Portor M. E. The competitive advantage of nation ［M］. New York：Free Press, 1990.

［323］Rajgopal S. , Shevlin T. J. Empirical evidence on the relation between stock option compensation and risk taking ［J］. Journal of Accounting and Economics, 2002, 33（2）：145 – 171.

［324］Roh T. , Lee K. , Yang J. Y. How do intellectual property rights and government support drive a firm's green innovation? The mediating role of open innovation ［J］. Journal of Cleaner Production, 2021, 317, 128422.

［325］Scherer F. M. Market structure and the employment of scientists and engineers ［J］. American Economic Review, 1980, 57（3）：524 – 531.

［326］Schumpeter J. A. The March into socialism ［J］. The American Economic Review, 1950, 40（2）：446 – 456.

［327］Schwartz S. H. Mapping and interpreting cultural differences around the world ［M］. Leiden：Brill Academic Publishers, 2004.

［328］Sellin T. Culture conflict and crime ［J］. American Journal of Sociology, 1938, 44（1）：97 – 103.

［329］Sena V. , Duygun M. , Lubrano G. , Marra M. , Shaban M. Board independence, corruption and innovation. Some evidence on UK subsidiaries ［J］. Journal of Corporate Finance, 2018, 50：22 – 43.

［330］Seyoum M. , Wu R. , Yang L. Technology spillovers from Chinese outward direct investment：The case of Ethiopia ［J］. China Economic Review, 2015, 33：35 – 49.

［331］Sheng S. , Zhou K. Z. , Lessassy L. NPD Speed vs. innovativeness：The contingent impact of institutional and market environments ［J］. Journal of Business Research, 2013, 66（11）：2355 – 2362.

［332］Shleifer A. , Vishny R. W. Politicians and firms ［J］. The Quarterly Journal of Economics, 1994, 109（4）：995 – 1025.

［333］Siegel J. I. , Licht A. N. , Schwartz S. H. Egalitarianism and international investment ［J］. Journal of Financial Economics, 2011, 102（3）：

621 – 642.

[334] Solow R. M. Technical change and the aggregate production function [J]. Review of Economics and Statistics, 1957, 39 (3): 312 – 320.

[335] Stulza R. M., Williamson R. Culture, openness, and finance [J]. Journal of Financial Economics, 2003, 70 (3): 313 – 349.

[336] Sunder J., Sunder S. V., Zhang J. Pilot CEOs and corporate innovation [J]. Journal of Financial Economics, 2017, 123 (1): 209 – 224.

[337] Tong T. W., He W., He Z. L., Lu J. Patent regime shift and firm innovation: Evidence from the second amendment to Chinas patent law [J]. Academy of Management Annual Meeting Proceedings, 2014 (1): 14174.

[338] Tosi H. L., Greckhamer T. Culture and CEO compensation [J]. Organization Science, 2004, 15 (6): 657 – 670.

[339] Urban D. The effects of culture on CEO power: Evidence from executive turnover [J]. Journal of Banking & Finance, 2019, 104: 50 – 69.

[340] Vickers J., Yarrow G. Privatization: An economic analysis [M]. Cambridge, Mass, London: MIT Press, 1988.

[341] Weber M. The religion of China [M]. Illinois: The Free Press, 1951.

[342] Williamson O. E. The new institutional economics: Taking stock, looking ahead [J]. Journal of Economic Literature, 2000, 38 (3): 595 – 613.

[343] Wines W. A., Napier N. K. Toward an understanding of cross-cultural ethics: A tentative model [J]. Journal of Business Ethics, 1992, 11 (11): 831 – 841.

[344] Winne S. D., Sels L. Interrelationships between human capital, HRM and innovation in Belgian start-ups aiming at an innovation strategy [J]. International Journal of Human Resource Management, 2010, 21 (11): 1863 – 1883.

[345] Woods P. R., Lamond D. A. What would Confucius do? ——Confu-

cian ethics and self-regulation in management [J]. Journal of Business Ethics, 2011, 102 (4): 669 – 683.

[346] Xu X., Li W., Chen X. Confucian culture and stock price crash risk [J]. China Journal of Accounting Studies, 2019, 7 (1): 25 – 61.

[347] Yanadori Y., Cui V. Creating incentives for innovation? The relationship between pay dispersion in R&D groups and firm innovation performance [J]. Strategic Management Journal, 2013, 34 (12): 1502 – 1511.

[348] Yang B. Y. Confucianism, socialism, and capitalism: A comparison of cultural ideologies and implied managerial philosophies and practices in the p. R. China [J]. Human Resource Management Review, 2012, 22 (3): 165 – 178.

[349] Yang L., Li W., Li J. Confucianism and earnings management: Evidence from China [J]. Emerging Markets Finance and Trade, 2022, 58 (6): 1525 – 1536.

[350] Yuan R., Wen W. Managerial foreign experience and corporate innovation [J]. Journal of Corporate Finance, 2018, 48: 752 – 770.

[351] Zhang A., Zhang Y., Zhao R. A study of the R&D efficiency and productivity of Chinese firms [J]. Journal of Comparative Economics, 2003, 31 (3): 444 – 464.

[352] Zheng X., Ghoul S. E., Chuck C. Y. K. National culture and corporate debt maturity [J]. Journal of Banking & Finance, 2012, 36 (2): 468 – 488.

[353] Zingales L. The "cultural revolution" in finance [J]. Journal of Financial Economics, 2015, 117 (1): 1 – 4.